海派经济学

Journal of Economics of Shanghai School

目录

论 文

CONTENTS

Paper

新经济人理论与中华民族命运共同体

——基于马克思人的本质的视角

卢根源

内容提要　不同思维方式视域中的“民族”有不同的内涵。个体思维方式视域中的“民族”，是单个的相互对立的“民族”；整体思维方式视域中的“民族”，是整体的相互依存的“民族”。由此可知，中华民族一旦形成个体思维方式，必然会导致中华民族内部 56 个民族的分裂，从而导致国家的分裂。因此，中华民族五千多年的历史文化和内部结构，揭示了马克思主义文化生命观只有源于在中华文化生命观之中承载着马克思人的本质思想、中华文化、中国特色社会主义制度整体思维方式的新经济人理论，才能构建中华民族命运共同体。这对于深化马克思主义研究，坚定“四个自信”，弘扬中华文化和巩固马克思主义的指导地位，抵制西方文化个体思维方式的渗透，防范化解把中华文化与马克思主义相互对立所隐藏的重大风险，实现中华民族的长治久安，都具有重大而深远的历史意义。

关键词　新经济人理论　中华民族命运共同体　马克思主义文化生命观　中华文化生命观　人类命运共同体

中图分类号　F0-0

利己利他经济人理论即新经济人理论，是我国著名的马克思主义经济学家和理论家程恩富教授提出的。《中共中央关于坚持和完善中国特色社会主义制度推进国家治理体系和治理能力现代化若干重大问题的决定》指出：“中国特色社会主义制度和国家治理体系是以马克思主义为指导、植根中国大地、具有深厚中华文化根基、深得人民拥护的制度和治理体系。”① 为什么说以马克思主义为指导的中国特色社会主义制度和国家治理体系是植根于中国大地、具有深厚中华文化根基、深得人民拥护的制度和治理体系呢？这必然蕴含着重大理论创新。《决定》还指出：“我国国家制度和国家治理体系具有多方面的显著优势”，其中有“坚持各民族一律平等，铸牢中华民族共同体意识，实现

收稿日期：2020－07－20

作者简介：卢根源，江西省社会科学院马克思主义研究部研究员。

①《中国共产党第十九届中央委员会第四次全体会议文件汇编》，北京：人民出版社，2019 年，第 19 页。

共同团结奋斗、共同繁荣发展的显著优势”;“坚持独立自主和对外开放相统一,积极参与全球治理,为构建人类命运共同体不断作出贡献的显著优势”①。因此,蕴含着的重大理论创新必然与这些显著优势相联系。正因为这样,笔者从马克思人的本质视域出发,研究新经济人理论与中华民族命运共同体的关系,并从中对新经济人理论与这一重大理论创新的联系进行思考。

一、马克思的自然生命观,科学地揭示了维系和延续源于人与自然的生命共同体和人与人的命运共同体而构成的人的生命体系,不但是人的生命的目的和意义,而且是人的生产的目的和意义,深刻地说明了人应通过科学致富的认识,在科学致富的实践中自觉成为“天人合一”的人

人要生存就必须生产。因此,马克思指出,“我们首先应当确定一切人类生存的第一个前提,也就是一切历史的第一个前提,这个前提是:人们为了能够‘创造历史’,必须能够生活。但是为了生活,首先就需要吃喝住穿以及其他一些东西。因此第一个历史活动就是生产满足这些需要的资料,即生产物质生活本身,而且,这是人们从几千年前直到今天单是为了维持生活就必须每日每时从事的历史活动,是一切历史的基本条件”②。然而,“生产满足这些需要的资料”,都源于自然界。因此,马克思深刻地揭示了人的生存与自然界有着必然的联系,指出“劳动首先是人和自然之间的过程,是人以自身的活动来中介、调整和控制人和自然之间的物质变换的过程”(马克思,2004)。这种物质变换的过程也就是形成人和自然之间的生命共同体的过程。正因为这样,马克思指出:“人靠自然界生活。这就是说,自然界是人为了不致死亡而必须与之处于持续不断的交互作用过程的人的身体。所谓人的肉体生活和精神生活同自然界相联系,不外是说自然界同自身相联系,因为人是自然界的一部分。”③由此可见,在马克思的视域中,自然界是有生命的,有生命的人只是“自然界的一部分”,这就反映了马克思的自然生命观。基于这种生命观,马克思深刻认识到:“社会是人同自然界的完成了的本质的统一。”④自然界可简称为“天”,这样“人同自然界的完成了的本质的统一”就是“天人合一”。这就充分说明,“生命的生产,无论是通过劳动而生产自己的生命,还是通过生育而生产他人的生命,就立即表现为双重关系:一方面是自然关系,另一方面是社会

① 《中国共产党第十九届中央委员会第四次全体会议文件汇编》,北京:人民出版社,2019年,第19—21页。

② 《马克思恩格斯文集》第1卷,北京:人民出版社,2009年,第531页。

③ 《马克思恩格斯文集》第1卷,北京:人民出版社,2009年,第161页。

④ 《马克思恩格斯文集》第1卷,北京:人民出版社,2009年,第187页。

关系”①。马克思把生产落在生命生产的“双重关系”上说明，劳动是人和自然之间的过程，也是人和人之间的过程。因此，人和自然之间物质变换的过程，也是人和人之间物质变换的过程；形成人和自然之间生命共同体的过程，也是形成人和人之间命运共同体的过程。这就说明，马克思提出的生命的“双重关系”，也就是人与自然的生命共同体和人与人的命运共同体的关系。无论是生产的目的和意义还是生命的目的和意义，都应是维系和延续由人与自然的生命共同体和人与人的命运共同体而构成的人的生命体系。正因为这样，马克思指出：“在这种自然的类关系中，人对自然的关系直接就是人对人的关系，正像人对人的关系直接就是人对自然的关系，就是他自己的自然的规定。”②这样，马克思不仅揭示了“人对自然的关系”的生命共同体和“人对人的关系”的命运共同体是不能分割的“自然的类关系”，而且还揭示了“人对自然的关系”和“人对人的关系”是生命的结构和“人类”的结构。这就说明，在马克思自然生命观的视域中，人与万物都是同类，都是天地所生，都是相互关联、前后相续、和合而生的。因此，“天人合一”中的“天”，是共同体中的“天”，“天人合一”中的“人”，是共同体中的“人”，“天人合一”中的“一”，是共同体中包括人在内的天地万物和合而生的“一体”，具体表现为人与自然、人与人的相互依存的生存状态。因此，共同体内含着“一”与“多”的辩证关系，而这种辩证关系形成了共同体的稳定结构。

通过以上研究可知，马克思正是从“第一个历史活动”，即从获取“吃喝住穿以及其他一些东西”的致富实践出发，揭示了人与自然的生命共同体和人与人的命运共同体。生态就是在这样的共同体中人与自然、人与人相互依存的生存状态。生态文明就是在这样的共同体中的致富文明。“天人合一”的人就是在这样的共同体中致富文明的人。因此，人的致富是共同体的整体致富，蕴含在其中的整体思维，就是科学思维（卢根源，2020）。“天人合一”的人是有这种科学思维的人，其致富实践，必然是共同富裕。“共同富裕”回答了“实现什么样的富裕”，“共同体中的致富实践”回答了“怎样富裕”。因此，科学富裕观是对“实现什么样的富裕、怎样富裕”的科学回答。由此我们可以认识到，马克思的自然生命观在充满着对劳动人民的生命权、生存权和发展权关怀的同时，还期望人应通过对科学致富的认识，在科学致富的实践中，自觉成为“天人合一”的人。

---

① 《马克思恩格斯文集》第1卷，北京：人民出版社，2009年，第532页。
② 《马克思恩格斯文集》第1卷，北京：人民出版社，2009年，第184页。

二、马克思通过“复归”一词，深刻地揭示了“天人合一”是人的本来生存状态，深刻地说明了破坏由“天人合一”生命规律而形成的人的生命体系的利己经济人必然会灭亡，具备人的本质、能够维系和延续人的生命体系、具有“天人合一”整体思维方式的利己利他经济人必然会诞生

马克思为什么会在充满对劳动人民的生命权、生存权和发展权关怀的同时，还期望人应自觉成为“天人合一”的人呢？那是因为资本主义私有制条件下的利己经济人是“天人对立”的人，也就是“把自然界的存在和人的存在抽象掉，设想一切都不存在，而自己却想存在的利己主义者”①。这种自私自利、私欲无限的“利己主义者”生产的目的和意义，只是为了“钱生钱”，不断榨取剩余价值，在人与自然方面表现为掠夺自然资源，在人与人方面表现为剥削劳动者，从而破坏人与自然的生命共同体和人与人的命运共同体，导致劳动人民的生命权、生存权和发展权受到严重威胁。这就充分说明了利己经济人不具备人的本质。

那么，人的本质是什么呢？怎样的人才符合人的本质呢？为此，马克思指出：“本质只能被理解为‘类’。”②这句话中的“类”，应指马克思揭示的“人对自然的关系”和“人对人的关系”是不能分割的“自然的类关系”。马克思正是以此为根据，在批判利己经济人不具备人的本质的基础上，明确指出：“自然界的人的本质只有对社会的人来说才是存在的。”③由“社会是人同自然界的完成了的本质的统一”④可知，“社会的人”就是“天人合一”的人，在“人的本质”之前加上定语“自然界的”，深刻说明不能脱离自然界来理解人的本质，而实际上人的本质是与自然界相联系的。马克思也就由此说明了认识人的本质不能脱离人与所生存的环境、天地万物之间的生命关系。因此，马克思就这样指出：“人的本质并不是单个人的抽象物，在其现实性上，它是社会关系的总和。”⑤“社会关系的总和”是指“人对自然的关系”和“人对人的关系”的“自然的类关系”的总和，也就是“天人合一”关系的总和，“现实性”是指在人与自然的生命共同体和人与人的命运共同体存在辩证关系的共同体中的致富实践。因此，“天人合一”的人才具备人的本质，人的本质也在这样的致富实践中生成。正因为这样，马克思指出：“共产主义是私有财产即人的自我异化的积极的扬弃，因而是通过人并且为了人而对人的本质的真正占有；因此，它是人向自身、向

① 《马克思恩格斯文集》第1卷，北京：人民出版社，2009年，第196页。
② 《马克思恩格斯文集》第1卷，北京：人民出版社，2009年，第501页。
③ 《马克思恩格斯文集》第1卷，北京：人民出版社，2009年，第724页。
④ 《马克思恩格斯文集》第1卷，北京：人民出版社，2009年，第187页。
⑤ 《马克思恩格斯文集》第1卷，北京：人民出版社，2009年，第501页。

社会的即合乎人性的人的复归。它是人和自然之间、人和人之间的矛盾的真正解决。”[①]因此,真正占有人的本质、“复归”了“合乎人性的人”的共产主义的“生产将以所有的人富裕为目的”,从而“结束牺牲一些人的利益来满足另一些人的需要的状况”[②]。这里的“合乎人性的人”是指实现了人的本质的“天人合一”的人,“向社会的人复归”是指向“天人合一”的人复归。因此,马克思描绘的共产主义蕴含了对“天人合一”的崇高追求,揭示了成为“天人合一”的人是人类社会的前进方向。

既然“利己经济人”是不具备人的本质的“天人对立”的人,那么,怎样来具体表达和认识实现了人的本质的“天人合一”的人呢?为此,首先让我们一起来认识一句马克思的名言:“私人利益本身已经是社会所决定的利益,而且只有在社会所设定的条件下并使用社会所提供的手段,才能达到。”[③]怎样来理解马克思的这段话呢?第一,马克思肯定了人有自己的利益,但这种利益不再是抽象的“利己经济人”的利益,而是“社会所决定的利益”;第二,每个人的利益,必须通过“在社会所设定的条件下并使用社会所提供的手段”来实现。笔者认为,这是马克思对实现了人的本质的人如何在共同体中实现自己的利益这一问题的回答。据此,既然不具备人的本质的“天人对立”的人是“利己经济人”,那么依据唯物史观和唯物辩证法的方法论,实现了人的本质的“天人合一”的人就可用“利己利他经济人”来表达。如何理解其含义呢?首先,“己”“他”都是代词,可用来代表人与自然、人与人相互依存关系中的任何一方。如果“己”“他”是用来代表人与自然相互依存的关系,当“己”代表“自然”时,“他”就代表“人”;当“他”代表“自然”时,“己”就代表“人”,这样,人与人的相互依存关系,也是“己”“他”关系。因此,“己”“他”是相对的,也是变动的,其蕴含的是具有“天人合一”整体特征的社会关系。其次,既然“己”“他”在相互依存的关系中,那么“己”的“利”必然会与“他”的“利”相互依存,这样,“利己”便必然会与“利他” 相互依存,形成辩证关系。利己与利他的辩证关系是:利他是利己之根。这种辩证关系可具体表述为:自己利益的实现过程成为实现他人利益的过程。或者表述为:通过实现他人利益来实现自己利益。这说明,利益既不是静态的,也不是分割的,而是既利己又利他的辩证关系统一体。因此,“己”“他”还是合一的。例如,在人与自然相互依存的关系中,人的利己,必然要遵循自然规律,保护自然资源,维护生态平衡。这也就是说人的利己首先要利自然,满足自然的这些基本需要,在这样的前提下,自然就必然会利人,从而满足人的需要,实现人与自然物质变换的循环和经济的高质量发展,进而建设美丽家园,实现人与自然的和谐共生,构建人与自然的生命共同体和人与人的命运

① 《马克思恩格斯文集》第1卷,北京:人民出版社,2009年,第185页。
② 《马克思恩格斯选集》第1卷,北京:人民出版社,2009年,第243页。
③ 《马克思恩格斯文集》第8卷,北京:人民出版社,2009年,第50页。

共同体。因此，虽然简单说来，利益是需要的满足，但这“需要的满足”不是孤立的“己”的需要的满足，也不是孤立的“他”的需要的满足，而是“己”“他”交互作用的共同需要的满足。由此可见，利益既不是孤立的“己”的利益，也不是孤立的“他”的利益，而是社会所决定的“己”“他”的共同利益，“己”“他”也由此而形成利益共同体。这样，“利”既不是孤立的“他”的自身利益最大化，也不是孤立的“己”的自身利益最大化，而是社会所决定的“己”“他”的相互利益最大化。笔者认为，这就是马克思所说的“社会所决定的利益”的含义。由此可见，“社会所决定的利益”是“义”与“利”的辩证统一。这也就是说，通过实现他人利益来实现自己利益是义利的辩证统一。这是因为，虽然“己”“他”是相对而言的，且在不同的条件下“己”“他”的内涵不同，但是，不管是“己”还是“他”，都是“通过实现他人利益来实现自己利益”。这样，“实现他人利益”就成了“己”和“他”的“义”。这种义利观彰显了经济整体效率的高效率，揭示了相互利益最大化原则，体现了科学富裕观。而利己经济人正是违背了这一原则，其所奉承的是自身利益最大化原则，所追求的是单个人的效率，从而将利己与利他分离，表现为既掠夺自然资源又剥削劳动者(可把这两个方面概括为：损害他人利益)，不断榨取剩余价值，出现“己”与“他”的两极分化，进而违背生命规律，破坏生命体系，结果导致“追求单个人的效率”的低效率和最终无效率。因此，这种利己与利他的分离，可具体表述为：通过损害他人利益来实现自己利益。或者表述为：自己利益的实现过程成为损害他人利益的过程。这种过程，其实就是以“牺牲一些人的利益来满足另一些人的需要的状况”，从而不能形成利益共同体。这也就是说，利己经济人不能构建利益共同体，这就决定了利己经济人不能构建人与自然的生命共同体和人与人的命运共同体。因此，构建利益共同体是构建人与自然的生命共同体和人与人的命运共同体的物质基础。这就说明，共同体致富实践中的人是利己利他经济人。这种人有正确的义利观，追求整体的高效率，遵循相互利益最大化原则，顺应生命规律，维护生命体系，这样每一个“己”的富裕，都与“他”的富裕紧密相连，形成运行于人与自然、人与人相互依存生存状态中的物质变换循环的共同富裕，从而结束“牺牲一些人的利益来满足另一些人的需要的状况”，实现“人和自然之间、人和人之间的矛盾的真正解决”。由此可以认识到，利己利他经济人才能构建人与自然的生命共同体和人与人的命运共同体，才能树立共产主义科学富裕观。

依据以上研究，笔者认为，面对资本主义抽象的利己经济人所造成的危害和带来的危险，马克思思考的问题必然是如何化解利己经济人所造成的危害和带来的危险，从而实现人的解放和人的全面发展。这样便必然会伴随着马克思的追问：人本来是怎么样的人。然后回答：人应成为怎么样的人和怎样成为这样的人。共产主义公有制是马克思对“怎样成为这样的人”做出的科学回答。因此，这种“回答”必然会贯穿在他所进行的哲学领域与经济学领域相互贯通的研究中，其所反映出的逻辑思路是：人本来是“天人合一”的人，然而资本主义私有制使人异化为“天人对立”的人，因此应通过共产主义公有制使人重新成为“天人合一”的人。这种逻辑思路深刻地说明了“天人合一”是人本来的生存状态，然而具有“天人对立”个体思维方式的利己经济人却破坏了这种生存状态，因此，人类社会的发展规律是“复归”到“天人合一”的本来生存状态。这种“肯定—否定—否定之否定”的过程，进一步深刻地说明了资本主义之所以会必然灭亡，社会主义之所以会必然胜利，是因为利己经济人对“天人合一”生命体系的破坏，必然会遭到“天人合一”生命规律的惩罚，从而导致利己经济人的必然灭亡，利己利他经济人的必然诞生。

三、中华民族命运共同体本质上是“天人合一”的生命体系，因此承载着马克思人的本质思想、中华文化、中国特色社会主义制度整体思维方式的能够维系和延续“天人合一”生命体系的新经济人理论，才能构建中华民族命运共同体，实现中华民族的长治久安

以上研究说明，利己利他经济人是马克思人的本质视域中实现了人的本质的“天人合一”的人。笔者在对“利己利他”含义的解释中，诠释了其丰富的内涵及其唯物辩证法思想，其中蕴含了整体思维方式。当然，利己利他经济人的整体思维方式也就是马克思人的本质思想的整体思维方式。因此，为了更好地深入认识利己利他经济人的整体思维方式及其与中华民族命运共同体的关系，还很有必要在已有研究的基础上进一步深入研究马克思人的本质思想的整体思维方式。

马克思人的本质思想的整体思维方式，彰显在马克思对“利己主义者”的批判中，彰显在马克思对人的本质的科学回答中，彰显在马克思揭示的人类社会发展的规律中。因此，马克思是在批判抽象的“天人对立”的利己经济人的个体思维方式的过程中，通过科学回答人的本质的内涵，揭示人类社会发展的规律，彰显了自己“天人合一”的整体思维方式。这种“天人合一”的整体思维方式，是人与自然、人与人相互依存的思维方式，是马克思主义世界观、人生观和价值观的思维方式，这种思维方式的价值观所信仰的是共产主义。在这种“天人合一”的整体思维方式的视域中，人与自然是生命共同体，人与人是命运共同体。马克思也就由此呈现了自己的自然生命观。由此可见，马克思不仅有与西方文化不同的思维方式，而且有与其不同的生命观。对于生命观，国学泰斗楼宇烈教授这样指出：人在不同的环境中形成了不同的文化。生命观是理解不同文化特点的一个独特视角。生命观是指万物包括人的生命从哪里来，生命怎样维系、怎样延续，生命的意义又在哪里。对这些基本问题的不同

回答，形成了世界上不同文化的生命观。由此而论，世界上有三种典型的生命观。第一种是以西方基督教文化为代表的生命观。基督教生命观认为包括人在内的万物都是由上帝有意志、有目的地创造、控制和管理的一个个生命与生命之间相互对立的自私的个体，人的生命的维系是靠上帝创造的其他万物来供养。正因为这样，人应听从上帝的意志，按照上帝的意志去做人、做事。因此，人的自我意识就是上帝的意志。西方的整个文化都跟这个神有关系，包括他们的价值观念、思维方式。第二种是印度文化的生命观。这种生命观也认为生命是一个个没有内在关系的孤立的自私的个体，也是由现实世界之上的神的世界创造、控制和管理的。二者的差异在于：前者强调的是唯一的神，后者强调的是多神。第三种是中华文化的生命观。它认为，现实世界中的一切生命都是这个现实世界自己自然而然生成的，人与自然、人与人之间都是有着整体关联的内在生命关系的一体，天地间的人和万物都是天地所生，万物与人都是同类。因此，人应按照自然规律去做人、做事，成为"天人合一"的人，实现生命的相互关联、前后相续。中华文化由此就让人自我认识、自我觉悟人是怎么回事，然后自我管理、自我提升，由自觉到自律。诚然，中华文化中也有"神"的概念，但它指的是阴阳变化。它决定了中华文化的价值观和思维方式（楼宇烈，2017）。

依据不同生命观，中西方文化有着不同的思维方式。著名学者张立文教授以"阴阳"为例精辟地指出：阴阳交感与阴阳二分是中西方哲学理论思维方式最显著的差别。中国是阴中有阳，阳中有阴，阴阳交感，互相包容；西方是阴就阴，阳就阳，阴阳互相拒斥，两不相容，彼此对立（张立文，2017）。同为"阴阳"，为什么中国与西方会有如此的不同呢？这是因为思维方式的不同。中国运用的是整体思维方式，而西方运用的是个体思维方式。在中国哲学整体思维方式视域中的人与自然、人与人处于相互依存之中，人们的思维心理以万物和合为主。在西方哲学个体思维方式视域中的人与自然、人与人处于对立之中，人们的思维心理以自我为中心。正因为这样，就会出现中国哲学整体思维方式视域中的生命观和西方哲学个体思维方式视域中的生命观，而"天人合一"与"天人对立"就是中西方两种不同思维方式生命观的表现形态。西方文化"天人对立"的个体思维方式，是人与自然、人与人相互分割的思维方式，是个人主义世界观、人生观和价值观的思维方式，这种思维方式的价值观所信仰的是上帝天国。因此，马克思对资本主义"天人对立"的利己经济人破坏生命结构和生命体系的批判，也就是对西方文化生命观的批判。这也就说明，利己经济人承载的是西方文化的生命观，利己利他经济人承载的是中华文化的生命观。因此，马克思人的本质思想的思维方式及其生命观与中华文化的思维方式及其生命观具有一致性。为什么会有这种"一致性"呢？这种"一致性"又说明了什么呢？笔者在《河北经贸大学学报》2016年第5期发表的《〈易经〉是马克思主义生态思想的理论来源研究论纲》《海派经济学》2018 年第 4 期发表的《人的本质与人类命运共同体》《海派经济学》2020 年第 1 期发表的《〈易经〉视域中的“天人合一”与学以成人》3 篇论文中，详述《易经》及以《易经》为源的中国哲学典籍大量西传及其所产生的重要影响和作用为回答这两个问题奠定了基础。以此为基础可以认识到，以“天人合一”为思维方式的马克思主义蕴含的是中华文化，而不是西方文化；马克思主义文化的生命观源于中华文化的生命观，这就揭示了中国哲学之源《易经》才是马克思主义哲学的理论来源(卢根源，2016a)。笔者这一探究性的重大理论创新，可极大地增强具有五千多年文明史的中华民族构建中华民族命运共同体的自尊心和自信心，增强实现中华民族伟大复兴的精神动力，也可以解释笔者在本文开头所提出的问题。

《易经》是中华文化的源头，蕴含着中华文化的阴阳理论。“中国先哲，信奉一条至为著名的关于大自然生命发展的思维原则——孤阳不生，孤阴不长。也就是说，大自然万物的诞生与成长，是建立在阴阳两种力量交互作用的基点上。”(张善文，2008)这种交互作用表现为：阴阳相互依存，互为包容，相互转化，阴中有阳、阳中有阴，阴生阳、阳生阴，形成统一的生命整体。因此，交互作用的阴阳的特征是：阴阳是相对的，阴阳是变化的，阴阳是合一的。这种特征说明，阴阳分离，结果必然是整体的瓦解和生命的死亡。因此，利己经济人是“阴阳分离”的人，利己利他经济人是“阴阳合一”的人。由此可见，利己利他经济人理论蕴含了中华文化的阴阳理论。这种揭示宇宙奥秘和大自然生命发展规律的阴阳理论，彰显在由天、地、人三大要素共同构建的人与自然的生命共同体和人与人的命运共同体中。由此，我们应该认识到，马克思揭示的“自然的类关系”“生命的双重关系”“人的本质”蕴含着的“己”“他”之理，也就是中华文化的阴阳之理。这就揭示了马克思的经济学和哲学理论都有中华文化阴阳理论的根基。马克思正是运用中华文化的阴阳理论，从整体思维方式的视域中揭露个体思维方式的利己经济人把利己与利他分离对生命体系的破坏所带来的危险，昭示了孤立的利己是人的“死亡驱动”，揭示了具有西方文化生命观的利己经济人必然会导致资本主义的灭亡。其蕴含的哲理是：阴阳分离必然会向阴阳合一转化。因此，马克思揭示的资本主义必然灭亡、社会主义必然胜利的人类社会发展规律，也告诉了我们：利己经济人必然会灭亡，利己利他经济人必然会诞生，利己经济人向利己利他经济人转化是人类社会发展的必然规律。我国是以马克思主义为指导的社会主义国家，我国也是有以《易经》为源的五千多年历史文化的国家。中国共产党领导中华民族在这样的国家建设中国特色社会主义，构建中华民族命运共同体。因此，必须高度重视马克思主义与以《易经》为源的中华文化相关联的研究及其所具有的重大战略意义。而利己利他经济人理论所蕴含着的重大理论创新，不仅为这种研究指明了方向，还为认识中国特色社会主义制度和国家治理体系的显著优势提供了学理的视野。

制度是定国安邦之本，中国特色社会主义制度是党和人民在长期实践探索中形成的科学制度体系，我国治理国家的一切工作和活动都依照中国特色社会主义制度展开。因此，构建中华民族命运共同体必须依照中国特色社会主义制度。中国特色社会主义制度由根本制度、基本制度、重要制度构成，其最大优势是中国共产党的领导。《中共中央关于坚持和完善中国特色社会主义制度推进国家治理体系和治理能力现代化若干重大问题的决定》指出："党政军民学、东西南北中，党是领导一切的。"①笔者认为，这句话蕴含的是整体思维方式。因为"党政军民学、东西南北中"不是二元对立的分割个体，而是由党统一领导的相互依存的和合整体。该《决定》还指出："把党的领导落实到国家治理各领域各方面各环节。"②这说明"国家治理各领域各方面各环节"蕴含的也是整体思维方式。例如，中国共产党领导的多党合作和政治协商制度，中国共产党与其他党派之间不是对立的而是合作的，其所蕴含的是整体思维方式。因此，基本制度、重要制度是根本制度的"变"，而蕴含在其中的是哲学理论具有思维方式的"不变"。由这种"变"与"不变"的关系可知，马克思人的本质思想、中国特色社会主义制度、中华文化的哲学理论具有思维方式的一致性。因此，中国特色社会主义制度的哲学理论思维方式，内涵了马克思人的本质思想、中华文化的哲学理论思维方式及其与西方文化的哲学理论思维方式的差别。由此可见，具有马克思人的本质思想、中华文化的哲学理论思维方式的利己利他经济人理论，才会具有中国特色社会主义制度的整体思维方式，才能彰显中国特色社会主义制度和国家治理体系的显著优势，才能防范化解利己经济人可能带来的各种风险挑战。

习近平总书记指出："我国56个民族都是中华民族大家庭的平等一员，共同构成了你中有我、我中有你、谁也离不开谁的中华民族命运共同体。"③2013年3月，习近平总书记在莫斯科国际关系学院发表演讲时对世界发展趋势做出了明确的判断："人类生活在同一个地球村里，生活在历史和现实交汇的同一个时空里，越来越成为你中有我，我中有你的命运共同体。"④依据笔者的研究可知，其中的"你中有我、我中有你"蕴含的都是中华文化的阴阳理论：阴中有阳，阳中有阴。因此，不管是中华民族命运共同体还是人类命运共同体都是"阴中有阳、阳中有阴，阴生阳、阳生阴，形成统一的生命整体"的含义。这也就

① 《中国共产党第十九届中央委员会第四次全体会议文件汇编》，北京：人民出版社，2019年，第23页。

② 《中国共产党第十九届中央委员会第四次全体会议文件汇编》，北京：人民出版社，2019年，第23页。

③ 习近平，筑牢中华民族共同体的思想基础，《人民日报》第1版，2014年10月10日。

④ 习近平，顺应时代前进潮流促进世界和平发展——在莫斯科国际关系学院的演讲，《人民日报》第1版，2013年3月24日。

是说，中华文化的阴阳理论运用在中华民族56个民族之间就是构建中华民族命运共同体，运用在世界上的国家与国家之间就是构建人类命运共同体；或者说，蕴含了中华文化阴阳理论的马克思人的本质所揭示的人与人的命运共同体，体现在中华民族56个民族之间就是中华民族命运共同体，体现在世界上的国家与国家之间就是人类命运共同体，它们都内含着人与自然的生命共同体。正因为这样，综合以上研究，新经济人理论所具有的重大理论创新，具有以下思想特色。

一是理论与实践的互动。马克思揭示了符合人的本质的利己利他经济人需要在现实世界的共同富裕实践中生成，因此新时代人的本质需在习近平新时代中国特色社会主义思想指引下，在中国特色社会主义共同富裕的实践中生成；中国特色社会主义制度的整体思维方式，随着制度优势转化为治理效能，内化为人的整体思维方式，使人成为利己利他经济人。正因为这样，利己利他经济人是新经济人，这种有新时代人的本质内涵的、具有整体思维方式的新经济人，才是构建中华民族命运共同体的人。因为在个体思维方式视域中的“民族”，是单个的相互对立的“民族”。因此，如果中华民族一旦形成二元对立的个体思维方式，必然会导致中华民族内部56个民族的分裂，从而导致国家的分裂。而在整体思维方式视域中的“民族”，是整体的相互依存的“民族”。正因为这样，分布在中国不同地域的56个民族之间存在的历史和现实的差异所形成的中华民族内部的结构，决定了具有整体思维方式的利己利他经济人理论，才能实现中华民族内部56个民族的“和而不同”。“和”是有共同的具有多元的包容性、和合性特征的整体思维方式，“不同”是有各自的表现形态。因此，中华民族命运共同体是由大团结的56个民族组成的整体性与统一性的“一体”，“一体”中内含着大团结的56个民族的“多元”。这样，“一体多元”是中华民族命运共同体的稳定结构。因此，“为了国家统一，民族团结，经济繁荣，为了中华民族的永续发展和持续致富，便需要有一种文化与之相适应；或者是说，便必然会产生和形成一种文化与之相适应。中华文化就是这样的一种文化。中华文化也由此有自己独特的价值观”（卢根源，2016b）。

二是历史与现实的贯通。利己利他经济人理论之所以是新经济人理论，还在于这种具有新时代人的本质思想内涵的能构建中华民族命运共同体的理论，不是与中华民族五千多年历史文化分割的理论，而是植根于其沃土而形成的理论。利己利他经济人理论正是汲取了中华文化阴阳理论的丰厚滋养，铸就了中华民族精神和中华民族优秀美德（卢根源，2020）。正因为这样，“天下为公、世界大同”就成了其价值追求。因此，利己利他经济人理论“蕴含着中华民族祖先的那颗初心和中华民族祖先对共同富裕美好生活的向往，以及中华民族祖先描绘的中华民族的发展方向”（卢根源，2020）。也正因为这样，从利己利他经济人身上，我们可以深刻认识到，今天之中国是历史之中国的延续！

利己利他经济人理论汲取的中华民族五千多年历史文化的丰厚滋养，是新时代构建中华民族命运共同体的宝贵资源，是抵御西方文化向我国渗透、企图分裂中华民族的思想根基。为此，我国不能忘记苏联解体的历史教训。苏联共产党否定马克思主义的指导地位、极力推行西方宪政和私有化为什么会导致苏共亡党和苏联解体呢？那是因为他们在思想上主动背叛马克思主义，实际上就是在思想领域放弃了马克思主义的整体思维方式，接受了西方文化的个体思维方式，而西方宪政和私有制实际上承载的都是西方资本主义私有制条件下利己经济人的个体思维方式，这样便必然会极力推行西方宪政和私有化。这种分割的个体思维方式，蕴含的是利己经济人“分”的世界观、人生观和价值观。由于这种“分”的作用，苏联便必然会解体，苏共便必然会亡党（卢根源，2016b）。因此，新时代构建中华民族命运共同体，中华民族必须时刻铭记马克思揭露的资本主义利己经济人所蕴含的“分”的个体思维方式及由此而产生的“分”的个人主义价值观，必须“坚持中国共产党为领导、公有制为主体、马克思主义为指导‘三位一体’的中国特色社会主义本质内涵”[①]。

三是坚持与发展的结合。利己利他经济人理论之所以是新经济人理论，还在于这种理论既坚持马克思主义在意识形态领域指导地位的根本制度，又在新时代构建中华民族命运共同体的过程中，实现了中华文化与马克思主义的认同融合，从而发展了马克思主义和实现了中华优秀传统文化的创造性转化和创新性发展。正因为这样，我们应该认识到，新经济人理论所具有的思想内涵，既是“以《易经》为源的以‘天人合一’为本质内涵的中华文化在新的历史阶段的创造性转化和创新性发展的表现形态”（卢根源，2020），又是蕴含了“‘天人合一’是马克思主义文化的本质内涵，因此，马克思主义文化源于中华文化，马克思运用中华文化‘天人合一’的文化哲理，批判了抽象的利己经济人，揭示了由利己经济人向利己利他经济人转化是人类社会发展的必然规律”（卢根源，2020）。而“马克思所揭露的资本主义私有制条件下的利己经济人，不仅给这些资本主义国家的劳动人民带来深重的灾难，而且给我国的劳动人民带来深重的灾难”（卢根源，2020）。因此，在我国，“马克思主义处于指导地位，是说明在新的历史进程中，必须明确方向，不能忘记近代中华民族令人宰割的历史，不能走资本主义邪路，应走有中华文化蕴含的中国特色社会主义道路，实现中华民族伟大复兴，引领世界走和平发展的道路”（卢根源，2020）。这也就充分说明了，“中国共产党以马克思主义为指导，在中国建立社会主义国家，符合中华文化的内在要求，符合中华民族祖先对共同富裕美好生活的向往和对天下为公、世界大同的憧憬，并警示着中国不能走资本主义邪路”（卢根

---

① 程恩富、张扬，深刻认识“三位一体”的中国特色社会主义本质内涵，《广西日报》第5版，2019年8月22日。

源,2020)。这对于在新时代深化马克思主义研究,坚定“四个自信”,既弘扬中华文化又巩固马克思主义的指导地位,防范化解把中华文化与马克思主义相互对立所隐藏的重大风险,实现中华民族的长治久安,都具有重大而深远的历史意义。

四是国际与国内的关联。利己利他经济人理论之所以是新经济人理论,还在于这种理论置身于当今国内外客观环境和世界发展趋势中,彰显出宏阔的国际视野和博大的世界胸怀。构建“你中有我、我中有你的中华民族命运共同体”与构建“你中有我、我中有你的人类命运共同体”,不是相互分割的而是相互关联的。能让我们认识到这种关联的“你中有我、我中有你”,是新经济人理论的辩证思维。这种辩证思维,运用于战略实践中必然会形成战略辩证思维。我们需要认识到,现在讲的中华民族命运共同体以及人类命运共同体,虽然都还不是马克思揭示的消灭了“阶级和阶级对立”的“自由人联合体”,但都是处于这种人类社会发展规律的趋势中。当今世界以美国为首的西方资本主义国家主导的经济全球化,不仅带来了世界范围内严重的对人的生命体系的破坏,而且还伴随着冷战思维和强权政治,从而导致世界范围内各种矛盾加剧和世界秩序失衡,这正是马克思所批判的必然会带来“死亡驱动”的西方文化中的利己经济人及其殖民逻辑所致(卢根源,2018)。也正因为这样,当今世界面临着百年未有之大变局,危机给中国带来发展的机遇。因此,要把握历史规律,洞察发展趋势,把构建中华民族命运共同体与构建人类命运共同体相互关联,积极传播中华文化,引领世界前进方向,在危机中育新机,于变局中开新局,就迫切需要新经济人理论。因此,新经济人理论的战略辩证思维既体现战略思维,又体现辩证思维,是战略思维和辩证思维的内在统一。它说明观大势、谋全局、育新机、开新局,需要处理理论与实践、历史与现实、目前与未来、坚持与发展、国际与国内等关系的辩证思维,需要运用战略思维。战略思维是力求积极破解战略实践中具有根本性、全局性和长远性问题的思维方式,在时间上考虑长远,在空间上谋划全局,在系统上布局整体。而构建中华民族命运共同体是中华民族长治久安的内部条件,构建人类命运共同体是中华民族长治久安的外部条件,构建人与自然的生命共同体是中华民族长治久安的自然条件的战略实践,体现的就是这种战略辩证思维。

参考文献

[1]楼宇烈,2017,中国文化的根本精神及其传承,《人民教育》,第13—14期,第12—29页。

[2]卢根源,2016a,《易经》是马克思主义生态思想的理论来源研究论纲,《河北经贸大学学报》,第5期,第30—38页。

[3]卢根源,2016b,马克思主义经济学利己和利他经济人假设的证明及其现实意义,

《海派经济学》，第 3 期，第 6、10 页。

[4]卢根源，2018，人的本质与人类命运共同体——兼论中国特色社会主义政治经济学理论体系，《海派经济学》，第 4 期，第 56 页。

[5]卢根源，2020，《易经》视域中的“天人合一”与学以成人——兼论“新马克思经济学综合学派”以“国学为根”，《海派经济学》，第 1 期，第 48—73 页。

[6]马克思，2004，《资本论》第 1 卷，北京：人民出版社，第 207—208 页。

[7]张立文，2017，中国哲学方法论的新构建——关于中国哲学概念范畴的逻辑结构，《探索与争鸣》，第 8 期，第 4—10、23 页。

[8]张善文，2008，《周易：玄妙的天书》，上海：上海古籍出版社，第 9 页。

The Theory of New Economic Man and the Community of Shared Future for the Chinese Nation

—Based on the Perspective of Marx's Human Nature

Lu Genyuan

Abstract The "nation" in different ways of thinking have different connotations. The "nation" in the individual way of thinking is a single "nation" opposing each other; the "nation" in the holistic way of thinking is an overall interdependent "nation". It can be seen that once the Chinese nation develops an individual way of thinking, it will inevitably lead to the split of the 56 ethnic groups within the Chinese nation, and thus the split of the country. Therefore, the history, culture and internal structure of the Chinese nation for more than 5 000 years have determined that only the new economic man theory can build a community with a shared future for the Chinese nation, as it reveals that Marxist cultural outlook on life originated from the Chinese cultural outlook on life, and carries Marx's essential thoughts, Chinese culture, and the overall thinking mode of the socialism with Chinese characteristics. It means a lot to deepening the study of Marxism, strengthening the "four self-confidences", promoting Chinese culture and consolidating the guiding position of Marxism, resisting the infiltration of individual way of thinking in Western culture, and preventing and dissolving the major risks that lie in the opposition between Chinese culture and Marxism, and realizing the long-term stability of the Chinese nation.

Key words New economic man theory Community of shared future for the Chinese nation Marxist cultural outlook on life Chinese cultural outlook on life A community of shared future for mankind

坚持马克思主义的扶贫思想
——以对马克思与阿比吉特·班纳吉"贫困"思想的比较为例

刘仁营　谢鸿宇

内容提要　2019 年诺贝尔经济学奖获得者阿比吉特·班纳吉在研究贫困问题时,主要从穷人的思维方式出发,将穷人的思维观念看作贫穷产生的根源,这就决定了其对贫困原因的理解带有主观唯心主义色彩。班纳吉强调在不改变资本主义基本政治和经济制度的前提下,完全可以通过调整资本主义政府决策、企业投资价值目标,使之更好地为穷人服务,从而达到扶贫目标,这实质上是一种改良主义措施,不可能真正解决世界贫困问题。相比之下,马克思的反贫困思想指出,贫困的根源在于资本主义基本经济制度,马克思认为贫困现象在根本上不是个体现象,而是阶级现象,因此要真正解决贫困就必须消灭剥削和私有制,在根本上坚持革命道路。如果说,班纳吉的反贫困理论表面上是为穷人服务,实质上是在维护资本主义基本制度的理论,那么马克思的反贫困理论则是真正为无产阶级和整个人类服务的理论。在思考解决贫困问题时,迷信和照搬西方自由主义经济理论的态度并不可取。中国扶贫取得巨大成就,关键在于坚持和发展了马克思主义的扶贫思想。

关键词　马克思　班纳吉　贫困思想　比较分析

中图分类号　F241.2

一、问题的提出

2010 年到 2020 年是中国扶贫史上辉煌的十年。在这十年里,中国不断创造着历史上从未有过的伟大成就——消除绝对贫困。2020 年注定是人类历史上非常不平凡的一年。中国迎难而上,在打赢抗"疫"战争的同时,决心打赢另一场战争——精准扶贫攻坚战。习近平总书记明确指出:2020 年是决胜全面建成小康社会、决战脱贫攻坚之年,也是"十三五"规划收官之年,既定的脱贫目标必须如期实现。

收稿日期:2020—06—20

作者简介:刘仁营,江西师范大学马克思主义学院教授、博士生导师;谢鸿宇,江西师范大学马克思主义学院博士研究生。

基金项目:本文系国家社科基金项目"'历史终结论'新形式判断"(18BKS050)的阶段性研究成果。

在中国持续取得反贫困重大成就的背景下，2019年的诺贝尔经济学奖颁给了研究反贫困问题的三位经济学家，这显然不会是一种偶然和巧合。获得该奖的是阿比吉特·班纳吉（Abhijit Banerjee）、艾丝特·杜芙若（Esther Duflo）和迈克尔·克雷默（Michael Kremer）。他们的研究，尽管获得了自由主义经济学所能允许的"新突破"，甚至表现出一种对传统反贫困经济学"离经叛道"的姿态，但因为缺少了反贫困实践中的"中国故事"和"中国道路"这个重要样本，特别是缺少了指导"中国故事"和"中国道路"的马克思主义扶贫理论的关照，在很大程度上遮蔽了其自由主义立场和方法的局限性，影响了其代表性和说服力。虽然中国国情与资本主义国家有不同之处，中国的扶贫是在中国化的马克思主义指导下进行的，但中国化的马克思主义仍然是马克思主义普遍真理在中国的具体体现和实现。基于此，笔者以为，我们非常有必要在新获奖的反贫困理论与马克思的反贫困理论之间进行一种系统地理论对照，在凸显其不同之处的过程中，"发现"中国扶贫故事取得成功的理论"秘诀"，为中国扶贫和世界扶贫提供真正科学而有力的理论支持。下面的分析主要以阿比吉特·班纳吉的《贫穷的本质》《好的经济学》等著作为参照文本。

二、关于贫困主体的研究及其不同

关于贫困的主体，阿比吉特·班纳吉坚持西方经济学的个体主义逻辑，以孤立的贫穷个人作为研究对象。关于穷人的范围，他是按照世界经济组织提供的标准来划分的，涵盖了非洲和印度等地区日均收入低于99美分的人。在《贫穷的本质》一书中，班纳吉提到他们的团队研究的是"关于18个国家中每人每天不足99美分生活的方方面面"（班纳吉，2018a）。他们最终的奋斗目标，就是"让这个世界再没有人每天依靠99美分生活"（班纳吉，2018b）。班纳吉及其试验团队花了15年左右的时间，通过随机试验的方法对非洲和印度穷人的日常生活的各个方面进行记录和研究，以此来探索造成这些穷人贫困现状的思维方式和行为方式。在其调研描述和分析当中，我们看到的主要不是作为集体存在的人，而是很多有名有姓的个人，例如"一位年轻的农民，名叫肯尼迪"（班纳吉，2018c），"伊布·艾姆塔特，一位竹篮编织工的妻子"（班纳吉，2018d），"珍妮弗·奥马是肯尼亚西部布玛拉小镇的一个市场小贩"（班纳吉，2018e）。即使涉及人群，也主要是从年龄或者职业方面做出的区分，例如儿童、妇女、农民、农民工、疾病人员和失业人员等，而不是作为阶级群体的概念。不管是研究温饱问题、教育问题、贷款问题和风险问题，班纳吉都是着眼于具体的穷人的思维方式和生活方式，试图从中寻找解决问题的细节和措施。

马克思对贫困的研究，主要是从宏观出发，将宏观与微观结合起来，研究作为阶级的贫困现象。比起班纳吉在研究贫困中关注个体或特殊人群，马克思研究的贫困主体既包括具体的个体穷人，也包括由穷人构成的阶级——工业无产阶级、农业无产阶级等，但他研究具体的贫困个体是为研究作为阶级的贫困现象服务的。在《资本论》中，马克思明确指出，他的研究对象是资本主义的生产方式以及与之对应的生产关系和交换关系。作为研究对象的生产关系，实质上就是资本主义社会的阶级关系，即劳资关系。为了深入揭示这种阶级关系的本质，马克思系统地考察了资本家阶级榨取剩余价值的生产、流通和分配的整个过程。为了让这种理论变得有血有肉，马克思非常重视调查研究。早在1866年给第一国际成员的《临时中央委员会就若干问题给代表的指示》之中，马克思就提出了一个涵盖11个大方面的“调查大纲”，要求各国成员“按下述调查大纲所示各点收集实际资料”①。1880年，马克思又编写了包括4个大方面共99小项的《工人调查表》，调查工人的工作、工资和生活等各方面的具体状况。② 这一类的调查为马克思研究工人个体的具体情况提供了现实的统计依据，同时也为马克思分析贫困的阶级共性提供了理论依据。

马克思与班纳吉对贫困主体的认识是明显不同的，前者主要是社会集团或者阶级，后者主要是个人。这种研究问题时的出发点或着眼点的差异，进而导致了他们对贫困原因和贫困解决方法认识上的重大差异。虽然班纳吉在一定范围的现象层面确实看到了非洲和印度存在着广泛的贫困问题，并且试图在每个人的生活方式中去寻找贫困的答案，但是班纳吉忽视了贫困问题不是个别人或者某一特殊人群的问题，而是一个广泛存在的具有深刻制度和阶级原因的问题。即使是GDP总量占世界第一的美国，同样存在不少靠乞讨为生的贫困人群。如果将贫困主体定义为生活费低于某个数额的具体个人，那么贫困的本质就不可能被发现，针对其本质的有效方法也就不可能被发现。不同的人有着不一样的贫困经历，这种照相式的“直观”，哪怕披上再多数学统计的外衣，也不可能透过现象抓住本质。虽然班纳吉通过实践调查看到了贫困在部分个人身上的一些体现，但是班纳吉只能揭示其特殊意义，而不是普遍本质。这进而决定了班纳吉的贫困理论是实用主义，只能用来帮助某些具体穷人，而马克思的贫困理论则是服务于整个无产阶级和全人类。

三、关于贫困形式的研究及其不同

关于贫困的形式，班纳吉研究的主要是绝对贫困，具体包括两大类型、四种情况。第一种类型是财富占有方面的贫困，包括个人收入和社会资源占有两种情况。第二种类型是个人的财富创造能力方面的贫困，包括健康程度和

---

① 《马克思恩格斯全集》第16卷，北京：人民出版社，1964年，第214页。
② 《马克思恩格斯全集》第25卷，北京：人民出版社，2001年，第427页。

工作能力两种情况。关于收入方面贫困，最典型的就是所谓“贫困陷阱”现象，穷人在将收入用于日常生活后就没有多少盈余了，而且收入会越来越少，陷入恶性循环。班纳吉认为，“对于处于‘贫困陷阱’的穷人来说，将来的收入低于今天的收入……这就意味着，随着时间的流逝，这一地带的人会变得越来越穷”(班纳吉，2018f)。针对陷入“贫困陷阱”的人，班纳吉专门研究了如何提高他们的收入，以及如何将为数不多的收入花在更有助于穷人脱贫的地方。关于社会资源占有贫困，班纳吉举了一些例子来分析这一问题。比如，在教育资源占有方面，他提到了“仅在印度一国，就有超过5 000万的学龄儿童连简单的课文也看不懂”(班纳吉，2018g)。在贷款机会方面，他提到了“更穷的借款人所能得到的贷款更少”(班纳吉，2018h)，而且这些穷人还要支付高利息，甚至银行根本就拒绝贷款给他们。关于身体健康程度方面，班纳吉发现非洲和南亚的穷人常常吃不饱饭，存在严重营养不良和短寿的问题。他发现，全世界“不到5岁便夭折的儿童每年有900万。在撒哈拉沙漠以南的非洲地区，产妇死亡概率为33%……撒哈拉以南的非洲国家，其人口的平均寿命不超过55岁”(班纳吉，2018g)。“南亚人身材矮小，很可能是因为南亚人及其父母所吸收的营养较少。有证据表明，印度的儿童极度营养不良……在三岁以下的儿童中，每5个儿童中就有一个儿童处于消瘦状态，也就是说，低于国际极度营养不良的标准。”(班纳吉，2018i)关于工作能力方面，他发现，“有大量证据支持这一观点，即童年时期的营养不良会直接影响成人的处世能力。在肯尼亚，持续得到抗蠕虫药片达两年的孩子，其上学的实践及在青年时期挣的钱比只得到1年抗蠕虫药片的孩子多20%:蠕虫会造成贫血及营养不良”(班纳吉，2018j)。这些贫困现象都是绝对贫困的体现。

与班纳吉不同，马克思不仅研究了绝对贫困，而且深入研究了相对贫困。关于绝对贫困，马克思认为，在资本主义条件下，工人除了自身劳动力以外一无所有，为了生存只能将劳动力作为一种商品出卖给资本家。作为劳动力价值的工资，在缺乏外力干涉的条件下，必然呈现出最低化倾向。因此，马克思指出:“被剥夺了劳动资料和生活资料的劳动能力是绝对贫困本身。”[①]随着生产力水平的不断提高，追求绝对剩余价值逐步发展为追求相对剩余价值，工人面临的更突出的问题是相对贫困。对此，马克思指出:“如果说工人阶级仍然‘穷’，只是随着他们给有产阶级创造的‘财富和实力的令人陶醉的增长’而变得‘不那么穷’了，那也就是说，工人阶级相对地还是像原来一样穷。如果说穷的极端程度没有缩小，那么，穷的极端程度就增大了，因为富的极端程度已经增大。”[②]“工人可以得到的享受纵然增长了，但是，与资本家的那些为工人所

① 《马克思恩格斯全集》第47卷，北京:人民出版社，1979年，第39页。
② 《马克思恩格斯全集》第42卷，北京:人民出版社，2016年，第672页。

得不到的大为增加的享受相比,与一般社会发展水平相比,工人所得到的社会满足的程度反而降低了……我们在衡量需要和享受时是以社会为尺度,而不是以满足它们的物品为尺度的。因为我们的需要和享受具有社会性质,所以它们是相对的。"[①]在相对贫困状态下,工人往往意识不到自己被剥削的程度正在不断加大。相对贫困比起绝对贫困来说并不是剥削的减少,而是资本家剥削的方式更加隐蔽。

班纳吉与马克思对贫困形式认识的不同,不仅体现在二者对绝对贫困形式的具体理解不同,而且体现在班纳吉缺少对相对贫困的深入思考。班纳吉按照国际标准把绝对贫困界定为日收入低于99美分的人群,而马克思则将绝对贫困抽象化为劳动者被剥夺了包括生产资料和生活资料在内的各种财富的贫困状态。马克思对绝对贫困的理解不仅包含了生活资料的匮乏,而且揭示了生活资料匮乏背后的决定因素,即生产资料的垄断。这使马克思看到的贫困不是原子式的孤立和偶然的现象,而是现象背后的作为阶级剥削的根本规律。马克思将贫困划分为绝对贫困和相对贫困两种形式,实现了对贫困形态的科学抽象。显然,马克思与班纳吉都看到了贫困的各种现象,所不同的是班纳吉将这种贫困现象视作特殊个体,仅仅进行具体研究,没有对这种贫困现象进行真正的本质抽象和原因追溯,似乎不同的人仅仅是由于思维和生存环境的不同而导致其特殊的体现。这种单纯表象的思维方式,决定了班纳吉不可能从深层原因上提出相对贫困问题,最多只能从收入数量上涉及这一问题。他看到的只是浅层的共性,没有看到深层的共性,特别是阶级共性。可以说,班纳吉所观察到的贫困形式就像水中的倒影,虽然丰富生动,但因为没有与其深层特征统一起来分析,最终只能流于表象。与之相反,马克思则没有流连于这种表象的丰富生动,而是结合深层特征对贫困的形式进行区分,这决定了对贫困原因和解决方法等问题的思考,马克思必然比班纳吉更加深刻和科学。

四、关于贫困原因的研究及其不同

关于贫困的原因,班纳吉主要将其区分为穷人自身的原因和政府决策的原因两个方面。关于穷人自身的原因,班纳吉认为主要与穷人的思维方式和生活习惯有关。对此,他提到,"即使是人们花在食物上的钱,也并没有全部用来增加人们的能量或微量营养素。相反,他们会选择买一些口味更好、价钱更高的食品"(班纳吉,2018k),"在发展中国家的人会花很多钱来置办婚礼、嫁妆、洗礼等,这很可能是怕丢面子的结果。……为死去的老人举办隆重的葬礼,葬礼所需费用为死者一生的积蓄……在举行这样一场葬礼后,这个家庭显

① 《马克思恩格斯选集》第1卷,北京:人民出版社,1995年,第349—350页。

然没有多少可用的积蓄了"(班纳吉,2018l)。由于穷人的思维方式和生活习惯已经基本固化,这使得穷人依靠自身的力量无法真正脱离贫困。但是,"如果我们倾听穷人的心声,理解他们的逻辑,那么我们就能制定一套有效的政策,也能更理解穷人的生活方式。基于这种理解,我们可以发现贫穷的原因,并找到解决的办法"(班纳吉,2018p)。而影响穷人思维方式和生活方式的,首先与穷人对信息的掌握程度有关。穷人之所以穷,是因为"穷人通常缺少信息来源,相信那些错误的事情。他们不清楚给儿童接种疫苗的好处,不明白基础教育的重要性,不知道该使用多少化肥,不知道哪种方法最易染上艾滋病,也不知道政治家们每天都在做些什么"(班纳吉,2018q),甚至"一些人怀疑政府的动机,认为政府只是想帮助极小部分的人,另一些人则怀疑政府兑现承诺的能力被夸大了"(班纳吉,2020a)。影响穷人思维方式和行为方式的另一个原因,是"穷人肩负着生活中的多种责任……他们没有自动扣除功能的储蓄计划,例如退休计划或社会保障"(班纳吉,2018m)。由于缺乏抵抗风险的保障,穷人一旦陷入贫困境地,往往很难再脱离贫困。关于政府决策方面的原因,班纳吉认为政府经常存在"意识形态偏见""惯性"或"组织能力"方面的问题,在真正决策和行为时不能完全做到为穷人服务。他举例说,"一项关于帮助穷人的计划由于被某些人接手而失败了;教师教学散漫;建筑施工时偷工减料,车辆超载以致道路塌陷等。这些事件……主要是由于制定政策时出现的错误造成的,包括无知、意识形态和惯性"(班纳吉,2018b)。在穷人自身内因和政府决策外因两个方面的作用下,非洲和印度等地区成了世界贫困滋生的温床。

马克思认为工人阶级贫困产生的根本原因,是榨取剩余价值的资本主义经济制度。他说:"工人阶级处境悲惨的原因不应当到这些小的弊病中去寻找,而应当到资本主义制度本身中去寻找。"①"资产阶级运动在其中进行的那些生产关系的性质绝不是一致的单纯的,而是两重的;在产生财富的那些关系中也产生贫困。"②穷人数量的增多和贫富差距的拉大,也是因为资本主义经济制度。资本主义"这个制度使文明社会越来越分裂,一方面是一小撮路特希尔德们和万德比尔特们,全部生产资料和消费资料的所有者,另一方面是广大的雇佣工人,他们除了自己的劳动力之外一无所有"③。除了经济制度方面的原因,马克思还看到资本主义意识形态对贫困的重要影响。对此,他指出:"统治阶级的思想在每一时代都是占统治地位的思想。这就是说,一个阶级是社会上占统治地位的物质力量,同时也是社会上占统治地位的精神力量。"④资产阶级意识形态从社会的各个方面维护资产阶级的利益,掩饰甚至粉饰资产

① 《马克思恩格斯选集》第4卷,北京:人民出版社,1995年,第421页。
② 《马克思恩格斯全集》第4卷,北京:人民出版社,1958年,第155页。
③ 《马克思恩格斯选集》第4卷,北京:人民出版社,1995年,第421页。
④ 《马克思恩格斯选集》第1卷,北京:人民出版社,1995年,第98页。

阶级对无产阶级的阶级剥削。

马克思与班纳吉对贫困主体的认识不同，进一步导致他们对贫困原因的认识也不同。班纳吉唯心地把贫困的原因归因于穷人的思维方式和生活习惯，把穷人不能脱贫的原因归因于政府没有出台有效的政策。马克思则没有从穷人的思维观念中去寻找贫困的原因，而是从资本主义社会的生产方式和基本制度中寻找贫困的根源。他认为"一切社会的和政治的不公平都是从现在占统治的社会制度，即现存的私有制度中产生出来的"①。只要这一问题得不到解决，贫困就将一直存在。马克思在贫困根源问题上坚持了历史唯物主义。在解决贫困过程中倾听穷人的心声，理解穷人的生活习惯，这本身并没有错，但是从穷人的心声和生活习惯中并不能发现穷人贫困的真正根源。政府工作人员的失职和政策的失误，也确实加深了穷人贫困的程度，但这并不是脱贫的真正障碍。像班纳吉这样唯心主义地去理解贫困，那么他始终只能看到贫困"表现形式的原因"，无法真正把握"贫困本身的原因"。虽然班纳吉也看到资产阶级政府在某些方面的失职，加深了这些地区的贫困，但他并没有找到资产阶级政府失职的真正原因。虽然马克思并没有忽视资产阶级政府决策方面的问题，但他并不将其认定为导致贫困的真正原因。他从资本主义国家的阶级局限性出发，认为资本主义的政府归根到底是为资产阶级服务的，这决定了它不可能真正为解决贫困服务。

五、关于贫困解决途径的研究及其不同

关于贫困的解决途径，班纳吉从政府、企业和穷人自身等几个方面提出了解决措施。关于政府应该采取的措施，班纳吉特别强调政府要做好科学普及、提高预防疾病的概率以及提高公立学校老师的教学质量等等。现实中政府采取的措施效果往往不尽人意，关于这种现象出现的原因，班纳吉的调研团队通过实验得出这样的结论："大规模的浪费及政策失败之所以会发生，常常是因为政策规划阶段的懒惰思想，而不是任何深层次的结构问题。"（班纳吉，2018o）关于企业应该采取的措施，班纳吉指出企业应该在雇工方面多为穷人着想；银行在贷款方面应多考虑穷人的需要，不能只贷款给有钱人。由于穷人的"内心布满创伤，自尊心极低……倾向于拒绝别人提出的建议"（班纳吉，2020b），因此不管是政府还是企业，都应该"从尊重穷人做起"（班纳吉，2020b）。事实上，这种具有改良性质的临时措施不可能根治贫困，也早就受到过马克思的批判。如针对政府为减轻摩塞尔河沿岸农民的贫困而采取的临时措施，马克思批评道：这些措施"显然只能减轻，而不能消除贫困……而且这

① 《马克思恩格斯全集》第4卷，北京：人民出版社，1958年，第110—111页。

种减轻所触及的并不是经常性的贫困状况，而只是它的特殊表现形式，并不是人们已经习以为常的慢性病，而只是突如其来的急性病。”①班纳吉天真地将根治贫困的希望寄托在资产阶级企业及其政府身上，试图通过资本家和资产阶级统治者的政策来解决贫困问题，完全不考虑资本主义社会发展的价值观和规律性。

马克思认为资本主义条件下的贫困是由资本主义制度造成的，因此，要真正解决贫困问题，就必须通过变革资本主义生产关系和最终消灭私有制来实现。而要消灭资本主义私有制，就必须进行阶级斗争，首先获得国家政权。借助国家政权，实现对生产关系的社会主义改造。他说：“现代资本主义生产方式所造成的生产力和由它创立的财富分配制度，已经和这种生产方式本身发生激烈的矛盾，而且矛盾达到了这种程度，以至于如果要避免整个现代社会灭亡，就必须使生产方式和分配方式发生一个会消除一切阶级差别的变革。”②社会主义生产方式和生产关系的确立，将为解决贫困问题提供根本制度保证。要消除贫困，不能仅仅在道德上批判分配的不正义，而要诉诸社会经济制度的根本改造。他指出：“如果我们对现代劳动产品分配方式（它造成赤贫和豪富、饥饿和穷奢极欲的尖锐对立）的日益逼近的变革所抱的信心，只是基于一种意识，即认为这种分配方式是非正义的，而正义总有一天一定要胜利，那就糟了，我们就得长久等待下去。”③这段话不仅仅是对抱有幻想的改良者的深刻警示，更是对试图依靠资产阶级统治阶级来解决贫困的空想者的尖锐批判。

班纳吉解决贫困的方法在本质上仍然是以维护资本主义制度为前提的改良主义。他认为政策问题比政治制度问题更重要：“我们没有理由相信政治经济学的那种观点，即政治总会优先于政策。我们现在可以更进一步，颠倒政策与政治的阶级地位。”（班纳吉，2018o）既然“政策”可以颠倒“政治的阶级地位”，那么通过政治制度变革来消除贫困也就完全没有必要了，因为“良好的政策有助于打破过低期望的恶性循环”（班纳吉，2018o）。虽然在一定程度上，班纳吉看到了资本主义国家在解决贫困问题中存在的弊端，也明确指出政府应该为解决贫困出力，但是班纳吉最终还是站在“政策优先于政治”的改良主义立场上认识问题。他乐观地认为，“在不改变现有社会及政治结构的情况下，有可能对管理和政策加以改进”（班纳吉，2018b）。即使政府存在不尽责或腐败问题，对这些问题的解决也“不一定要对政体进行彻底的改革”（班纳吉，2018b）。对于改良主义措施是否一定能解决问题，班纳吉心里实际上是存在纠结的：一方面，他坚信“我们可以发现贫穷的原因，并找到解决的办法”（班纳吉，2018p），另一方面，他又提到“尽管我们没有根除贫困，但我们知道有些事

① 《马克思恩格斯全集》第1卷，北京：人民出版社，1995年，第375页。
② 《马克思恩格斯选集》第3卷，北京：人民出版社，1995年，第500—501页。
③ 《马克思恩格斯选集》第3卷，北京：人民出版社，1995年，第500页。

情或许可以改善穷人的生活”(班纳吉,2018q)。这种自相矛盾,说明了改良主义的乐观只是表面的乐观。马克思解决贫困的途径虽然不完全排斥改良性措施,但他强调最终必须依靠革命,反对改良主义和无政府主义。而且,不同于班纳吉只追求对穷人生活的“改善”,马克思主张永远、彻底地消除贫困。他指出:“要永远消除现在的不公平和贫困,就必须彻底摧毁现代的社会制度。”①而要摧毁资本主义制度,就必须坚持阶级斗争和社会革命。马克思不是要缓和阶级差别和贫困,而是要根除阶级差别和贫困,实现基于生产资料公有制和无产阶级专政之下的按劳分配。相较班纳吉的自相矛盾与表面乐观,马克思对解决贫困充满了自信,认为资产阶级的灭亡和无产阶级的胜利都是同样不可避免的,由于阶级剥削而导致的贫困现象并不是永远不能解决的。

六、关于贫困研究方法及其不同

班纳吉研究贫困的方法,是具有唯心主义和实用主义色彩的随机对照试验法。他说:“穷人常常拒绝我们为其想出的完美计划,因为他们不相信这些计划会有什么效果。这也是贯穿本书的一个主题。”(班纳吉,2018l)因此,他认为研究贫困首先要研究穷人的思想,根据穷人的思维方式和生活习惯来制定行之有效的政策。他认为非洲和印度等一些国家之所以在脱贫问题上进展缓慢,其原因就在于他们没有能够正确理解穷人的想法。然而,穷人的具体想法却是多种多样的,我们的研究不可能把所有人包含进来。基于这样的思考,班纳吉认为研究贫困问题“最简洁的回答方式就是模仿医学中为评估新药的效力而采用的随机对照实验(RCTs)”(班纳吉,2018r)。班纳吉采取了具有实用主义色彩的随机对照试验法来研究贫困问题,他把大量时间用来从事随机试验调查,记录和对照分析试验数据。在《贫穷的本质》一书中,几乎每一章都在叙述一个个具体穷人的生活方式,研究他们在具体生活方式下是如何思考问题的,以此作为依据来批评过去的政府政策与穷人真实的思维之间的不相符。为了让具体的数据更有说服力,在每一个具体的环节,班纳吉都对具体研究的人物进行了长期的追踪记录。例如,研究接种站工作人员的在岗数量和服务质量与疫苗接种率之间的关系,通过不断增加接种站工作人员的数量和完善服务质量,来寻找接种率的变化规律。在研究过程中他发现,“医疗活动每月定期准时举行,这一点也得到了我们的数据证实。于是,接种率出现了一定程度的提高……在对照村庄里,接种率为6%;而在医疗团队的村庄里,接种率却上升至17%”(班纳吉,2018u)。在某种程度上,这种随机对照试验确实可以发现扶贫方式与扶贫结果的相关性,但却存在很多缺陷,如普遍适应性

① 《马克思恩格斯全集》第4卷,北京:人民出版社,1958年,第111页。

较低、需要花费大量金钱等。这是一项十分漫长而耗时的工作，研究结果中的几个数据，很可能是班纳吉团队试验几个月甚至数年的成果。这样的研究方法，使得班纳吉的著作与其说是一篇学术著作，不如说更像一篇随机调查活动记录。

与班纳吉的研究方法不同，马克思从历史唯物主义出发，用阶级分析法结合具体的实证方法，对无产阶级的贫困问题进行研究。马克思从历史唯物主义出发，认为贫困的根本原因不在于人的思维差别，而在于社会生产方式和基本经济制度。人的思维差别不过是这种经济现实的产物。马克思创造性地提出了剩余价值理论，具体分析了资本家阶级剥削工人阶级的途径，揭示了资本家剥削的秘密，阐明了资本主义两极分化和贫困的社会根源。劳资之间的阶级对立，不仅仅是政治地位的对立，更是经济权利的对立。正因为富人占有更多的经济权利，而穷人的经济权利被富人剥夺，才会出现两大阶级的贫富分化。可以说资产阶级与无产阶级对立加深的过程，也就是穷人越来越贫困的过程。马克思研究贫困时将定性分析与定量分析结合在一起，在定性与定量分析相结合的过程中，辩证地处理归纳与演绎、分析与综合、抽象与具体等不同关系。与班纳吉拘泥于贫困的随机个案不同，马克思强调："分析经济形式，既不能用显微镜，也不能用化学试剂。二者都必须用抽象力来代替。"①马克思分析了贫困问题中个别贫困现象与一般贫困现象，将具体的贫困工人的生活案例，与整个无产阶级的整体贫困研究辩证地结合在一起，从个别上升到一般，从现象上升到本质，抓到问题的本质而不被问题的表象所遮蔽，最终形成能够真正科学认识和解决贫困问题的方法。

班纳吉的研究方法是从唯心主义出发，从人的思维去研究贫困、制定政策，这决定了班纳吉在很大程度上只能看到贫困的现象，而看不到贫困的本质。班纳吉的随机对照试验研究方法主要是从微观角度进行，对每一个具体的人和具体的地区进行研究，其提出的扶贫政策不但缺乏普遍适用的意义，而且对于不同国家的贫困问题也没有给出完整的解答。劳资关系的矛盾得不到根本解决，个别的贫困现象也许会得到解决或者缓解，但贫困作为一种社会现象不仅不能根除，反而会加剧，这是班纳吉没有认识到的深层问题。马克思认为："研究必须充分地占有材料，分析它的各种发展形式，探寻这些形式的内在联系。"②不可否认，班纳吉揭露了资本主义制度中长期被熟视无睹的极端贫困现象，本身就具有相当的进步意义，而他通过多年的田野调查和记录所积累的大量第一手材料，对理解和认识贫困问题也有着宝贵的学术价值。但令人遗憾的是，他对贫困本质的思考限于表面，并没有达到马克思所说的"探寻出

① 《马克思恩格斯选集》第2卷，北京：人民出版社，1995年，第99—100页。
② 《马克思恩格斯选集》第2卷，北京：人民出版社，1995年，第111页。

这些形式的内在联系”,这使得他的贫困研究始终是肤浅和不彻底的。马克思的研究方法从历史唯物主义出发,坚持阶级关系分析,揭示了导致贫困的阶级根源,指明了消除贫困的真正途径在于消灭阶级剥削和阶级统治,从而在根本上超越了班纳吉表象化的分析,为从社会根源上解决贫困指明了正确道路。

七、结 语

班纳吉研究的贫困人群主要是非洲和印度的个别或小规模群体的穷人,由于研究方法的限制,班纳吉的团队在取样调查时不可能研究两地大多数穷人,只能通过抽样进行个别性研究。班纳吉的研究,表面上是为穷人服务,但这种服务是以维护资本主义基本政治经济制度为前提的,因此仅仅是在资本主义基本制度允许的框架范围之内,为穷人做出一些细枝末节的改良。这种改良不仅不能从根本上解决资本主义制度带来的贫困,反而维护了这种不断再生产出贫困的制度,从理论和意识形态上为资本主义基本制度和贫困现实进行辩护。因此,班纳吉的反贫困思想在实质上是为资本主义制度服务的理论。

马克思的研究立足于具有一般性的资本主义生产方式和生产关系,从而把理论视角放到包括欧洲、美洲、亚洲等世界各地的整个世界的无产阶级群体当中。与班纳吉不同,马克思的反贫困理论主要是为全世界无产阶级服务的。他不是在个案上消除贫困个体,维护资本家阶级整体,而是要消灭资本家阶级本身,消灭无产阶级和“穷人”本身。当下中国扶贫工作取得巨大成就,消除绝对贫困正在扫尾,化解相对贫困正提上历史日程。这个中国历史上从未有过、全世界发展中国家从未实现过的伟大成就,用铁的事实证明了马克思反贫困思想的科学与伟大。中国之所以能够取得扶贫工作的巨大成功,就是因为中国的扶贫坚持了具有中国特色的马克思主义扶贫思想的指导,坚持了中国共产党领导的紧密团结依靠人民群众的扶贫路线,坚持了以人民为中心的政治立场,坚持了以公有制和按劳分配为主体的社会主义基本经济制度,采取了包括产业扶贫、教育扶贫、生态保护扶贫等科学合理措施,真正把马克思主义的扶贫思想贯彻到了中国的扶贫工作当中。在马克思扶贫思想的指导下,坚持中国特色的社会主义扶贫道路,在不久的将来,中国一定能在解决绝对贫困的前提下,不断化解相对贫困,最终完成扶贫大业,整体实现中国人民的共同富裕。

参考文献

[1]阿比吉特·班纳吉,2018a,《贫穷的本质》,北京:中信出版社,第24页。
[2]阿比吉特·班纳吉,2018b,《贫穷的本质》,北京:中信出版社,第206页。

[3]阿比吉特·班纳吉,2018c,《贫穷的本质》,北京:中信出版社,第19页。
[4]阿比吉特·班纳吉,2018d,《贫穷的本质》,北京:中信出版社,第45页。
[5]阿比吉特·班纳吉,2018e,《贫穷的本质》,北京:中信出版社,第146页。
[6]阿比吉特·班纳吉,2018f,《贫穷的本质》,北京:中信出版社,第20页。
[7]阿比吉特·班纳吉,2018g,《贫穷的本质》,北京:中信出版社,第12页。
[8]阿比吉特·班纳吉,2018h,《贫穷的本质》,北京:中信出版社,第130页。
[9]阿比吉特·班纳吉,2018i,《贫穷的本质》,北京:中信出版社,第36页。
[10]阿比吉特·班纳吉,2018j,《贫穷的本质》,北京:中信出版社,第30页。
[11]阿比吉特·班纳吉,2018k,《贫穷的本质》,北京:中信出版社,第39页。
[12]阿比吉特·班纳吉,2018l,《贫穷的本质》,北京:中信出版社,第204页。
[13]阿比吉特·班纳吉,2018m,《贫穷的本质》,北京:中信出版社,第205页。
[14]阿比吉特·班纳吉,2018n,《贫穷的本质》,北京:中信出版社,第200页。
[15]阿比吉特·班纳吉,2018o,《贫穷的本质》,北京:中信出版社,第188页。
[17]阿比吉特·班纳吉,2018p,《贫穷的本质》,北京:中信出版社,第203页。
[18]阿比吉特·班纳吉,2018q,《贫穷的本质》,北京:中信出版社,第29页。
[19]阿比吉特·班纳吉,2018r,《贫穷的本质》,北京:中信出版社,第17页。
[20]阿比吉特·班纳吉,2018s,《贫穷的本质》,北京:中信出版社,第55页。
[21]阿比吉特·班纳吉,2020a,《好的经济学》,北京:中信出版社,第388页。
[22]阿比吉特·班纳吉,2020b,《好的经济学》,北京:中信出版社,第393页。

Adhering to Marxist Thought of Poverty Alleviation
—A Comparative Study of Marx's and Abhijit Banerjee's Poverty Thoughts

Liu Renying Xie Hongyu

Abstract Abhijit Banerjee, the winner of the Nobel Prize in Economic Science in 2019, studies poverty mainly from the way of thinking of the poor, and regards the thinking concept of the poor as the origin of poverty, which determines that his understanding of the causes of poverty has the color of subjective idealism. Banerjee stressed that under the premise of not changing the basic political and economic system of capitalism, we can completely adjust the capitalist government decision-making and enterprise investment value objectives to better serve the poor, so as to achieve the goal of poverty alleviation. This is essentially a reformist measure that can not really solve the world's poverty problem. In contrast, Marx's poverty thought points out that the root of poverty lies in the basic economic system of capitalism, and holds that the poverty phenomenon is not isolated individual cases, but a class phenomenon. Therefore, to truly solve poverty, we must eliminate exploitation and private ownership, and adhere to the revolutionary road fundamentally. Banerjee's poverty theory serves the poor on the surface and is in essence safeguarding the basic capitalist system, while Marx's poverty theory is a theory that really serves the proletariat and the whole human being. When thinking about solving the problem of poverty, it is not advisable to be superstitious and copy the western economic theory of liberalism. The key to China's great achievements in poverty alleviation lies in its adherence to and development of Marxist Thought on poverty alleviation.

Key words Marx　Banerjee　Poverty　Comparative

实体经济振兴与《资本论》的当代价值

艾小峰 肖 斌

内容提要 党的十九大报告指出:"建设现代化经济体系,必须把发展经济的着力点放在实体经济上。"实体经济不仅是美国、欧盟等主要资本主义国家经济运行的基础,更是社会主义中国国民经济的基石和"顶梁柱"。然而,当前我国实体经济衰颓不振,严重影响了国民经济的持续健康发展。对此,我们需要从《资本论》中汲取营养,其中的商品理论、货币理论以及生产力理论对我国实体经济的振兴具有重要理论意义和现实意义。最后,在吸收、融合这三大理论相关思想内涵的基础上,我们从坚持不懈深化实体经济供给侧结构性改革、持续推进建设有效市场、正确发挥货币杠杆作用、做强做优做大国有企业四方面出发,阐述实体经济的振兴方案。

关键词 实体经济振兴 《资本论》 供给侧结构性改革 市场 货币 国有企业

中图分类号 F276.1

一、国内外实体经济问题分析

关于实体经济的含义,我们从《资本论》等经典著作以及相关学者的研究成果中可知,它是指:在社会生产、消费等实体领域发生的,满足人类需求的物质、精神产品及服务的经济活动(马克思,2004a;罗能生、罗富政,2012;黄群慧,2017;许光建、吴珊,2017)。具体说来,实体经济主要包括农业、工业、建筑业、非金融性服务业等(黄群慧,2017)。

众所周知,实体经济从来就是一个国家、民族经济平稳运行、健康发展的根基和保障。以欧美主要资本主义国家为例,从英国、法国、德国到日本,再到美国等,无一不是在实体经济的基础上实现自身经济的腾飞。然而,第二次世界大战以后尤其是 20 世纪 70 年代经济危机以来,各主要资本主义国家轻视实体经济,金融创新过度而又缺乏相应监管,导致虚拟经济不断膨胀,挤占了实体经济发展空间,各种问题频现。例如 2008 年的国际金融危机,不仅使美

收稿日期:2020—07—31

作者简介:艾小峰,厦门大学马克思主义学院硕士研究生;肖斌,厦门大学马克思主义学院副教授、博士生导师,中国政治经济学学会副秘书长。

国、欧盟等多个主要经济体受到重创，还对世界经济产生了巨大冲击。有数据显示，2008 年全球经济增长率仅为 1.85%，2009 年首度出现负增长[①]；美国、德国等世界主要经济体遭遇了出口下滑、消费不振、投资趋缓、失业率上升等诸多挑战。直至 2019 年，世界经济增长仍然十分缓慢，仅达 2.48%。[②] 但是，在世界经济下行的巨大压力下，中国仍为其做出高达三分之一的贡献率，其中实体经济居功至伟。

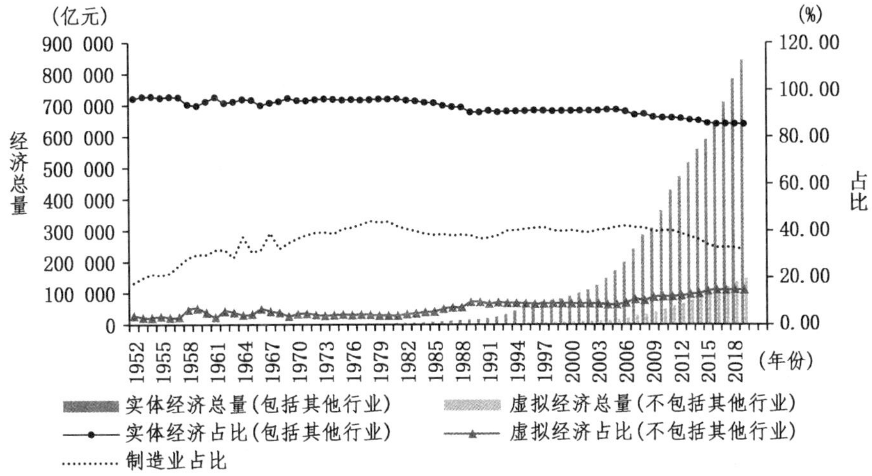

图 1　中国实体经济、虚拟经济分布状况(1952—2019 年)

资料来源：中国国家统计局官方网站。

注：实体经济总量是指农林牧渔业、工业、建筑业、非金融性服务业等行业经济总量，虚拟经济总量是指金融业和房地产业经济总量；实体经济、虚拟经济占比是指实体经济、虚拟经济总量占国内生产总值的比重；其他行业是指国民统计标准中未分类的行业；制造业数据采用国民统计标准中的工业数据。

实体经济创造了巨大的物质财富，满足了人们的各种需求，是社会生产力的集中体现，也是一个国家和民族经济发展的基础(罗能生、罗富政，2012)。从我国来看，新中国建立至今，实体经济一直都是国民经济的主要组成部分。图 1 显示，我国实体经济绝对量不断增长，近七十年增长了 1 290 多倍；此外，实体经济的年均增长率高达 19.27%，其经济占比也始终在 85%以上。分期而言，三大改造之后的社会主义建设时期(新中国成立后的前三年的数据暂未获得)，实体经济取得了长足进步，也正是这二十多年的快速发展，为后四十多年的改革开放提供了必要的、坚实的物质基础。就产业而言，工业(按我国分类标准，工业基本上与制造业同义)对中国实体经济的意义十分重大，通过前

① 世界银行数据库，https://data.worldbank.org.cn，2020 年 7 月 10 日。

② 世界银行数据库，https://data.worldbank.org.cn，2020 年 7 月 10 日。

二十多年的发展，工业在国民经济中的比例由1952年的不足18%飙升至1978年的44.08%，而这也是历史最高峰。1978年至2013年，其增长率始终在40%上下波动，相较于西方资本主义国家20%甚至更低的制造业占比，中国独立完整的工业体系与强大的工业实力为实体经济的起飞奠定了基石。

然而，我国实体经济的问题同样严重，形势依然严峻，虚拟资本的日益膨胀，不断冲击着实体经济。这主要表现在以下三方面：(1)实体经济占国民经济比重从新中国成立初期的97%，波动式下降了10多个百分点，与此同时，虚拟经济占比却不断攀升，由最初不足4%，升至近15%(见图1)；此外，从增长率来看，实体经济普遍低于同期虚拟经济，实体经济贡献率也呈不断下降趋势。(2)制造业、建筑业等主要实体行业空洞化现象日益严重。(3)实物交易资金额虽然逐年增长，但利用率不断降低，由2001年的57.84%降到2016年的35.36%，实体经济得不到有效资金供应；然而金融交易资金总量发展势头更猛，早在2002年就超过了实物交易，其占比在2010年达到68.92%的峰值，尽管政府施加了一定影响和控制，但仍高居不下(见图2)。

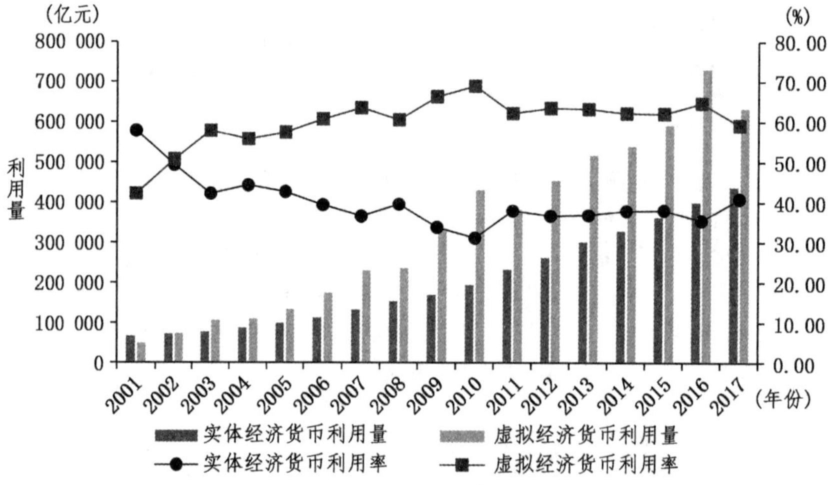

图2 中国货币利用状况(2001—2017年)

资料来源：中国国家统计局官方网站。

注：实体经济货币利用量是指"实物交易资金运用最终消费"量，实体经济货币利用率是指"实物交易资金运用"量占资金运用总量的比重；虚拟经济货币利用量主要是指"金融交易资金运用"量，虚拟经济货币利用率则指"金融交易资金运用"量占资金运用总量的比重。

多种因素的叠加，造成我国实体经济持续走低、衰颓不振，从政治经济学角度分析，原因在于：(1)从实体经济本身来看，农业、工业、建筑业、制造业等实体行业生产不振。产能过剩、成本过高、产业亟待转型升级等深层次矛盾和问题日益严重，加之利益的驱动，资本不断逃离到虚拟领域。(2)从虚拟经济来看，虚拟资本存在着“以钱生钱，价值放大”的“魔法”。投资回报率的差异，导致以金融业和房地产业为主体的虚拟经济迅速膨胀，挤占了实体经济生存发展的空间。(3)从资本利用来看，我国国有资产和国有资本对实体经济贡献降低，没有发挥应有的作用，公有制优势未能尽显。

实体经济长期疲弱，经济风险不断积累，不利于国民经济实现可持续发展。为此，党多次在全国代表大会、中央经济工作会议等重要会议中提出，要正确处理实体经济与虚拟经济的关系，要增强金融服务实体经济的能力，要大力发展实体经济，振兴实体经济，避免“脱实向虚”。

二、《资本论》对实体经济振兴的理论贡献

众所周知，《资本论》的研究对象是“资本主义生产方式以及和它相适应的生产关系和交换关系”(马克思，2004b)，研究目的是“揭示现代社会的经济运动规律”(马克思，2004c)。在马克思看来，资本主义生产和现代社会经济，均是指实体领域内的农业、工业等经济活动，用今天的话语来说，就是实体经济。因而，当今实体经济的振兴，离不开马克思主义政治经济学的指导，离不开《资本论》。

(一)《资本论》与实体经济中的“商品理论”

在我国，实体经济是建设现代化经济体系的着力点，现代化经济体系是社会主义市场经济的组成部分。社会主义市场经济仍处于社会主义经济的初期，仍存在着商品经济。马克思劳动价值论告诉我们，商品不仅是研究资本主义经济的起点，而且对社会主义经济发展同样具有批判性借鉴意义，这集中表现为劳动价值论揭示了实体经济需要关注的问题，也就是商品经济中最简单、最基本、最抽象的因素——商品。

一方面，我们要关注商品的价值。从社会生产领域来看，关注价值就是尊重劳动。在马克思看来，商品的价值是被商品这个物掩盖着的人与人的社会关系，是劳动的一种特定的社会形式。也就是说，价值不是“物”，而是表现劳动的一种社会经济关系。这种关系在资本主义条件下表现为“物化劳动”或者说“人们物化劳动之间的关系”，但实际上，价值是指消耗在劳动生产物上、同时又被掩盖在物的外壳内的“无差别的人类劳动”(马克思，2004d)，而不是单指消耗在生产物上的人类劳动(骆耕漠，1963)。在资本主义私有制条件下，劳动唯资本是从，劳动者在生产物上消耗的劳动再多，由于资本家掌握了资本这把现代社会的“锁钥”，天平永远也不会倾向劳动者，这是资本主义社会不平等的根源。在社会主义国家，劳动创造的价值在质上是等同的，这一点不仅被认识到，而且在现实中被践行。问题在于，我国社会主义初级阶段的基本国情，

决定了劳动价值程度的高低，简单地说，劳动者仍然受到不平等的对待，例如劳动者所得报酬和付出不成比例，劳动卫生条件差等。因而，从马克思劳动价值论的商品价值角度出发，当前我国实体经济的振兴，离不开对商品背后物的关系的研究和重视，即人类的劳动是无差别的，因而是平等的。从社会生产角度来说，劳动者的主体地位必须得到尊重，其积极性才能被调动，社会生产才能发挥最大效力。

另一方面，我们要关注商品的使用价值。从社会需求领域看，社会主义发展经济的首要目的就是满足人民的需求，从而推动人自由而全面的发展。满足人们需求的是商品的使用价值，这从马克思对它的定义就可以知道："商品首先是一个外界的对象，一个靠自己的属性来满足人的某种需要的物"（马克思，2004e），或者说"物的有用性使物成为使用价值"（马克思，2004f）。物的使用价值构成财富的物质内容。人们对财富（包括流动性收入）的追求本质上是对商品使用价值的追求。资本主义条件下，这种追求异化为对货币和资本的狂热，使用价值对人来说，扮演的不再是天生哺育亲情的母亲角色，而只是为了拿"工资"的保姆！当前我国实体经济，也面临着这样的危险。对财富的过度崇拜，虚拟经济泡沫的不断变大，挤压了实体经济生产空间，导致实体经济对使用价值的贡献弱化，生产的产品越来越不能满足人们真正的需求。因而，为了最大限度地满足新时代人民美好生活的需要，必须关注商品的使用价值，提高商品的质量。但是，我们也必须认识到，商品二因素绝不是单纯的两种东西、两个方面，不能割裂开来，而要放在商品这个统一体中去考察。

（二）《资本论》中的货币理论

从社会流通领域来看，货币是价值形式长期发展的产物。货币的本质是固定充当一般等价物的特殊商品，它是商品生产和商品交换发展的必然结果。商品二因素之间的内在矛盾外化为商品和货币之间的矛盾，是商品经济内在矛盾发展的必然产物，它体现的是一定社会生产关系。西方货币理论认为，货币是国民经济活动和物价水平变动的根本原因，是利润的根源。但是，《资本论》告诉我们，在资本主义条件下，货币本质上是资本家竞相追逐的剩余价值的表现形式，扮演的是购买劳动力使自身成为资本，从而实现对劳动的资本主义剥削的角色。马克思曾说："货币是和其他一切商品相对立的一般商品，是其他一切商品的交换价值的化身"①，从这里我们可以知道，货币本身并不具有阶级性。也就是说，在社会主义社会里，货币不但不会妨碍其服务社会主义经济建设，反而可以像商品一样，促进社会主义市场经济的发展。例如，货币在总量、结构、效率等方面都能影响我国的科技创新能力。但是，同样地，货币在资本主义社会造成的通货膨胀、金融海啸等危机，也可能在社会主义社会发

① 《马克思恩格斯文集》第8卷，北京：人民出版社，2009年，第43页。

生。目前我国经济正面临着这一类风险。在商品生产和商品交换领域，随着市场化程度的日益提高，经济“实虚分离”“脱实向虚”等问题日益严重，货币对经济的负面影响也越来越大。例如，国民经济中虽然制造业、工业、农业等实体经济仍然占主导地位，但虚拟成分不断增多，经济下行压力不断加大。因此，学好用好《资本论》的货币理论至关重要。

(三)《资本论》生产力理论与实体经济

马克思关于生产力理论的思想，主要集中在《资本论》的第三篇和第四篇，尤其是第三篇的第五章，即“劳动过程和价值增殖过程”这一章。概括地说，生产力理论主要包括生产力的含义、生产力的要素、生产力理论本身的变革三个方面的内容。

首先，关于生产力的含义，马克思在《资本论》中说道，劳动力“为了把自己的劳动表现在商品中，他必须首先把它表现在使用价值中，表现在能满足某种需要的物中”(马克思，2004g)，也就是说，生产力首先是劳动者生产使用价值的能力，“这是为了满足人民的需要，最后要实现共同富裕”(卫兴华，2017)。另外，马克思还论述道：“虽然使用价值或财物的生产是为了资本家，并且是在资本家的监督下进行的，但是这并不改变这种生产的一般性质。所以，劳动过程首先就要撇开每一种特定的社会的形式来加以考察。”(马克思，2004h)这告诉我们，体现生产力的劳动过程具有普遍意义，不仅适用于资本主义，也适用于社会主义。具体说来，在社会主义市场经济条件下，劳动过程同样生产使用价值，满足人们的需要。而实体经济的振兴和发展，需要发展生产力，但这不是社会主义的最终目的，人民的需要才是落脚点，也是实体经济的归宿。

其次，《资本论》告诉我们，生产力有三大基本要素：劳动者、劳动资料、劳动对象。后两者又被马克思合称为生产资料。在我国，生产资料实行公有制，这为充分调动劳动者积极性，发挥劳动者的潜能提供了物质基础。在实体经济领域内，生产资料以国有资产和国有资本为主体。因为现代社会发展生产力，首先就是生产资料的变革，例如国有资产和国有资本。正如马克思在《资本论》中所说：“生产方式的变革，在工场手工业中以劳动力为起点，在大工业中以劳动资料为起点”(马克思，2004i)，这里的“劳动资料”在现代社会可以理解为生产资料。由此我们知道，生产力要素中生产资料的变革对生产力的发展作用是巨大的，生产力的发展促进经济进步，从而首先掀起实体经济的变革。为什么是实体经济而不是虚拟经济？因为后者依赖于前者，后者以前者为物质基础。正如马克思所说：“与此相反，关于信用制度和银行制度的奇迹般的力量的种种幻想所以会被赋予社会主义的意义，是由于对资本主义生产方式和作为它的形式之一的信用制度完全没有认识。只要生产资料不再转化为资本(这里也包括土地私有制的废除)，信用本身就不会再有什么意义。”(马克思，2004j)

最后，生产力理论本身的变革，也为实体经济的振兴和发展提供了理论借鉴。一方面，从生产力要素的扩展来看，科技进入生产力领域是这一理论变革的最重大表现。理论上的创新使实践的发展成为可能。例如，在现代社会，科技早已作为第一生产力显示出巨大的作用，人工智能、量子通信、大数据、云计算等从生产力层面引领着社会变革，为经济尤其是实体经济创新发展提供了物质和技术基石。另一方面，我们还必须认识到，生产力是属于一定生产关系中的生产力，经济发展除了生产力本身，还要重视其背后的生产关系。资本主义生产关系中的生产力为资本服务，侧重个人生产力。但马克思认为："工人作为社会工人所发挥的生产力，是资本的生产力。"（马克思，2004k）即使存在资本主义协作、分工等形式，但由于私有制的存在，它最终突破不了发展生产力的瓶颈。例如，自20世纪50年代以来，资本主义世界经历了多次经济衰退、滞胀、债务危机。社会主义生产关系下的生产力则不同。马克思曾指出，生产力虽然可以划分为物质生产力、精神生产力等等，但它更是一种社会生产力，或者说，一种异于个体生产力的集体生产力。这体现了社会主义公有制的根本特征，这种制度下的生产力发展没有"天花板"。只要在社会主义经济下，在生产资料由社会共同占有下，生产力就能持续不断向前发展。实体经济的振兴、发展，需要的就是这种集体生产力、社会生产力（孙成叔、王东，1986）。

三、《资本论》的现实价值与实体经济振兴

党的十九大报告提出：建设现代化经济体系，必须把发展经济的着力点放在实体经济上。振兴实体经济，就是建设现代化经济体系，就是发展社会主义市场经济。《资本论》虽历经150余年，但它仍对当前我国经济发展具有深刻的理论指导意义和巨大的现实价值。

（一）坚持不懈深化实体经济供给侧结构性改革

实体经济领域的供给侧结构性改革，必须以社会生产为出发点，落脚于社会需求。社会需求既包括个人生活消费，又包括生产消费。如前文所述，社会主义市场经济下的实体经济本质上仍是商品经济，社会生产过程仍是商品生产过程。正如《资本论》告诉我们的："作为劳动过程和价值形成过程的统一，生产过程是商品生产过程；作为劳动过程和价值增殖过程的统一，生产过程是资本主义生产过程，是商品生产的资本主义形式。"（马克思，2004l）其中，劳动过程生产使用价值，价值增殖过程生产价值。换句话说，不管是使用价值还是价值均来源于生产过程、生产领域。这里需要指出的是，不仅生产过程，而且劳动过程，都具有一般性质，并非资本主义所特有。在实行公有制经济的社会主义社会，社会生产的目的就是使用价值，就是满足人们需求。所以，满足新时代人民的美好生活需要（包括生产消费和个人消费），必然要注重实体领域

的生产过程。也就是说，振兴实体经济，必然要从社会生产环节入手，关注商品的使用价值，关注商品的质量，实现经济高质量发展。故而深化实体经济领域的供给侧结构性改革就成为必然。

一方面，实体经济领域深化供给侧结构性改革，必须抓住“供给质量”这个主要矛盾。从农业、工业、建筑业、非金融性服务业等实体经济行业来看，当前我国实体经济存在结构性失衡问题(韩东，2016)。具体表现为“供求错位”，既存在供给过剩，又存在需求得不到满足的问题，这种满足不是指绝对量方面，而是指相对性满足，主要是指“供给质量”，或者说有效供给。提高供给体系质量和效益，就要化解过剩产能、优化升级产业结构、培育新经济增长点，通过增量改革促进存量调整，减少无效和低端供给，扩大有效和中高端供给，从而优化资源配置，实现实体经济质量变革、效率变革、动力变革。另一方面，根据马克思主义政治经济学，生产决定消费，消费对生产也具有反作用。简单地说，需求侧对供给侧改革具有反作用。这与西方供给学派主张的萨伊定律有本质区别。因而，在深化供给侧结构性改革的同时，还必须重视消费或者说需求端的作用(周志太、程恩富，2016；韩东，2016)。社会需求既包括生产消费，又包括个人生活消费，其中生产消费本质也是为了满足人的需求。在中国特色社会主义条件下，改革必须以人民为中心，最终落脚于人的发展，这是振兴实体经济的最终目的。

(二)持续推进建设有效市场

在社会需求领域，满足人民的需求才是振兴实体经济的根本目的。因而，市场导向可以推动生产者更加关注产品质量和效益，从而更好地满足人民的需求。

十九大报告指出，要“使市场在资源配置中起决定性作用”，这对振兴实体经济具有指导性意义。市场在实体经济领域内配置资源的决定性作用体现为，通过竞争、价格等机制，调节资源供求关系，引导经济资源在各实体生产部门内部之间有比例地协调流动，并在各实体部门内部之间调节利益分配，从而推动实体经济持续健康发展(程恩富，2014)。在市场作用下，实体部门紧随人民需求，及时高效地调配各类资源，并通过不断改进生产资料，提高生产能力和商品质量，满足人们对各类使用价值的追求。

但必须要明确的是，市场只能在一般资源配置中起决定性作用，而且这种决定性作用必然要与政府作用有机结合起来，充分体现中国特色社会主义“市场决定性作用论”的制度优势，有利推动实体经济振兴(程恩富，2014)。

(三)正确发挥货币杠杆作用

在社会流通领域，必须发挥货币作用，处理好实体经济和虚拟经济的关系。对此，我们必须认识到实体经济是国民经济的主体，虚拟经济只是补充，金融业等虚拟经济要服务于实体经济。换句话说，货币要主攻实体经济，而非虚拟经济。自1978年改革开放以来,实体经济一直在国民经济体系中占据主体地位,其中,货币发挥着不可替代的作用。在我国,货币主要通过中央人民银行对实体经济产生影响。央行采取的三大货币政策工具,在促进就业、稳定物价、经济增长等方面成效显著。因此,我们应该继续学好用好货币理论,这不仅有马克思主义政治经济学作为理论支撑,更为实践成功检验。

然而近几年来,虚拟经济发展迅速,金融系统风险和房地产业风险两大问题日益凸显。这两大问题都通过货币这一中介环节影响着虚拟经济,进而弱化实体经济,造成国民经济下行。为此,我们应该从《资本论》中寻找解决方案。第一,货币的商品属性。货币来源于商品,它的本质是固定充当一般等价物的特殊商品。就是说,货币也是一种商品。由于商品交换而产生的货币虽然在生产领域占据重要地位,但货币本身具有一种符号意义,存在一种虚拟化倾向。例如在金融系统内,货币最大的功效就是"以钱生钱",这明显背离了劳动价值论的等价交换原则。所以,货币作用的真正发挥,必须回到"初心"——商品,在实体领域内调节社会生产,促进经济发展。第二,货币的实体性功能。货币有两个基本职能,价值尺度和流通手段。经济发展需要的是货币实体性功能,支付手段等带有虚拟性质的功能只是作为补充。如果货币虚拟化程度过高,必将导致金融市场投机和房地产市场金融化,资金在虚拟经济体系内部不断自我回流扩张,金融衍生品越来越多,信用体系风险加大,实体经济融资问题更加突出,从而造成实体经济投资低回报,生存发展环境进一步恶化(王守义、陆振豪,2017;吕承超、王媛媛,2019)。与此同时,虚拟经济没有了实体经济的物质支撑,在自我循环中不断滋生泡沫,最终也必将走向崩溃。这已为2008年的国际金融危机所证实。

可见,货币既是促进实体经济发展的"润滑剂",又是使经济虚拟化、阻碍实体经济发展的"绊脚石"。因此,振兴实体经济的当务之急在于正确发挥货币杠杆作用。

(四)做强做优做大国有企业

不论是在社会生产领域深化供给侧结构性改革还是在社会需求领域持续推进建设有效市场,抑或是在社会流通领域有效发挥货币作用,国企国资都是振兴实体经济的关键抓手、"定海神针"(肖斌,2017)。例如,在化解过剩产能、产业转型升级等方面,国有企业是"领航者"。再如,直观地看,货币对国民经济作用的发挥,就是通过中国银行、国家开发银行、中国邮政储蓄银行等国有企业实现的。在新时代,全面深化改革仍处在深水处、攻坚期。这集中表现为虚拟经济过度膨胀以及实体经济弱化,这些问题的解决都要求发展壮大国有企业。其中,国有资产和国有资本又是发展壮大国有企业的关键。国有资产,狭义地说,就是劳动资料和劳动对象的总和,即生产资料。在社会主义中国,生产资料公有制决定了国有资产的性质,因而决定了发展壮大国有企业必须从国有资产和国有资本入手。党的十九大报告指出:“要完善各类国有资产管理体制,改革国有资本授权经营体制,加快国有经济布局优化、结构调整、战略性重组,促进国有资产保值增值,推动国有资本做强做优做大,有效防止国有资产流失。”(习近平,2017)振兴实体经济,关键在发展壮大国有企业,重点在国有资产和国有资本保值增值。因此,必须完善国有资产和国有资本经营管理体制。

第一,改革体制机制。进一步加强国务院国资委主导运营权,加大全国人大财经委员会等主体监督控制权,注重国资改革的系统性、整体性、协调性,补齐国资经营管理制度短板,完善社会主义市场经济体制(刘现伟,2017)。第二,优化布局结构。国有资产、国有资本要抓住主要矛盾,继续在主导行业和关键领域发力,继续把关注点集中在航空航天、国防、油气、通信、运输等“骨干”国企上,提高国有资产、国有资本的控制力、影响力和带动力,推进发展壮大国有企业进程。第三,提升质量效益。长久以来,由于国有资产和国有资本与政府扶持相联系,缺乏内部竞争机制,人们普遍将国企国资和低质低效等同。尤其是在发展壮大国有企业的新时代条件下,提质增效更显迫切。只有通过提质增效,国有资产才能增强自身活力,进而提高国企创新力和竞争力,充分发挥国有资产服务实体经济的功能(李政,2008)。

实践证明,完善国有资产管理体制,促进国有资产保值增值,改革国有资本授权经营体制,做强做优做大国有资本,防止国有资产从实体经济流向虚拟领域,就是夯实公有制基础,打牢国有企业基石。只要坚持完善公有制基础,控制国民经济命脉,国有企业的发展壮大就有了底气,有了自信,实体经济这艘大船也必将行稳致远。

参考文献

[1]程恩富,2014,完善双重调节体系:市场决定性作用与政府作用,《中国高校社会科学》,第6期,第43—52、153—154页。

[2]韩东,2016,坚持用马克思主义政治经济学指导供给侧改革,《政治经济学评论》,第6期,第61—73页。

[3]黄群慧,2017,论新时期中国实体经济的发展,《中国工业经济》,第9期,第5—24页。

[4]李政,2008,中国国有企业改革的历史回顾与评析,《政治经济学评论》,第2期,第36—50页。

[5]刘现伟,2017,以管资本为主推进国企分类监管的思路与对策,《经济纵横》,第2期,第33—39页。

[6]骆耕漠,1963,马克思的商品定义和价值定义——马克思的商品价值学说研究之四,《江汉学报》,第5期,第20—32页。

[7]罗能生、罗富政,2012,改革开放以来我国实体经济演变趋势及其影响因素研究,

《中国软科学》,第 11 期,第 19—28 页。

[8]吕承超、王媛媛,2019,金融发展、贸易竞争与技术创新效率,《管理学刊》,第 4 期,第 21—31 页。

[9]马克思,2004a,《资本论》第 3 卷,北京:人民出版社,第 441、451、476、532 页。

[10]马克思,2004b,《资本论》第 1 卷,北京:人民出版社,第 8 页。

[11]马克思,2004c,《资本论》第 1 卷,北京:人民出版社,第 10 页。

[12]马克思,2004d,《资本论》第 1 卷,北京:人民出版社,第 51 页。

[13]马克思,2004e,《资本论》第 1 卷,北京:人民出版社,第 47 页。

[14]马克思,2004f,《资本论》第 1 卷,北京:人民出版社,第 48 页。

[15]马克思,2004g,《资本论》第 1 卷,北京:人民出版社,第 207 页。

[16]马克思,2004h,《资本论》第 1 卷,北京:人民出版社,第 207 页。

[17]马克思,2004i,《资本论》第 1 卷,北京:人民出版社,第 427 页。

[18]马克思,2004j,《资本论》第 3 卷,北京:人民出版社,第 687 页。

[19]马克思,2004k,《资本论》第 1 卷,北京:人民出版社,第 387 页。

[20]马克思,2004l,《资本论》第 1 卷,北京:人民出版社,第 229—230 页。

[21]孙承叔、王东,1986,《资本论》中的生产力理论与当前的经济改革,《人文杂志》,第 2 期,第 48—52 页。

[22]王守义、陆振豪,2017,以虚拟经济促进我国实体经济发展研究,《经济学家》,第 8 期,第 12—18 页。

[23]卫兴华,2017,再谈学好用好《资本论》的生产力理论,《政治经济学评论》,第 6 期,第 3—8 页。

[24]许光建、吴珊,2017,如何看待当前实体经济的发展,《价格理论与实践》,第 3 期,第 14—18 页。

[25]习近平,2017,《决胜全面建成小康社会 夺取新时代中国特色社会主义伟大胜利——在中国共产党第十九次全国代表大会上的报告》,北京:人民出版社,第 33 页。

[26]肖斌,2017,国企改革发展是振兴实体经济的压舱石,《求是》,第 12 期,第 53—55 页。

[27]周志太、程恩富,2016,新常态下中国经济驱动转换:供求辩证关系研究,《当代经济研究》,第 3 期,第 54—64 页。

Real Economy Revitalization and Contemporary Value of *Das Kapital*

Ai Xiaofeng Xiao Bin

Abstract The report of the Nineteenth National Congress of the Communist Party of China states: "In developing a modernized economy, we must focus on the real economy." The real economy is not only the foundation of the economic operations of major capitalist countries such as the United States and the European Union, but also the cornerstone and pillar of the socialist Chinese national economy. However, the current decline of the real economy in China has seriously affected the sustained and healthy development of the national economy. In this regard, we need to draw nutrition from *Das Kapital*. Among them, commodity theory, currency theory, and productivity theory have important theoretical and practical significance for the revitalization of China's real economy. Finally, on the basis of absorbing and merging the connotations of these three theories, we elaborating the real economy revitalization plan from the four aspects of deepening the structural reforms on the supply-side of the real economy unremittingly, continuing to promote the construction of effective markets, playing the leverage role of currency correctly, and making state-owned enterprises stronger, better, and bigger.

Key words　Real economy revitalization　*Das Kapital*　Supply-side structural reform　Market　Currency　State-owned enterprises

马克思恩格斯关税思想及时代意义

伍抱一

内容提要 马克思和恩格斯的全球视野和唯物史观认为:在资本主义生产方式下,自由贸易维护的是强势资本在世界市场上的利益,它会加速社会革命的爆发;保护关税政策可以促进产业资本在国内市场上的竞争,但它终将变成产业资本进入世界市场的桎梏;贸易政策的选择取决于工商业资本的利益,无助于工人生活条件的改善;英美等国相继采取关税政策,把它当作国家竞争的战略手段。近年,美国政府患上了对华战略焦虑症,以加征关税作为主要手段升级经贸摩擦,企图固化他的霸权地位。基于马克思恩格斯关税思想的分析表明,美国近期的经贸政策尽管损害了中方利益,但也必然恶化美国国内矛盾和撕裂美国社会,不能提升其国家竞争力。

关键词 马克思 恩格斯 关税 国家竞争 战略
中图分类号 F0-0

恩格斯关注关税问题比马克思要更早一些,他们关于自由贸易与保护关税的辩论是促使马克思研究经济问题的最初动因之一。[①]他们针对关税及相关问题发表的一系列独到而深刻的见解,是马克思主义政治经济学的重要组成部分。对此,我们有必要对其做出系统梳理、深刻分析并且开发其时代意义。在美国本届政府因战略焦虑而以加征关税作为主要手段对华升级经贸摩擦的当下,这项工作显得尤其迫切。

一、马克思恩格斯研究关税问题的基本视野

在马克思恩格斯所处的时代,关税尽管只是一种由议会或政府制定并且由海关针对进(出)口商品而征收的间接税,但它通过价格机制,会对社会政治、经济等诸多方面产生复杂影响。因此,每逢关税制度变化,总会引发激烈

收稿日期:2020—07—16

作者简介:伍抱一,上海财经大学马克思主义学院博士生。

基金项目:本文系国家社会科学基金一般项目"美国重商主义传统和新形态研究"(2017BJL021)的阶段性研究成果。

① 《马克思恩格斯全集》第13卷,北京:人民出版社,1962年,第7页。

争论。在那个时代，(1)在工业内部，既存在着机器大工业，也存在着工场手工业甚至家庭手工业。在不同国家，不同工业形态的分布或结构存在重大差异。其中一些发达资本主义国家，如英国，机器大工业在第一次工业革命完成后即得到了普及。(2)在欧洲，虽然还存在着中间等级和流氓无产者，但资产阶级和无产阶级已成为两大对立阶级。在其他国家，随着资本主义生产方式的发展，资本家和工人阶级亦开始发展壮大。(3)在国际社会，既有像英国那样处于中心的发达资本主义工业国，也有诸多处于外围的相对不发达的资本主义国家、封建农业国和殖民地。恩格斯在《一八四五年和一八八五年的英国》中指出，在当时，“英国是农业世界的伟大的工业中心，是工业太阳”①，越来越多的农业国围绕它运转。(4)工商业、航海业与殖民地争夺相互促进，世界市场逐渐形成，大国的全球竞争逐渐成为国际关系的主旋律(欧洲大国尤其如此)。在上述背景下，一方面，关税由于牵涉诸多利益而成为社会政治经济生活中绕不开的话题；另一方面，关税政策作为一种战略性工具，在国家竞争中扮演着重要的角色。

马克思和恩格斯以宏阔的全球视野对关税政策演变及其影响做出了全面和深刻的历史唯物主义分析。这就决定他们研究关税问题的时候，不仅是自觉地遵循其科学的政治以及国际政治经济学逻辑的，而且是自觉地将国内市场和世界市场作为一个连通的整体看待的。他们不仅考虑了不同关税政策对不同情形下的资产阶级的利益的影响，而且对工人生活条件的普遍的和动态的影响做出了深刻的说明，特别是他们看到了关税政策对社会革命的重要意义。由此就可以理解他们研究关税问题的时候，为什么关注的问题主要是关税制度变化对各个阶级(特别是资本家和工人)的利益和社会革命的前途会产生怎样的影响；关税制度对一个国家的产业发展和自由竞争具有怎样的作用；关税政策与经济发展阶段具有怎样的适应关系；关税政策作为一种战略性工具，在国家竞争中扮演了怎样的角色。同时，正是由于具有全球视野和唯物史观，马克思恩格斯的关税思想才具有独特品格。比如说，他们在早期著作《德意志意识形态》中充分肯定了保护关税制度在工场手工业发展当中的作用②，而后，恩格斯又在他的晚期著作《保护关税制度和自由贸易》中认为“现代工业体系即依靠用蒸汽发动的机器的生产，就是在保护关税制度的卵翼之下于十八世纪最后三十多年中在英国发展起来的”③。1892年9月22日在致丹尼尔逊的信中，恩格斯还把保护关税和禁止性关税所产生的缩短工业革命时间的作用比喻为“温室气氛”。④ 这种气氛在他看来既存在于像俄国那样的落后国

① 《马克思恩格斯全集》第21卷，北京：人民出版社，1965年，第225页。
② 《马克思恩格斯全集》第3卷，北京：人民出版社，1960年，第63—67页。
③ 《马克思恩格斯全集》第21卷，北京：人民出版社，1965年，第414页。
④ 《马克思恩格斯全集》第38卷，北京：人民出版社，1972年，第465页。

家，也存在于像德国和美国那样的追赶型国家。再比如说，他们除了对落后国家和地区（如印度等）因英国推行自由贸易而被进一步边缘化表达了深切同情之外，还对农业文明（相对于工业文明）的脆弱性多加关注。

二、马克思恩格斯研究关税问题的动态特征及主要背景

（一）动态特征

马克思和恩格斯发表关税思想的节奏，与英美两国关税政策演变的节奏具有很大一致性。从图1我们可以发现两个重要特征：第一，马克思恩格斯对关税问题的论述贯穿于他们理论研究和革命生涯的整个时期。第二，就发表关税思想的主要时段而言，马克思仅一个，即1845年至1863年；而恩格斯有两个，它们分别是1845年至1853年和1879年至1894年。另外，从图1可见，在第一时段，他们述及“关税”一词最多的是1847年。这一年刚好是英国关税政策发生历史性转向，也即废除《谷物法》之后的一年，他们留下了重要的作品如《保护关税制度还是自由贸易制度》（恩格斯）和《保护关税派、自由贸易派和工人阶级》（马克思）。次年1月9日，马克思在《关于自由贸易的演说》中通过分析关税政策变化对各阶级利益和社会革命的影响，对自由贸易从经济、道德与哲学三重视角展开了深刻批判——在1859年《〈政治经济学批判〉序言》中，马克思将《关于自由贸易的演说》与《共产党宣言》相提并论。[①] 在第二时段，恩格斯述及“关税”一词最多的是1888年。是年，美国两党发生了一轮关于关税问题的大争论。应美国出版商之邀，恩格斯校订了马克思《关于自由贸易的演说》的英译本并且为之作序，留下了经典名篇如《保护关税制度和自由贸易》。

（二）形成上述动态特征的主要背景

首先是19世纪40年代德国思想和认识的冲击。马克思恩格斯刚开始研究政治经济学的时候，李斯特的保护关税思想在德国已变成了流行学说。但是，英法主要政治经济学家比如说斯密、李嘉图、马尔萨斯、魁奈、萨伊等人，几乎都支持自由贸易。马克思还发现，德国人已经认识到，需要关税保护的工业以及整个财富领域与政治领域的关系，变成了那个时代的主要问题之一。思想冲突和认识变化使马克思恩格斯觉得有必要批判李斯特。1845年2月，恩格斯通过《在爱北斐特的演说》批判了李斯特保护关税思想的狭隘性，触及了马克思恩格斯关税思想的主要层面；同年3月，马克思又撰写《评弗里德里希·李斯特的著作〈政治经济学的国民体系〉》，系统批判李斯特关税思想以及其他方面思想。在这些批判中，马克思恩格斯自觉站在无产阶级一边，揭露了

① 《马克思恩格斯全集》第13卷，北京：人民出版社，1962年，第10页。

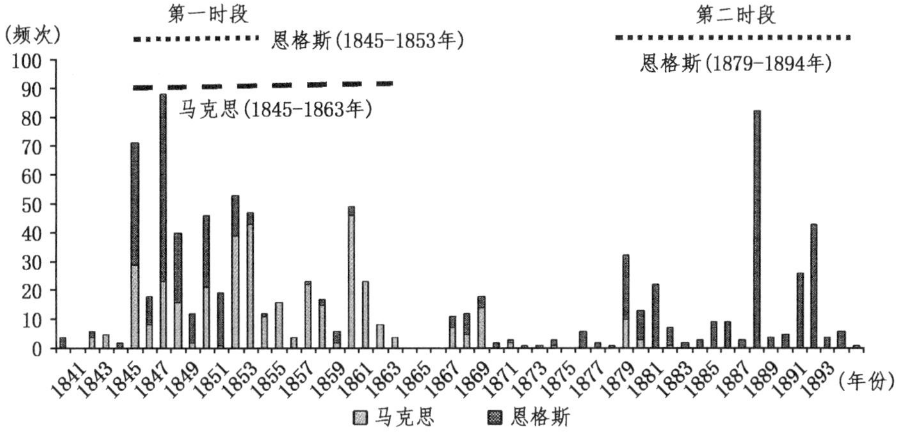

图 1　马克思和恩格斯研究关税问题的动态特征

数据说明:(1)图中数据是作者根据《马克思恩格斯全集》第一版总共 50 卷以"关税"作为关键词进行搜索而得到的。(2)对于跨年著作,根据关键词出现频数按时间长度进行均匀分配(取整数)。(3)对于马克思恩格斯共同署名的著作,关键词频数按全额计入两位作者名下。(4)图中没有包括《资本论》中出现的关键词。这样处理的理由主要是这部巨著从写作到出版跨时极长,"关税"一词的出现次数很少并且与早期相关文稿存在一定的重复。

李斯特替德国新兴资产阶级辩护的实质,认为那只是资产阶级代言人通过大谈国家利益掩饰其对无产阶级的残酷剥削的真相。

其次是 19 世纪中叶英国关税政策大争论的冲击。马克思恩格斯开始研究关税问题的时候,正值英国关税政策发生历史性转向,自由贸易派与保护关税派展开了激烈的斗争。这种斗争自 1815 年英国议会拟投票通过新《谷物法》时就开始了。1820 年经济学家图克起草商人陈情书,表达了新兴资产阶级对自由贸易的诉求。1838 年 9 月布莱特和科布登成立反谷物法同盟,试图通过集会演讲和出版读物的方式把工业资产阶级团结起来,向工人阶级宣传只有废除《谷物法》才能降低面包价格和提高生活水平等欺骗性观点,他们的口号是"廉价的粮食,高额的工资"①。这个同盟还拉拢农业工人和租佃农,并且将自由贸易视为有利于国际和平的因素。这就使得自由贸易思想在欧洲大陆得到广泛传播。1842 年英国首相皮尔开始实施关税政策改革。恩格斯曾在反谷物法同盟大本营所在地即英国曼彻斯特从事商业活动,"不下千百次听到反谷物法同盟的信徒们滔滔不绝地提出他们的论据"②。通过对无产阶级

① 《马克思恩格斯全集》第 4 卷,北京:人民出版社,1958 年,第 444 页。
② 《马克思恩格斯全集》第 4 卷,北京:人民出版社,1958 年,第 286 页。

生活状况和资本主义制度的观察和思考，恩格斯对《谷物法》的存废形成了独特观点，1842年12月即在马克思任主编的《莱茵报》上发表文章。1845年在《英国谷物法史》中他又评价道：这场运动扩展到整个英国，但没有引起工人阶级同情；这场运动的动因首先是大不列颠工商业资产阶级的私利；从这场运动中获益的，是资产阶级而非人民①。1846年废除《谷物法》是英国贸易政策转向的一个标志性事件，对欧洲大陆产生了深远影响，但是对这个事件，无产阶级有自己的看法。例如，德国工人阶级代表维尔特就反对自由贸易对工人阶级有利并且能够解除一切苦难的观点，认为资本家代言人炮制的所有颂词都是谎言。对此，马克思给予支持并且进一步指出："实行自由贸易以后，政治经济学的全部规律及其最惊人的矛盾将在更大的范围内，在更广的区域里，在全世界的土地上发生作用；因为所有这些矛盾一旦拧在一起，互相冲突起来，就会引起一场斗争，而这场斗争的结局则是无产阶级的解放。"②1860年与法国签订的《科布登—谢瓦利埃条约》标志着英国开始引领全球第一波贸易自由化潮流。但是，在这个过程中工人阶级实际收入增长落后于贸易与经济增长。

最后是19世纪后期欧美关税政策争论的冲击。如下事件触发恩格斯在第二阶段从新的角度思考关税问题。一是欧洲出现了逆自由贸易潮流。贝洛赫认为，1860年以后，众多欧陆国家加入了具有自由贸易性质的"科布顿—谢瓦利埃条约网络"，但这不仅没有给它们带去想要的经济繁盛，反而使它们在19世纪70年代陷入了严重的经济萧条，以至于很多国家相继调升进口关税(Bairoch，1972)。俾斯麦政府1879年制定的新关税法标着志欧洲大陆自由贸易时代已告结束，德国、法国和意大利等提升关税的目的，是中止与英国贸易政策相向而行产生的损害，以便加快经济增长。二是美国经历了一波关税政策大争论。欧文指出，南北战争结束以后持续的高关税政策使得美国联邦财政在19世纪80年代出现了大幅度盈余，提高关税(共和党)还是降低关税(民主党)以平衡联邦财政，在1888年成为激烈争论的大问题(Irwin，1997)。在这样的背景下，马克思《关于自由贸易的演说》由恩格斯作序，并于1889年在美国出版了英译本。恩格斯辩证地指出，美国在内战结束之后"实行一个短时期的保护关税政策不仅是正当的，而且是绝对必要的"③，但这时已到了转向自由贸易的时候。

---

① 《马克思恩格斯全集》第4卷，北京：人民出版社，1958年，第567—568页。
② 《马克思恩格斯全集》第4卷，北京：人民出版社，1958年，第296页。
③ 《马克思恩格斯全集》第19卷，北京：人民出版社，1963年，第290页。

三、马克思恩格斯关税思想的主要内容

(一)关税政策的阶级影响分析

马克思恩格斯关税思想的一个显著特点,是对关税政策的影响进行阶级分析。他们认为,首先,资产阶级对贸易政策的态度,视其是否有利于资本获得更多利润而定。在他们看来,在英国,保护关税制度曾经促进了工业发展。而当英国工业取得优势之后,工业资本家就联合起来,力促政府采用自由贸易政策,以便更好地开拓世界市场。针对英国关税政策的历史性转向,恩格斯指出,"一切都使之服从于一个目的,然而对工业资本家来说却是极为重要的目的:减低各种原料特别是工人阶级的生活资料的价格,减少原料费用,压住(即使还不能压低)工资"①。其次,资本家会编制"动听"的语言欺骗工人。英国自由贸易派声称,实行自由贸易主要是为了改善劳动阶级的处境。马克思揭掉了自由贸易派的伪善面具,认为资本主义制度下的工人总是只能得到维持生存和繁衍后代所需的最低工资。自由贸易尽管会使食品价格降低,在名义工资不变的前提下有利于工人,但是这点好处很快就会消失掉,因为资本家会利用其在劳动力市场上的优势地位将工资压到最低水平,以至于自由贸易下"摆脱羁绊的资本对他的奴役并不亚于受关税束缚的资本对他的奴役"②。并且,一旦关税政策等使工人处于贫困境遇的因素消失,躲在幕后的真正敌人即资本家就会暴露无遗。第三,自由贸易将加速社会革命爆发。马克思认为,自由贸易通过促进国际贸易会直接或间接瓦解落后民族自给自足和闭关自守的状况,促进世界市场发展;自由贸易也会使蒸汽、电力、机器的巨大生产力获得更充分释放。此时,资本主义制度自身的矛盾将更充分地暴露出来,阶级对立程度将愈加尖锐,阶级对立范围将愈加广阔,最终在全世界加速社会革命爆发。在这个意义上,恩格斯1888年回忆说马克思"归根结底并且在原则上"是赞成自由贸易的,且把它看成是"最迅速地使不可避免的社会革命所必需的条件得以造成的经济培养基"③。马克思1848年早就明确地说:"自由贸易制度加速了社会革命。先生们,也只有在这种革命意义上我才赞成自由贸易。"④第四,保护关税政策迎合了后发国家新兴资产阶级的要求。为了使本国产业能抵御外国具有成本优势的产品的竞争,新兴资产阶级向政府提出保护关税政策的诉求。后发国家资本主义产业既面临外国工业品入侵,又存在被封建势力颠覆的危险,如果没有保护关税政策支持,就可能因失去市场根基而垮

① 《马克思恩格斯全集》第21卷,北京:人民出版社,1965年,第225页。
② 《马克思恩格斯全集》第4卷,北京:人民出版社,1958年,第457页。
③ 《马克思恩格斯全集》第21卷,北京:人民出版社,1965年,第416页。
④ 《马克思恩格斯全集》第4卷,北京:人民出版社,1958年,第459页。

台。在封建专制统治下，这种诉求很难实现。因此为了争取保护关税政策，新兴资产阶级联合起来要求掌握国家政权。恩格斯在《德国的制宪问题》中以19世纪初德国新兴资产阶级为例说："保护关税是德国资产阶级所需要的，而且只能由资产阶级自己来实现。因此，单从这一点看来，它也应该掌握国家政权。"①第五，保护关税制度终将加深国内剥削。马克思说："保护关税制度是制造工厂主、剥夺独立劳动者、使国民生产资料和生活资料变成资本、强行缩短从旧生产方式向现代生产方式的过渡的一种人为手段。"②这种手段是由大工业主从政府那里争取来的；手工劳动不仅不是保护关税派想要保护的对象，反而是其想要挤掉的对象。在这个过程中，资本的积累、积聚和集中加快了，大工业资本家的力量上升了，而广大无产阶级的生活状况却进一步恶化了。借此机会，大工业资本家进一步垄断国内市场，使钱财从人民的口袋流入自己的口袋。恩格斯认为，保护关税制度完成产业保护任务之后它的性质将发生变化，目的是压榨国内消费者③，以至于无产阶级更深地受本国资本家的剥削。

（二）保护关税政策对产业间竞争和产业内竞争的影响

先来看产业间竞争。恩格斯认为，不同行业的资本家将为提高对应进口产品的关税而在政治市场上展开竞争。他以美国作为例子说："保护关税制度再好也不过是一种无穷螺旋，你永远不会知道什么时候才会把它转到头。你保护一个工业部门，同时也就直接或间接地损害了其他一切工业部门，因此你就必须把它们也保护起来。"④这种机制的存在，使得实行保护关税制度的国家，由于各种利益集团的你争我夺而泛滥着激烈的政治角力。经济史家指出，美国"莫里尔关税法案"是从内战之前较低关税走向内战之后长期高关税的分水岭，它是在新英格兰纺织集团和大西洋中部沿岸各州钢铁集团联手操控下取得的"成果"；在镀金年代，美国关税政策在使受保护行业的生产商得到好处的同时，还使没有受到保护的出口产品生产商蒙受了损失。再来看产业内竞争。马克思在《关于自由贸易的演说》中指出，保护关税制度既是建立大工业的手段，也促进了国内自由竞争的发展。⑤ 其实，后发经济体如果想建立起自己的大工业，是可以采用保护关税制度的，借此，国内需求就由国内企业获得。这不仅使国内企业在行业内部展开竞争成为可能，而且促使国内企业不断改进生产技术和推出创新产品。南北战争结束之后的半个世纪里，美国既是西方关税保护的坚固堡垒，又发生了第二次工业革命（关税保护是其得以发生的一个重要原因），工业飞速发展，至1894年即超过英国成为全球工业产值最大

① 《马克思恩格斯全集》第4卷，北京：人民出版社，1958年，第61页。
② 《马克思恩格斯全集》第23卷，北京：人民出版社，1972年，第825页。
③ 《马克思恩格斯全集》第21卷，北京：人民出版社，1965年，第428页。
④ 《马克思恩格斯全集》第21卷，北京：人民出版社，1965年，第419页。
⑤ 《马克思恩格斯全集》第4卷，北京：人民出版社，1958年，第459页。

的国家。针对美国，我们仿照恩格斯针对英国时的口吻可以这样说，美国现代工业体系是在保护关税制度下于 19 世纪最后 30 多年发展起来的。

（三）关税政策与经济发展阶段的适应关系

马克思和恩格斯认为，保护关税制度具有促进国内产业发展的作用，但是有限的国内市场从某个时候开始，必然满足不了产业资本进入世界市场后进一步增加的贪欲，此后，它必然变成不能忍受的镣铐。这说明保护关税政策具有一定的经济发展阶段适应性。首先，一些国家可以采用关税制度保护幼稚产业。恩格斯说："保护关税制度不仅可以有益于还在继续同封建制度作斗争的尚未充分发展的资产阶级，而且也可以有益于像美国这样一个国家……的新兴资产阶级。"[①]对于像印度和爱尔兰那样的国家和地区，独立之后有必要通过保护关税政策发展工业，以免沦为英国附庸。马克思认为 1813 年英国迫使印度取消贸易障碍摧毁了它的棉织业。1867 年马克思在给恩格斯的信中说，1801 年爱尔兰与英国合并，摧毁了爱尔兰议会此前建立的保护关税制度，爱尔兰的工业生命随之被摧毁；爱尔兰独立之后应该像加拿大和澳大利亚等国那样实行保护关税制度。[②] 恩格斯在《德国的制宪问题》中认为，工业上远弱于英国的德国不应被英国鼓吹的自由贸易所迷惑，而要采取保护关税政策建立工业体系。他说，德国"如果不规定出一套完整的保护关税办法，工场手工业就经不住英国机器的竞争，而所有到现在为止还靠工场手工业谋生的那些资产者、小资产者、工人也都要遭殃"[③]。其次，保护关税制度可使后发国家抓住赶超先进国家的机会。恩格斯认为，美国内战结束后有必要实行短期保护关税政策。美国人口众多，市场潜力巨大，在资源和农业等方面条件优越，这有利于发展工业，唯一不足是生产技术比较落后。因此要实现工业赶超，只有实行保护关税制度。他说，美国要想成为一个有竞争力的工业国，有两条道路可供选择：一是实行自由贸易，但这得用五十年时间才能追赶上英国；二是采用保护关税政策，用 25 年时间即可达成相同的目标。因此，"美国人情愿花特别快车的钱，以特别快车的速度前进"[④]。最后，英美在不同发展阶段采用了不同的关税政策。恩格斯认为，在崛起阶段特别是 18 世纪最后 30 多年，保护关税制度促进了英国现代工业体系的发展。在此后一段时间里，英国同时采用自由贸易与保护关税政策。恩格斯指出，英国在国内市场上实行保护关税政策，在国外市场上采用自由贸易制度，两者互为补充，巧妙结合，到拿破仑战争终了也即 1815 年时，它在世界贸易中已成为实际垄断者。[⑤] 英国取得工业优势地位后，便开始全面战略性转向自由贸易，以进一步洞开贸易对象国的

---

① 《马克思恩格斯全集》第 21 卷，北京：人民出版社，1965 年，第 419 页。
② 《马克思恩格斯全集》第 31 卷，北京：人民出版社，1972 年，第 406 页。
③ 《马克思恩格斯全集》第 4 卷，北京：人民出版社，1958 年，第 61 页。
④ 《马克思恩格斯全集》第 21 卷，北京：人民出版社，1965 年，第 418—419 页。
⑤ 《马克思恩格斯全集》第 21 卷，北京：人民出版社，1965 年，第 414 页。

市场，释放工业生产能力，得到源源不断的原材料供给。这时，英国再也不用担心在世界市场上会面临其他国家同类产品的竞争了。对于19世纪的美国，恩格斯也持类似观点（伍抱一、伍山林，2020a）。

（四）关税政策选择与国家竞争

在马克思和恩格斯研究关税问题的第一个时段，英国实力在全球无有其匹；但是，在第二个时段，却上演了一幕关于崛起大国（美国和德国）与守成大国（英国）激烈竞争的好戏。对此，恩格斯从国家竞争角度对关税政策选择做出了精彩分析。首先，守成大国会战略性地倡导自由贸易以永葆优势地位。"只要我们注意考察英国的自由贸易的性质，我们几乎可以处处看到，它的'自由'的基础就是垄断。"[①]这段话尽管是马克思1858年在《鸦片贸易史》中的总结用语，但也适合于其他情形。其所说的"自由"，指的是在其他国家，英国可以自由地进行贸易；其所说的"垄断"，指的是英国对产品的生产进行垄断。一旦英国在生产上处于垄断地位，它就能通过自由贸易维持其优势地位，使自己具有鲜有其匹的竞争力。但是，英国主动选择和极力倡导自由贸易，诱使相关国家相向而行，并不能轻易达到其目的。19世纪最后30多年，大西洋彼岸的美国就没有被英国的自由贸易战略所欺骗，它采用保护关税政策成功促进了国内工业的发展。其次，贸易政策选择视竞争对手政策而定。18世纪末英国棉纺织业发展以及1786年海岛棉在美国引种成功和1793年惠特尼发明"轧棉机"，使美国的棉花种植业兴旺了起来。但是，随着美国棉花垄断地位的提高，英国越来越感到不安，它认为棉纺织业是英国工业的支柱，主要原料不应被潜在竞争对手垄断。1857年英国自由贸易派成立棉花供应协会，通过奖金、贷款、赠送种子、出租机器等反自由贸易措施扶持印度、非洲和其他各国的棉花种植业，以打破美国对棉花出口的垄断。1858年4月9日，恩格斯在致马克思的信当中就说道："这些不幸的英国人认为自己对棉纺织业的垄断是一种伟大而自然的事，谁也不能对此有任何异议，而同一个世界市场所引起的美国对植棉业的垄断则甚至必须用反自由贸易的措施去消除！"[②]

但是，在走向自由贸易过程中，英国犯了一个战略性错误。英国依然通过发展棉纺织业而从全球获取利益，相对忽略了对新兴产业的开拓。与之恰成对照，南北战争结束后的美国因对制成品采用精准的高关税政策而成为保护主义的坚固堡垒，凭借第二次工业革命催生了一批新兴产业，实现了飞跃，一举把英国工业甩在身后，世界权力格局为之一变。对此，英国进行了反思。一部分英国人呼吁英国实施保护关税政策。1881年，公平贸易联盟在英国成立，鼓吹通过保护关税政策获取公平竞争机会。对此，恩格斯说："为了躲开这

---

① 《马克思恩格斯全集》第12卷，北京：人民出版社，1962年，第591页。
② 《马克思恩格斯全集》第29卷，北京：人民出版社，1972年，第307页。

种迫在眉睫的命运，那些在四十年前认为唯有自由贸易才是救星的人的儿子们，现在却如此狂热地呼吁实行用‘诚实的贸易’和惩罚性税率等要求拙劣地掩盖起来的保护关税制度。”①

四、马克思恩格斯关税思想的时代意义

在恩格斯逝世至“二战”结束的这半个世纪里，世界格局发生了巨变，它是一个英国霸权逐渐走向衰落和美国霸权逐渐形成与得到认同的时期。在此期间，大国（特别是英国、美国、德国）竞争呈现出错综复杂的局面。美国在 1930 年推出《斯穆特—霍利关税法案》之后，导致主要资本主义国家出现了关税竞相攀升和国际贸易日益萎缩的“金德尔伯格螺旋”现象，加深了“大萧条”的严重程度。“二战”结束后，全球霸权地位得到了确认的美国，一边降低关税和倡导自由贸易，一边推出新的贸易限制措施（林林总总的非关税壁垒），贸易保护手段变得日益多样化（伍抱一、伍山林，2020b）。1971 年布雷顿森林体系解体以来，美国霸权趋势性走衰。在这样的趋势下，正如阿米提等学者已经指出的那样，美国总统在他的首个任期密集推出贸易保护政策几乎变成了惯例（Amiti，2019）。2008 年金融危机以来，发达资本主义国家的经济板块下沉。在这个板块中，美国的经济表现虽然相对来说要好一些，但是，作为唯一的霸权国家，它并不满足于这样的状况。相反，面对中国的快速和稳健崛起，美国患上了战略焦虑症，并且变得越来越严重。特别是特朗普政府以“美国优先”为指引，“逆全球化”而行，以加征关税作为主要手段对华发动和升级经贸摩擦，企图固化霸权地位。

马克思恩格斯关税思想可给我们深刻理解美国对华发动和升级贸易摩擦的本质和做出战略性应对提供很多重要启迪。

对美国而言，（1）美国政府升级经贸摩擦势必会恶化国内矛盾进而撕裂美国社会。美国政府这样做的主要目的是延缓中国追赶步伐。在酝酿和升级经贸摩擦的初期，美国政府认为自己很容易取胜。这既低估了中国的反制意志和反制能力，也低估了经贸摩擦对自己产生的伤害。根据马克思恩格斯关税思想可以预期：首先，美国政府对华升级经贸摩擦必然加重国内消费者负担，降低其福利水平。对工资收入者特别是低收入者而言，其福利损失尤其大，他们将成为经贸摩擦的最大受害者。在相关听证会上，各类担忧和抱怨就已不绝于耳，美国政府对此充耳不闻，民众早已积怨于心。其次，美国对华升级经贸摩擦必遭中国反制，中国反制时又必然瞄准其重要出口行业。这将对美国出口行业产生差异化影响。为了补偿受损行业比如说农业，美国政府只有动

① 《马克思恩格斯全集》第 21 卷，北京：人民出版社，1965 年，第 428—429 页。

用财政等手段进行补贴。而受益不均和补偿不平衡,又会通过恩格斯所说的“无穷螺旋”机制而不断传递。最后,美国政府升级对华经贸摩擦,将严重损害与中国具有密切经贸关系的州或地方的利益,伊利诺伊州、犹他州、蒙大拿州、加利福尼亚州的政府与民众早已强烈不满。因此,特朗普政府升级对华经贸摩擦将进一步恶化国内矛盾和撕裂美国社会,它的影响将在后续政治过程当中表现出来。(2)美国政府升级经贸摩擦不可能提升其国家竞争力。在经济全球化大趋势下,在国际社会对贸易政策持有基本共识并且主要依托WTO机制加以实施的当下,由于中国经济快速增长、体量庞大、韧性十足,美国不可能达成它的战略目标。首先,美国政府升级对华经贸摩擦,中国必然做出有理、有利、有节的反制。美国的战略行动势必招致“两败俱伤”的结局。其次,“二战”结束之后,美国奉行霸权理念,即使是盟友,也要为美国战略行动付出代价,天下苦其久矣。因此,对美国来说,来自国际社会的支持也是有限的。最近40年,中国通过改革开放极大地深化了与世界各国的经济联系;借助“一带一路”倡议和创建人类命运共同体等理念,中国与世界各国谋求共同发展的心声和行动,已被广泛知晓和称道。因此,在“两败俱伤”中,美方将会伤得相对较重。2019年秋季以来两国互释善意以及2020年1月中旬签署第一阶段协议,一定程度上说明美方已经意识到了这一点,不再像开始时那样自信了。最后,尽管在崛起时代美国通过保护关税政策取得了巨大成功,尽管“二战”结束之后美国采用类似手段将诸多战略竞争对手甩在了身后,但是在中国快速崛起和全球化深度发展的大趋势下,美国依然采用关税手段推动大国竞争,将因违逆历史潮流而加速衰落。

对中国而言,(1)需要进一步认识两国经贸摩擦的长期性、多变性和复杂性。首先,美国维护霸权地位的战略目标是不可能轻易就改变的。美国已经将中国视为最重要的战略竞争对手。环视全球,人口大国和经济高增长大国印度的国力离美国尚且遥远,军事强国俄罗斯受经济体量的限制,美国通过北约可以对欧洲实施比较有效的管控,唯独中国既是一个人口大国,又是一个经济体量十分庞大并且还在快速增长的国家。美国将中国作为战略竞争对手,必然使得中美经贸摩擦具有长期性。其次,由于中国不可能被美国击垮,美国必然不断变换手段和策略,干扰和延缓中国的崛起步伐。在贸易摩擦过程中,美国在科技、投资、货币和金融等方面采取行动的同时,还通过威胁、恐吓和骚扰以及不断制造国际热点来牵制和分散中国的战略注意力。尤其值得注意的是,2020年新冠肺炎疫情全球性爆发和蔓延,已经对包括美国在内的世界经济造成严重冲击,而这又极可能触发美国在疫情缓和之后战略性启动新一轮贸易保护政策。尽管美方目前仍然勉强维持着双方第一阶段经贸谈判的约定,但对于贸易摩擦的长期性、艰巨性和复杂性,我国始终要保持清醒的认识,需要做好战略和心理等方面的长期准备。(2)需要保持战略定力,同时合理利用关税武器。经过最近40年发展，中国经济已经具有了很大的韧性。众多的人口、庞大的规模、巨大的差异、齐备的工业门类，使得包括经贸摩擦在内的各种外部冲击，在中国都可得到有效缓解并且从中觅得机遇。首先，就地区差别来说，中国东部沿海省区已经达到较高发展水平，尽管中西部省区依然处于相对落后状态。这种地区差异使中国经济有条件实现良性的内部循环，成为中高速增长的一个保证。其次，中国工业门类齐备，拥有各个细分子类。这就使得中国生产的一些产品即使被加征了关税，在美国市场上依然具有竞争力。近年，通过自力更生和自主研发，中国不少方面已经打下一定的基础，在一些领域（比如说高铁、核电、特高压等）已经具有全球竞争优势。因此，美国升级经贸摩擦不可能使中国的供应链和产业链全面瘫痪，尽管在某些局部会出现一定的不适应。最后，"一带一路"已经成为中国连接沿线国家的重要机制，以中国为第一大贸易伙伴的国家数量早就超过了美国。因此面对外部压力和一系列贸易摩擦，中国从容应对是具有坚实的国际基础和充足的腾挪空间的。在百年未见大变局背景下，现在又逢新冠疫情全球暴发和蔓延，我国供应链和产业链的某些环节遭到美国的无理打压。对此，我们在遵守国际规则的基础上，完全可以灵活运用关税政策，做出有效回应；同时，深化供给侧结构性改革，充分发挥我国超大规模市场优势和内需潜力，构建以国内循环为主体的、国内国际双循环相互促进的新发展格局。(3)美国近年一系列对华经贸摩擦，在带来一系列麻烦的同时，也给中国创造了一系列机会。例如，它可使中国更加清醒地认识美国霸权主义的本质，从而放弃幻想；它可使中国更加深刻地认识对外关系一盘棋的重要性，在国际经贸关系中更加注意营造弹性空间和注入战略思维；中国也可借机利用关税政策作为武器进行"伟大斗争"，通过优化关税结构来提升和优化自身的产业结构。马克思恩格斯关税思想启发我们，当我国面对来自美方的"科技禁运"时，我们亦可灵活利用贸易限制手段进行必要的防卫和反击。比如说，针对对华实行贸易禁运的某些美国企业，我国可以采用对等的贸易限制政策进行反制。总之，尽管时代变迁，但关税政策作为一种战略工具的意义，仍然是存在的。如何合理利用包括关税在内的一系列战略工具，是一门艺术。

参考文献

[1]Amiti, M., Redding, S. J. and Weinstein, D. E., 2019, The Impact of the 2018 Tariffs on Prices and Welfare, *Journal of Economic Perspectives*, 33(4), pp. 187—210.

[2]Bairoch, P., 1972, Free Trade and European Economic Development, *European Economic Review*, 3(3), pp. 211—245.

[3]Irwin, D. A., 1997, Higher Tariffs, Lower Revenues? Anaylyzing the Fiscal Aspects of the "Great Tariff Debate of 1888", *Journal of Economic History*, 58(1), pp. 59—

72.

[4]刘顺、周泽红，2019，马克思对资本主义自由贸易的本质批判及当代价值，《马克思主义研究》，第6期，第144—152页。

[5]伍抱一、伍山林，2020a，美国关税政策变迁的政治经济学——恩格斯第二阶段关税思想研究，《政治经济学研究》，第1期，第161—174页。

[6]伍抱一、伍山林，2020b，恩格斯关税思想：当代实践与启迪——纪念恩格斯诞辰200周年，《上海经济研究》，第5期，第22—32页。

[7]伍山林，2018，美国贸易保护主义的根源——以美国重商主义形态演变为线索，《财经研究》，第12期，第18—30页。

[8]伍山林，2018，从战略高度认识与应对中美贸易争端，《国际贸易》，第6期，第36—40页。

[9]张帆、倪峰，2019，美国各界对特朗普政府不断升级对华贸易战的批评，《红旗文稿》，第10期，第9—11页。

Marx and Engels' Tariff Thoughts and Its Era significance

Wu Baoyi

Abstract From a global perspective and historical materialism, Marx and Engels argued that, under capitalist mode of production, free trade is designed to maintain the interest of the strong capital in the global market and it will accelerate the outbreak of social revolution, while protective policy is designed to promote the competition of industry capital in the domestic market and it will eventually become the obstacle of capital's access to global market. Trade policy choice depends on the interests of the industrial and commercial capital, is not helpful to improve workers' living conditions. Some countries, such as Britain and the United States, adopt tariff policy as a strategic means of national competition. In recent years, due to China's rapid development, the United States suffers from strategic anxiety, so US government uses tariff policy as main tools and launches and upgrade economic and trade frictions to maintain hegemony. The analyses based on Marx and Engels' tariff thoughts show that US government's policy will further worsen its domestic contradictions and tears its society, and can't enhance its national competitiveness.

Key words Marx Engels Tariff National competition Strategy

人民主体性在习近平生态文明思想中的内在化

何山青

内容提要　人民主体性是中国特色社会主义生态文明建设的本质属性。习近平关于生态文明建设的人民主体性思想主要体现在生态文明建设依靠人民,生态文明建设为了人民,生态文明建设的成效由人民评价这三个方面,凸显了马克思主义一以贯之、一脉相承的"人民性"。习近平生态文明建设的人民主体性思想的实践价值在于明确了什么是社会主义生态文明、怎样发展社会主义生态文明、依靠什么力量来创造和发展社会主义生态文明,以及什么是社会主义生态文明的根本价值取向和评价尺度等一系列涉及我国生态文明建设的基本问题。习近平生态文明建设的人民主体性思想开辟了马克思主义中国化的新时代,是执政党在政治上取信于民的重要途径,也为建设社会主义生态文明提供了根本遵循。

关键词　习近平　生态文明思想　人民主体性

中图分类号　D24

生态文明建设事关人民福祉和国家未来。党的十九届四中全会强调,我国国家制度和国家治理体系具有多方面的显著优势。其中"坚持以人民为中心的发展思想,不断保障和改善民生、增进人民福祉,走共同富裕道路的显著优势"①,落实到生态文明建设方面,就体现在其鲜明的人民主体性。党的十八大把生态文明建设纳入中国特色社会主义事业"五位一体"总体布局,明确提出大力推进生态文明建设,努力建设美丽中国,实现中华民族永续发展。这标志着我们对中国特色社会主义规律认识的进一步深化,表明了我们加强生态文明建设的坚定意志和坚强决心。② 习近平以人民为中心的思想既坚持了马克思主义唯物史观,又与中国共产党的宗旨、性质和价值诉求一脉相承,是

收稿日期:2020—06—18

作者简介:何山青,上海对外经贸大学马克思主义学院讲师、硕士生导师。

基金项目:本文系国家社科基金一般项目"人民主体观的当代中国形态研究"(15BKS041)、2019年度上海市社科规划一般课题项目"习近平生态文明思想'上海实践'的新进展及未来展望研究"(2019BKS012)、2019 年度上海对外经贸大学中国特色社会主义理论体系研究中心培育课题"习近平生态文明思想的逻辑内涵和理论结构研究"的阶段性研究成果。

①《中共中央关于坚持和完善中国特色社会主义制度 推进国家治理体系和治理能力现代化若干重大问题的决定》,《人民日报》第 1 版,2019 年 11 月 6 日。

②《中共中央政治局就推进生态文明建设进行集体学习》,中国政府网,http://www.gov.cn/ldhd/20 13—05/24/content_2410799.htm,2013 年 5 月 24 日。

习近平生态文明思想的精神内核和政治灵魂。

一、习近平生态文明思想的人民主体性体现在生态文明建设依靠人民

人民是历史的创造者，人民是真正的英雄。① 我们党坚持群众路线，就要坚持人民是决定我们前途命运的根本力量，体现了“一切依靠群众”的基本原则，回答了“依靠谁”的问题（郭广银，2014）。让人民获得解放是马克思主义者毕生的追求，我们要始终把人民立场作为根本立场，把为人民谋幸福作为根本使命，坚持全心全意为人民服务的根本宗旨。

（一）人民是生态文明建设的创造主体

马克思指出：人既是社会历史发展中的“剧中人”，又是社会历史发展中的“剧作者”。历史是人的活动的历史，离开现实存在的人的活动，也就没有所谓的历史，“历史不过是追求着自己目的的人的活动而已”②。习近平总书记指出：“人民是历史的创造者，群众是真正的英雄。人民群众是我们力量的源泉。”（习近平，2014a）人民是历史的创造主体，人民也是生态文明建设的创造主体。在《1857—1858年经济学手稿》中，马克思进一步表达了历史主体是人的思想，“主体是人，客体是自然”③。人民群众是历史主体中最大的群体主体，是创造历史的决定力量。

马克思主义群众史观认为，人民群众是历史的创造者，是推动社会发展的决定性力量，是生产力中最活跃最革命的因素，创造了社会的物质财富和精神财富。人类社会丰富多彩的文化是人民在改造自然界和人类社会的历史过程中产生的。从新中国成立至今，人民群众始终是我们社会主义建设的创造主体，也是我国生态文明建设的创造主体。

（二）人民是生态文明建设的发展主体

在党的十八大闭幕之际，习近平总书记向人民做出了庄严承诺：“人民对美好生活的向往，就是我们的奋斗目标。”（习近平，2014b）以人民为中心的发展思想彰显了人民始终是推进新时代中国特色社会主义事业发展的主体，这其中就包括生态文明建设，从而在思想上理顺了发展的主体、发展的动力、发展的内容和发展的目的。党的十八大从历史和全局的战略高度，把生态文明建设纳入新时代“五位一体”总体布局之中，作为新时代统筹推进的总体战略目标之一。人民是推进生态文明建设的发展主体，是推进生态文明建设的重

① 习近平，在第十三届全国人民代表大会第一次会议上的讲话，求是理论网，http://www.qstheory.cn/dukan/qs/2020—05/15/c_1125987668.htm，2020年5月15日。

② 《马克思恩格斯全集》第2卷，北京：人民出版社，1965年，第118—119页。

③ 《马克思恩格斯文集》第1卷，北京：人民出版社，2009年，第3页。

要力量。

马克思认为，人之所以为人，就是由于人作为历史主体能够进行有目的、有意识的实践劳动，实践是连接人与自然的纽带，通过实践活动，"人化自然"得以实现，同时人的本质力量的外化也得以完成（潘建红等，2018）。生态文明建设就是人民在连接人与自然之间关系的社会实践。

（三）人民是生态文明建设的根本动力

"生产不仅为主体生产对象，而且也为对象生产主体。"①马克思告诉我们，通过实践，人的主体地位得以确立。实践赋予人以主体性，"个人怎样表现自己的生活，他们自己就是怎样。因此，他们是什么样的，这同他们的生产是一致的——既和他们生产什么一致，又和他们怎样生产一致"②。可以说，实践不仅创造了世界，还创造了人本身，它创造和发展了人的主体性。人民是社会实践的实施者，人民是生态文明建设的根本动力。习近平反复强调"人民群众是我们力量的源泉"（习近平，2014a）。也正因为如此，习近平一再告诫广大党员干部，一旦"失去了人民的拥护和支持，党的事业和工作就无从谈起"③。

1949年以来，在党的领导下，人民群众开展了一系列的生态文明建设运动，例如：节约资源运动、环境卫生运动、环境保护运动、水土保持运动、植树造林运动、水利建设运动、防灾减灾运动等（潘家华等，2019），这些运动的开展集中展现了人民群众的伟大力量，有效地推动了我国的环境保护，增强了我国可持续发展的能力，成为推动我国生态文明建设的根本动力。

二、习近平生态文明思想的人民主体性体现在生态文明建设为了人民

马克思主义来自人民，为了人民，人民性是马克思主义最鲜明的理论品格。在党的十九大上，习近平总书记代表全党再次重申，中国特色社会主义进入新时代，"中国共产党人的初心和使命，就是为中国人民谋幸福、为中华民族谋复兴"（习近平，2020）。生态文明建设就是为中国人民谋幸福的一个重要方面。

（一）生态文明建设要贴近人民

生态文明建设要符合人民的需求，人民的愿望，人民的期盼。因此，"我们要坚持党的群众路线，坚持人民主体地位，时刻把群众安危冷暖放在心上，及时准确了解群众所思、所盼、所忧、所急，把群众工作做实、做深、做细、做透"

① 《马克思恩格斯全集》第12卷，北京：人民出版社，1979年，第742—743页。

② 《马克思恩格斯选集》第1卷，北京：人民出版社，1995年，第67页。

③ 《习近平关于党的群众路线教育实践活动论述摘编》，北京：中央文献出版社，2014年，第3页。

(习近平,2013)。我国的生态文明建设与西方的环境运动有着本质的区别。西方的环境运动往往将生态中心主义作为其目标,忽视劳动人民的基本需要和利益。两相比较,我国的生态文明建设将人民的需要作为根本的出发点和落脚点。我们的环境保护是要提供更多优质的生态产品以满足人民日益增长的优美生态环境需要,还给人民群众蓝天白云、清水绿岸,让人民群众吃得放心、住得安心,让人民群众能够看得见山、望得见水、记得住乡愁。

当前,新冠疫情在全球爆发,在全国疫情防控形势持续向好、复工复产不断推进的时刻,习近平带头参加义务植树,既是以实际行动促进经济社会发展和生产生活秩序加快恢复,又是倡导尊重自然、爱护自然的生态文明理念,促进人与自然和谐共生的生动体现。① 我们党坚持群众路线,就要坚持全心全意为人民服务的根本宗旨,体现"一切为了群众",在生态文明建设方面也不例外,这是我们的根本政治立场。我们要坚持人与自然和谐共生,牢固树立和切实践行绿水青山就是金山银山的理念,动员全社会力量推进生态文明建设,共建美丽中国,让人民群众在绿水青山中共享自然之美、生命之美、生活之美,走出一条生产发展、生活富裕、生态良好的文明发展道路。②

(二)生态文明建设要关切人民

我们的生态文明建设要关切人民的利益诉求,关切人民对美好生活的向往。习近平说,对于我们共产党人来说,老百姓是我们的衣食父母,我们必须牢记"全心全意为人民服务"的宗旨,党和政府的一切方针政策都要以是否符合最广大人民群众的利益为最高标准,要时刻牢记自己是人民的公仆,时刻将人民群众的衣食、冷暖放在心上,把"人民拥护不拥护,人民赞成不赞成、人民高兴不高兴、人民答应不答应"作为想问题、干事业的出发点和落脚点(方世南,2018)。马克思主义始终致力于谋求无产阶级和最广大人民的根本利益,这也正是马克思主义之所以得到人民衷心拥护和在全世界广泛传播的根本原因③。

习近平总书记曾多次强调生态环境关乎人的生命健康与生存发展,生态环境问题是必须加以重视的重大民生问题,强调生态文明建设的根本目的是改善人民生活环境,提高人民生活水平。生态就是民生,保护生态环境就是保障民生,改善生态环境就是改善民生。生态文明建设必须始终坚持生态民生这一根本宗旨,努力创造良好的生态环境,增进民生福祉,改善民生质量,推动民生发展(张乾元,2019)。"让老百姓呼吸上新鲜的空气、喝上干净的水、吃上

---

① 《习近平参加首都义务植树活动》,中国青年网,http://news.youth.cn/sz/202004/t20200403_12270734.htm,2020年4月3日。

② 习近平,在纪念马克思诞辰200周年大会上的讲话,新华网,http://www.xinhuanet.com/politics/2018—05/04/c_1122783997.htm,2018年5月4日。

③ 任晓山,人民是历史的创造者、人民是真正的英雄,中国文明网,http://www.wenming.cn/djw/ djw2016sy/djw2016xxll/202003/t20200319_5483736.shtml,2020年3月19日。

放心的食物、生活在宜居的环境中、切实感受到经济发展带来的实实在在的环境效益。”①

(三)生态文明建设要引导人民

生态文明建设要引导人民形成绿色的可持续发展的生活方式和生产方式,最终实现社会的永续发展。生态文明是人民群众共同参与、共同建设、共同享有的事业,要把建设美丽中国转化为全体人民的自觉行动。每个人都是生态环境的保护者、建设者、受益者,没有哪个人是旁观者、局外人、批评家,谁也不能只说不做、置身事外。

绿水青山就是金山银山。我们要深入贯彻“创新、协调、绿色、开放、共享”的新发展理念,“加快形成节约资源和保护环境的空间格局、产业结构、生产方式、生活方式”②,给自然生态和我们的子孙后代留下休养生息和可持续发展的时间和空间。我们党应该将人民群众的积极性、创造性充分调动起来,进而“使广大群众真正在选择的过程中、利益的追求中成为真正的主体”(习近平,2007),只有这样才能真正发挥其社会创新主体的作用。为了进一步强化这个问题,习近平要求党员干部必须对“人民群众所表达的意愿、所创作的经验、所拥有的权利、所发挥的作用”③充分尊重。

“保护生态环境就是保护生产力,绿水青山和金山银山绝不是对立的,关键在人,关键在思路。”④在党中央的坚强领导下,全国上下已经形成了普遍的共识,那就是明确把生态环境保护摆在更加突出的位置。在经济发展与生态保护之间,我们既要绿水青山,也要金山银山;宁要绿水青山,不要金山银山;而且绿水青山就是金山银山。我们绝不能以牺牲生态环境为代价换取经济的一时发展。

引导广大人民群众认识到:小康全面不全面,生态环境质量很关键⑤。我们一定要学会算大账、算长远账、算整体账、算综合账,如果因小失大、顾此失彼,最终必然会对生态环境造成系统性、长期性破坏。我们要在全社会倡导简约适度、绿色低碳的生活方式,反对奢侈浪费和不合理消费;广泛开展节约型机关、绿色家庭、绿色学校、绿色社区创建活动,推广绿色出行,通过生活方式绿色革命,倒逼生产方式绿色转型⑥。

---

① 习近平,在省部级主要领导干部学习贯彻党的十八届五中全会精神专题研讨班上的讲话,《人民日报》第1版,2016年5月10日。

② 习近平,在全国生态环境保护大会上的讲话,《人民日报》第1版,2018年5月20日。

③ 习近平,在纪念毛泽东同志诞辰120周年座谈会上的讲话,《人民日报》第1版,2013年12月27日。

④ 习近平,心里更惦念贫困地区的人民群众,新华网,http://www.xinhuanet.com/politics/2014－03/07/c_119658991.htm,2014年3月7日。

⑤ 《习近平关于社会主义生态文明建设论述摘编》,北京:中央文献出版社,2017年,第8页。

⑥ 习近平,在全国生态环境保护大会上的讲话,《人民日报》第1版,2018年5月20日。

三、习近平生态文明思想的人民主体性体现在生态文明建设的成效由人民评价

人民对美好生活的向往,就是我们的奋斗目标。习近平反复强调:"全心全意为人民服务,是我们党一切行动的根本出发点和落脚点,是我们党区别于其他一切政党的根本标志。党的一切工作,必须以最广大人民根本利益为最高标准。检验我们一切工作的成效,最终都要看人民是否真正得到了实惠,人民生活是否真正得到了改善,人民权益是否真正得到了保障。"(习近平,2014c)因此,我们党的执政水平和执政成效都不是由自己说了算,必须而且只能由人民来评判。人民是我们党的工作的最高裁决者和最终评判者。

(一)生态文明建设是人民的自觉需求

环境就是民生,青山就是美丽,蓝天也是幸福。只有良好的生态环境成了人民群众日常生产生活的自觉需求,人民群众才会自发地像保护眼睛一样保护生态环境,像对待生命一样对待生态环境。

1. 良好的生态环境是人民群众生活的根本物质基础

马克思恩格斯认为,人类作为自然界的产物,靠自然界生活。"自然界,就它自身不是人的身体而言,是人的无机的身体。人靠自然界生活。这就是说,自然界是人为了不致死亡而必须与之处于持续不断的交互作用过程的、人的身体。"①人的一切活动都离不开自然界,人类只有不断同自然生态环境进行物质能量转换,才能保证自身生命体的正常运转,维持自身的生存和发展。没有良好的生态环境为人们的基本生产生活提供物质资料,保障基本的物质民生,人类不可能创造丰富的物质财富和精神财富,也无法实现人类自身的创造和发展。

2. 良好的生态环境是人民群众生活品质的重要保障

马克思曾说,当人类"作用于他身外的自然并改变自然时,也就同时改变他自身的自然"②,自然界是人的身体的延伸,是使人类自身得以充实并使其本质得以表现不可或缺的需要。自然界生态环境的优劣关系着民众生活质量的高低,影响民众个人的生存和发展。恶劣的生态环境不仅会限制并阻碍人们的生产生活,还会影响人们基本生活必需品的质量,降低人们的生活品质,甚至造成环境公害、自然灾害,引发多种疾病,威胁人的生命健康和财产安全;而良好的生态环境不仅能为人们的生活提供充足、良好的物质生产和生活资料,满足人们在吃喝住穿用上更优质的物质生活需要,保障并改善人们的物质

① 《马克思恩格斯文集》第1卷,北京:人民出版社,2009年,第161页。
② 《马克思恩格斯文集》第5卷,北京:人民出版社,2009年,第208页。

生活质量，而且有益于陶冶人的情操，发展人的思维、智力、体力，满足人们休闲、旅游、审美等精神生活需要，有利于人的身心健康和全面发展（张乾元，2019）。

（二）生态文明建设要体现人民的获得感

加快生态文明体制改革，建设美丽中国，必须始终坚持以人民为中心，紧紧围绕满足人民日益增长的美好生活需要。新时代生态文明建设要让人民共享社会发展的成果，必须坚持“良好生态环境是最普惠的民生福祉”的原则，坚持生态惠民、生态利民、生态为民，重点解决损害群众健康的突出环境问题，不断满足人民日益增长的优美生态环境需要，不断增强人民的获得感。

我们推进生态文明建设，就要做到“多谋打基础、利长远的善事，多干保护自然、修复生态的实事，多做治山理水、显山露水的好事”①，努力做到让群众望得见山、看得见水、记得住乡愁；努力做到让自然生态美景永驻人间；努力做到还自然以宁静、和谐、美丽；努力做到还给老百姓清水绿岸、鱼翔浅底的景象；努力做到让老百姓吃得放心、住得安心。让人民在不断增长物质生活条件的同时，也很够获得良好的生态环境。

（三）生态文明建设是执政党取信于民的重要途径

人心向背是最大的政治，习近平深刻地认识到生态环境对于执政党的重要意义。他强调：“生态环境是关系党的使命宗旨的重大政治问题，也是关系民生的重大社会问题。”②加快提高生态环境质量是广大人民群众热切期盼的大事。作为执政党，我们要积极回应人民群众所想、所盼、所急，大力推进生态文明建设，提供更多优质生态产品，不断满足人民群众日益增长的优美生态环境需要。

习近平多次强调，广大党员干部要清楚地意识到保护生态环境就是保护生产力，改善生态环境就是发展生产力。良好的生态环境是最公平的公共产品，是最普惠的民生福祉。生态文明建设不仅是经济问题，也是政治问题。他告诫全党一定要始终牢记我党为人民谋福祉和为民族谋复兴的历史使命。政治从来都不是抽象空洞的说教，而是与人民福祉和民族发展紧密相关的客观具体实在的东西。生态危机有着深层次的政治原因，在一定意义上可以说，是不讲政治导致的严重后果。生态危机的背后是政治理念、政治体制、政治路线的失误。生态危机会引发人民群众对党和政府强烈的不满情绪，对现实生活不美好的印象，会引发群体性突发事件进而造成严重的政治危机。习近平站在生态政治学的高度反复指出：“我们不能把加强生态文明建设、加强生态环境保护、提倡绿色低碳生活方式等仅仅作为经济问题。这里面有很大的政

① 习近平，在全国生态环境保护大会上的讲话，《人民日报》第1版，2018年5月20日。
② 习近平，在全国生态环境保护大会上的讲话，《人民日报》第1版，2018年5月20日。

治。"[①]生态环境问题，"这既是重大经济问题，也是重大社会和政治问题"[②]。将生态问题视为重大的政治问题，体现了党中央在注重生态文明建设具有重大经济价值的同时，高度注重其蕴涵的重大政治价值，有助于我们自觉地从讲政治和加强政治建设的高度，肩负起政治责任，发扬政治担当精神，加强政治纪律和将切实加强生态文明建设当作一项重大政治任务，将生态文明建设的过程作为加强政治建设的过程，以生态文明建设的成效推进社会和谐稳定、民生福祉实现和中华民族永续发展(方世南，2019)。

四、习近平生态文明思想人民主体性的实践价值

习近平生态文明建设的人民主体性思想的实践价值在于明确了什么是社会主义生态文明、怎样发展社会主义生态文明、依靠什么力量来创造和发展社会主义生态文明，以及什么是社会主义生态文明的根本价值取向和评价尺度等一系列涉及我国生态文明建设的基本问题。2018年5月，习近平在全国生态环境保护大会上明确指出："生态文明建设是关系中华民族永续发展的根本大计。"[③]良好的生态环境是人和社会永续发展的根本基础。人民主体性思想是我国生态文明建设的根本遵循。

(一)明确了建设什么样的生态文明

1. 人与自然和谐共生

人类自诞生之日起，就在寻求与自然之间的关系问题。中外思想家在这方面也有广泛的探讨，其中中国有儒家的"天人合一"、道家的"道法自然"、佛家的"感悟山水"等。西方社会在很长的一段时间里信奉"人类中心主义"，与之相对应的是"自然中心主义"。晚近以来，西方绿色思潮比较活跃，大致可划分为"深绿""浅绿"和"红绿"三个组成部分(王雨辰，2016)。马克思主义生态文明思想从唯物史观的角度，深刻地指出人与自然的辩证统一关系。在马克思看来，共产主义是"自然主义和人道主义"的内在统一，是人和自然界之间、人和人之间的矛盾的真正解决。习近平生态文明思想是对马克思主义生态思想的进一步发展，凸显了唯物史观思想的一脉相承，即提出，我们追求的是人与自然和谐共生的生态文明。

2. 绿水青山就是金山银山

环境就是民生、青山就是美丽、蓝天也是幸福，老百姓过去"盼温饱"，现在"盼环保"；过去"求生存"，现在"求生态"。我们建设的生态文明，是要平衡好经济发展和生态保护之间的辩证关系，实现两者之间相得益彰、互为基础、相

① 《习近平关于社会主义生态文明建设论述摘编》，北京：中央文献出版社，2017年，第5页。
② 《习近平关于社会主义生态文明建设论述摘编》，北京：中央文献出版社，2017年，第4页。
③ 习近平，在全国生态环境保护大会上的讲话，《人民日报》第1版，2018年5月20日。

互促进。我们所追求的是既要创造更多物质财富和精神财富以满足人民日益增长的美好生活需要,也要提供更多优质生态产品以满足人民日益增长的优美生态环境需要。坚持节约优先、保护优先、自然恢复为主的方针,形成节约资源和保护环境的空间格局、产业结构、生产方式、生活方式,努力建设望得见山、看得见水、记得住乡愁的美丽中国。“我们应该遵循天人合一、道法自然的理念,寻求永续发展之路。要倡导绿色、低碳、循环、可持续的生产生活方式,平衡推进 2030 年可持续发展议程,不断开拓生产发展、生活富裕、生态良好的文明发展道路。”①

3. 生态兴则文明兴,生态衰则文明衰

人类历史发展警示我们,任何一个文明的兴衰与其所具有的生态基础息息相关。历史上,无论是中国古代“丝绸之路”上的楼兰古国、西夏王朝,还是世界范围内的“古巴比伦文明”“古埃及文明”“古印度文明”,无不是由于人类对自然环境的破坏和缺乏实质性的有效保护,最终在漫长的人类文明史中灰飞烟灭。与之相反,那些尊重自然、顺应自然、保护自然的国家和地区,或者在生态环境出现问题时及时应对的国家,如英国、美国、瑞典等,则纷纷走向生产发展、生活富裕的道路(崔恩帅,2020)。构成人民福祉和民族未来的一个重要因素是良好的生态环境。习近平指出:“纵观世界发展史,保护生态环境就是保护生产力,改善生态环境就是发展生产力。良好的生态环境是最公平的公共产品,是最普惠的民生福祉。对人的生存来说,金山银山固然重要,但绿水青山是人民幸福生存的重要内容,是金钱不能替代的。你找到了钱,但空气、饮用水都不合格,哪有什么幸福可言。”②

4. 构建以良好生态环境为基础的人类命运共同体

当前,世界正经历着百年未有之大变局,人类社会需要冲破中西壁垒进入生态文明时代。数百年工业文明的发展对人类赖以生存的生态环境造成了近乎毁灭性的损害,人类的生存环境已经接近临界点。资本宰治下的社会不仅在剥削和压迫人类,而且对于生态环境的破坏也是超过了以往任何一个时代。建设生态文明关乎人类能否有一个可持续发展的未来(张云飞,2020)。

马克思、恩格斯在借鉴黑格尔的“世界历史”思想的基础上,提出了基于唯物史观的科学的“世界历史”观。“世界历史”是基于普遍交往而形成的世界一体化的历史趋势和历史格局。③ 资本主义在资本逻辑的驱使下,在不到一百年的时间里,就创造了超过历史上任何一个时期的生产力和物质财富,通过对世界资源的掠夺、环境污染的转移,打破了世界生态安全,导致生态环境问题成为全球性危机。

① 习近平,2017,《习近平谈治国理政》第 2 卷,北京:外文出版社,第 544 页。
② 《习近平关于社会主义生态文明建设论述摘编》,北京:中央文献出版社,2017 年,第 4 页。
③ 《马克思恩格斯文集》第 2 卷,北京:人民出版社,2009 年,第 35—36 页。

也正是在“世界历史”的基础上，伴随着资本在全球范围内取得决定性的统治地位，全球化得以可能。生活在地球村中的人们之间的关系越来越紧密，人类社会已然成了一个命运共同体。从全球性问题的客观存在和现实危机出发，构建人类命运共同体，必须将构筑尊崇自然、绿色发展的生态体系作为基础，将共同建设一个清洁美丽的世界作为目标。为此，“国际社会应该携手同行，共谋全球生态文明建设之路”①。中国积极履行自己在全球生态文明建设领域的国际责任和国际义务。例如：中国不仅是世界上第一个推出可持续发展国家战略的国家，而且是世界上率先发布落实2030年可持续发展议程国别方案的国家。中国出台了《国家应对气候变化规划（2014—2020年）》，积极促成《巴黎协定》的通过和生效（张云飞，2020）。我国主动承诺“将于2030年单位国内生产总值二氧化碳排放比2005年下降60%～65%，非化石能源占一次能源消费比重达到20%左右，森林蓄积量比2005年增加45亿立方米左右”②。目前，我国对新能源、再生能源的利用力度史无前例，已成为世界节能和利用新能源、可再生能源的第一大国。

（二）明确了怎样发展生态文明

1. 贯彻绿色发展理念

建设生态文明，就要全面、深刻地贯彻绿色发展理念。习近平指出，绿色发展不仅要转变传统落后的发展观念，坚持“绿水青山就是金山银山”的绿色发展理念，而且要实现发展方式的根本变革，践行绿色发展方式。在全社会，无论是生产领域还是生活领域都要以绿色发展为核心，坚持以人民为中心，发展绿色生产力，实现生产方式和生活方式革命性变革（张乾元，2019）。让绿色发展成为推动社会全面进步的永续动力。

坚持绿色发展，必须坚持节约资源和保护环境的基本国策，坚持可持续发展，坚定走生产发展、生活富裕、生态良好的文明发展道路，加快建设资源节约型、环境友好型社会，形成人与自然和谐发展的现代化建设新格局，推进美丽中国建设，为全球生态安全做出新贡献。③ 我们绝不能以牺牲生态环境为代价换取经济的一时发展，要像保护眼睛一样保护生态环境，要像对待生命一样对待生态环境。经济发展不应是对资源和生态环境的竭泽而渔，生态环境保护也不应是舍弃经济发展的缘木求鱼，而是要坚持在发展中保护、在保护中发展，实现经济社会发展与人口、资源、环境相协调。我们要始终保持加强生态文明建设的战略定力，牢固树立生态优先、绿色发展的导向，持续打好蓝天、碧

---

① 《习近平关于社会主义生态文明建设论述摘编》，北京：中央文献出版社，2017年，第131页。

② 习近平，携手构建合作共赢、公平合理的气候变化治理机制，《光明日报》第1版，2015年12月1日。

③ 《中国共产党第十八届中央委员会第五次全体会议公报》，《人民日报》第1版，2015年10月30日。

水、净土保卫战。①

2. 严守生态环境保护制度的笼子

保护生态环境必须坚持依靠制度和法治，必须用最严格的制度和最严密的法治推动生态文明建设。习近平曾强调："各项制度制定了，就要立说立行、严格执行，不能说在嘴上，挂在墙上，写在纸上，把制度当'稻草人'摆设，而应落实到实际行动上，体现在具体工作中。"(习近平，2007)决不能让制度规定成为"没有牙齿的老虎"。

坚持和完善生态文明制度体系，要实行最严格的生态环境保护制度，特别是加快建立健全国土空间规划和用途统筹协调管控制度，完善主题功能区制度、生态补偿制度、绿色生产和消费的法律制度和政策导向。只有实行最严格的制度、最严密的法治，才能为生态文明建设提供可靠保障。制度建设是推进生态文明建设的重中之重，建设生态文明是一场涉及生产方式、生活方式、思维方式和价值观念的革命性变革。我们必须牢牢牵住制度建设这个"牛鼻子"，大力推进生态文明建设，加快生态文明体制机制改革，着力破解制约生态文明建设的体制机制障碍。同时，我们要建立责任追究制度，对那些不顾生态环境盲目决策、造成严重后果的人，必须追究其责任，而且应该终身追究。不能把一个地方环境搞得一塌糊涂，然后拍拍屁股走人，官还照当，不负任何责任。②

3. 山水林田湖草是一个生命共同体

长期以来，我国的生态治理在很大程度上采取的是片面的局部性的治理方式，这严重制约了生态治理的效能。党的十八大以来，习近平反复强调，环境治理是个系统工程，山水林田湖草是一个生命共同体。党的十九大进一步提出，必须"统筹山水林田湖草系统治理"(习近平，2020b)。生态是统一的自然系统，是各种自然要素相互依存而实现循环的自然链条。要实现人与自然的和谐共生，就必须坚持山水林田湖草自然生态系统的和谐共生，因为"人的命脉在田，田的命脉在水，水的命脉在山，山的命脉在土，土的命脉在树"③。

习近平根据加强生态文明建设的时代背景和历史任务，根据生态文明建设在中国特色社会主义事业中的特殊地位和重大价值，提出了"两个清醒认识"的论断，他说："全党同志都要清醒认识保护生态环境、治理环境污染的紧迫性和艰巨性，清醒认识加强生态文明建设的重要性和必要性。"④保护生态环境是建设生态文明的重要内容，加强生态文明体制建设和坚决打赢污染防治攻坚战，都是生态文明建设的重要任务，都是确保生态安全的重要举措，都

① 《习近平在参加内蒙古代表团审议时强调坚持人民至上不断造福人民把以人民为中心的发展思想落实到各项决策部署和实际工作之中》，《人民日报》第1版，2020年5月23日。

② 《习近平关于全面深化改革论述摘编》，北京：中央文献出版社，2014年，第105页。

③ 《习近平关于社会主义生态文明建设论述摘编》，北京：中央文献出版社，2017年，第55页。

④ 《习近平关于社会主义生态文明建设论述摘编》，北京：中央文献出版社，2017年，第7页。

是为了满足人民对于美好生活的需要，为了实现人民福祉和保障中华民族世世代代永续发展(方世南，2019)。

(三)明确了依靠什么力量来创造和发展生态文明

马克思说："历史活动是群众的事业。"①建设生态文明是在新的人类历史进程中的伟大活动，也是充分发挥广大人民群众力量的伟大活动。我们要"贯彻群众路线，尊重人民主体地位和首创精神，始终保持同人民群众的血肉联系，凝聚起众志成城的磅礴力量"②，团结和带领人民共同创造生态文明的历史伟业。这是尊重历史规律的必然选择，是共产党人不忘初心、牢记使命的自觉担当。

党的十八大报告指出："在新的历史条件下夺取中国特色社会主义新胜利，必须坚持人民主体地位。"③习近平总书记在提及"实现中华民族伟大复兴的中国梦"时指出，"中国梦归根到底是人民的梦，必须紧紧依靠人民来实现，必须不断为人民造福"，"人民是历史的创造者，群众是真正的英雄。人民群众是我们力量的源泉"④，这些重要论述明确地表明了中国梦蕴涵的人民主体性思想。坚持人民主体地位，不仅是马克思主义本质的集中体现，更是充分体现了我们党把坚持人民主体地位看作党的根本宗旨和执政理念，凸显出我们党坚持和发展马克思的人民主体思想的理论自觉(潘宁，2014)。

坚持人民主体性是中国共产党作为马克思主义政党的鲜明特征和本质属性。中国共产党"必须坚持人民至上、紧紧依靠人民、不断造福人民、牢牢植根人民"⑤，只有始终如一地站在人民的原则立场上，实现好、维护好、发展好最广大人民群众的根本利益，才能经得起历史的各种考验，才能永远立于不败之地(方世南，2018)。生态建设惠及民生，人民是受益的权利主体，也是建设的责任主体。只有充分调动广大人民群众的积极性、创造性，让人民群众自律、自主、自觉、全程、全面、全效参与生态环境保护，我国的生态文明建设才有强大的根基和巨大的发展力量(张永红，2017)。

参考文献

[1]崔恩帅，2020，习近平生态文明思想的世界意蕴，《人民论坛》，第1期，第86—87页。

---

① 《马克思恩格斯全集》第2卷，北京：人民出版社，1965年，第104页。

② 习近平，在纪念马克思诞辰200周年大会上的讲话，新华网，http://www.xinhuanet.com/politics/2018-05/04/c_1122783997.htm，2018年5月4日。

③ 中共中央文献研究室编，《十八大以来重要文献选编》(上)，北京：中央文献出版社，2019年，第11页。

④ 《习近平等十八届中共中央政治局常委同中外记者见面》，《人民日报》第1版，2012年11月16日。

⑤ 《习近平在参加内蒙古代表团审议时强调，坚持人民至上，不断造福人民，把以人民为中心的发展思想落实到各项决策部署和实际工作之中》，《人民日报》第1版，2020年05月23日。

[2]郭广银,2014,习近平关于人民主体地位的思想,《中共中央党校学报》,第5期,第19—22页。

[3]方世南,2018,习近平以人民为中心的发展思想探源,《学习论坛》,第3期,第5—9页。

[4]方世南,2019,建设生态文明关系人民福祉关乎民族未来的价值意蕴,《福建师范大学学报(哲学社会科学版)》,第3期,第18—24页。

[5]潘建红、杨利利,2018,习近平"人民获得感思想"的逻辑与实践指向,《学习与实践》,第2期,第5—12页。

[6]潘宁,2014,马克思人民主体思想的理论意蕴,《社会科学家》,第12期,第9—13页。

[7]潘家华等编,2019,《美丽中国:新中国70年70人论生态文明建设》,北京:中国环境出版集团,第66—70页。

[8]王雨辰,2016,论西方绿色思潮的生态文明观,《北京大学学报(哲学社会科学版)》,第4期,第17—26页。

[9]习近平,2014a,《习近平谈治国理政》,北京:人民出版社,第5页。

[10]习近平,2014b,《习近平谈治国理政》,北京:人民出版社,第4页。

[11]习近平,2014c,《习近平谈治国理政》,北京:外文出版社,第28页。

[12]习近平,2020a,《习近平谈治国理政》第3卷,北京:外文出版社,第1页。

[13]习近平,2020b,《习近平谈治国理政》第3卷,北京:外文出版社,第19页。

[14]习近平,2013,全面贯彻落实党的十八大精神要突出抓好六个方面工作,《求是》,第1期,第3—7页。

[15]习近平,2007a,《之江新语》,杭州:浙江人民出版社,第246页。

[16]习近平,2007b,《之江新语》,杭州:浙江人民出版社,第71页。

[17]张云飞,2020a,习近平生态文明思想对21世纪马克思主义的贡献,《探索》,第2期,第5—14页。

[18]张云飞,2020b,习近平生态文明思想对21世纪马克思主义的贡献,《探索》,第2期,第5—14页。

[19]张永红,2017,习近平生态民生思想探析,《马克思主义研究》,第3期,第131—139页。

[20]张乾元,2019,论习近平以人民为中心的生态文明思想,《新疆师范大学学报(哲学社会科学版)》,第1期,第26—34页。

The Internalization of People's Subjectivity in Xi Jinping's Thought on Ecological Civilization

He Shanqing

Abstract　People's subjectivity is the essential attribute of the construction of ecological civilization of socialism with Chinese characteristics. Xi Jinping's thought on people's subjectivity in the construction of ecological civilization is mainly embodied in the following three aspects: the construction of ecological civilization depends on the people, the construction of ecological civilization serves the people, and the construction of ecological civilization is evaluated by the people, which highlights the consistent of the "people's character" of Marxism. The practical value of Xi Jinping's thought on people's subjectivity in the construction of ecological civilization lies in the clear definition of what is socialist ecological civilization, how to develop socialist ecological civilization, and what forces to rely on to create and develop socialist ecological civilization, and what is the basic value orientation of socialist ecological civilization and evaluation scale and a series of basic problems related to our construction of ecological civilization. Xi Jinping thought on people's subjectivity in the construction of ecological civilization has opened up a new era of Sinicization of Marxism. It is an important way for the ruling party to win the people's trust in politics, and also provides a fundamental guideline for the construction of socialist ecological civilization.

Key words Xi Jinping Thought on ecological civilization People's subjectivity

从与资本主义制度比较中把握中国社会主义制度自信

谭劲松　边春慧

内容提要　中国社会主义制度适应本国国情,符合人类社会发展规律,深得全国人民拥护,同世界资本主义制度相比具有先进性、优越性和强大生命力。有比较才有鉴别,增强制度自信,应充分认识和把握社会主义在政治制度、经济制度和价值观上优越于资本主义制度。

关键词　制度自信　政治制度　经济制度　价值观

中图分类号　D0-0

俗话说得好:"不怕不识货,就怕货比货",有比较才有鉴别。长期以来,资产阶级政客和资本主义国家机器鼓吹资本主义制度天然合理、无比优越;而国内某些自媒体则把资本主义制度美化为文明标杆、十全十美。受此影响,一些人特别是涉世未深的年轻人,对资本主义制度盲目崇拜,以为外国月亮比中国圆,空气比中国甜,对中国社会主义制度缺乏自信。邓小平曾经指出:"我们在国际阶级斗争中要坚持马克思主义,坚持社会主义,就要表现出马克思主义的思想优越于其他的思想,社会主义制度优越于资本主义制度。"(邓小平,1994a)制度自信,根本在于中国特色社会主义制度比西方资本主义制度优越。

一、中国社会主义政治制度优越于资本主义政治制度

(一)中国社会主义民主优越于资产阶级民主

马克思主义认为,民主是民众共同管理国家事务,实质是人民当家作主。民主作为政治范畴可从内容和形式两个层面把握。就其内容而言,民主是人民行使管理国家事务的权力,国家由人民当家作主。就其形式而言,主要有普选制和协商民主等。资产阶级政客对民主内容避而不谈,却不移余力美化普选制形式。资本主义民主采取普选制形式,选民一人一票,从形式上看是全民民主。但从内容看,选出来的都是代表资产阶级财团和金融寡头的政客。资

收稿日期:2020—07—10

作者简介:谭劲松,浙江东方职业技术学院马克思主义学院教授;边春慧,浙江东方职业技术学院马克思主义学院助教。

本主义民主实质是资产阶级民主,是选举资产阶级代表管理国家事务,是少数人的民主。只是由于普选制这种制度设计,把少数人的民主包装成多数人的民主,把资产阶级民主打扮成全民民主,使得资本主义民主具有虚伪性和欺骗性。

资本主义国家的历史与现实表明,普选制并不能让人民当家作主。马克思说:“这就是容许被压迫者每隔几年决定一次究竟由压迫阶级中的什么人在议会里代表和镇压他们!”(马克思、恩格斯,2014a)列宁指出,“资产阶级民主同中世纪制度比较起来,在历史上是一大进步,但它始终是而且在资本主义制度下不能不是狭隘的、残缺不全的、虚伪的、骗人的民主,对富人是天堂,对被剥削者、对穷人是陷阱和骗局”(列宁,1995a),“在资本主义社会里,在它最顺利的发展条件下,比较完全的民主制度就是民主共和制。但是这种民主制度始终受到资本主义剥削制度狭窄框子的限制,因此它实质上始终是少数人的即只是有产阶级的、只是富人的民主制度”(列宁,1995b)。革命导师马克思、列宁的论述表明,资本主义民主实质是“金钱民主”“寡头政治”“资本当家”,是资产阶级掌握国家机器,压迫剥削无产阶级的少数人的民主。

中国社会主义民主从内容到形式都是实实在在的人民当家作主。从民主内容看,《中华人民共和国宪法》规定:“中华人民共和国的一切权力属于人民。人民行使国家权力的机关是全国人民代表大会和地方各级人民代表大会。”中国实行工人阶级领导的、以工农联盟为基础的人民民主专政的国体,人民代表大会制度的政体,中国共产党领导的多党合作和政治协商制度、民族区域自治制度、基层群众自治制度,这一系列具有中国特色的制度设计,既是中国民主政治的集中体现,更是人民当家作主的制度保障。作为国家权力机关的全国人民代表大会和地方各级人民代表大会,其代表由民主选举产生,来自全国各条战线,由工人、农民、知识分子、干部、解放军、中共党员、民主党派和无党派人士、妇女、少数民族、归国华侨等代表组成,代表人民管理国家事务,行使审议权,表决权,提名权,选举权等。从民主内容看,中国社会主义民主是最广泛的人民民主,是名副其实的人民当家作主。

从民主形式看,中国主要有逐级选举和层层协商等形式。逐级选举,分为直接选举和间接选举两类。全国人民代表大会代表,省、自治区、直辖市、设区的市和自治州人民代表大会代表,由下级人民代表大会选举产生;县级及乡级人民代表大会代表,由选民直接选举产生。协商民主,是围绕国家建设发展的重大问题和涉及人民群众切身利益的实际问题在决策之前和决策实施之中开展广泛协商,以达成共识的民主形式。协商民主包括人大协商、政协协商、政府协商、政党协商、人民团体协商、基层协商、社会组织协商七大协商渠道。中国共产党领导的协商民主,机制灵活、运转有效,能够最真实、最广泛、最快捷地反映民心民意,是对马克思主义民主理论的创造性发展,是独具中国特色的社会主义民主形式，是对世界民主政治的巨大贡献，是对资产阶级民主的重大超越，具有资产阶级民主形式不可比拟的优越性。

（二）中国社会主义人权优越于西方资本主义人权

比较两种社会制度的人权，关键是要准确把握人权的科学内涵。人权即人应享有的权利，一是基本人权，即生存权、发展权；二是衍生人权，如政治权、言论自由权、罢工权、游行示威权等。资产阶级政客对人权评判往往本末倒置，置基本人权不顾而一味纠缠细枝末叶，津津乐道于公民有在公园骂首相、在报纸上批评总统的言论自由，允许安乐死、同性恋，不允许堕胎等方面的人权。美国政客更是大言不惭地说，“活着不是人权，那是动物权，人权是政治权”。在这一狭隘扭曲人权观的支配下，西方资产阶级政客对我国为解决 14 亿人口的生存与发展，消灭贫困、充分就业、普及九年制义务教育、建立起世界上人口最多规模最大的医疗保障体系等巨大成就视而不见，转而进行攻击和抹黑。

尽管资产阶级政客罔顾客观事实吹嘘资本主义人权优越，但现实却是资本主义国家尤其是美国严重存在着种族歧视、阶级压迫、军事侵略等反人权劣绩。特别是在对外政策上，美国等帝国主义国家打着人权高于主权的旗号，非法入侵和颠覆其他主权国家，对他国搞颜色革命。美国政府曾凭一包洗衣粉栽赃萨达姆政府有大量杀伤性武器而公然入侵伊拉克，践踏该国人权，把一个富庶的主权国家搞得民不聊生。又如美国政府以维护国家安全为借口，强令加拿大以“莫须有”罪名指控并拘留中国企业华为副董事长孟晚舟，限制其人身自由，倾全国之力打压中国民营企业华为。从其国内人权状况看，更是劣迹斑斑，枪支泛滥，导致枪击案频发、犯罪率飙升。我国每年发布的《美国人权白皮书》列举的美国人权现状无不令人触目惊心。特别是 2008 年国际金融危机爆发之后，美国贫富差距进一步扩大、阶层失衡日趋严重，相当数量的中产阶级被迫失业，收入水平急剧下降。美国的贫困率为 12.3%，有 4 000 万美国人生活在贫困中（刘世强、赵乐，2018）。在美国一些政客眼中更是只有股票的涨跌、选票的增减，却没有民众的健康与生死。当罗斯福号航母出现新冠肺炎病毒感染，舰长克罗泽只想保护自己水兵的生命不做无谓牺牲，却惨遭解职，“拯救大兵瑞恩”这样感人的美国故事，只存在于美国好莱坞虚幻的银幕里。特朗普为了连任挑起党派政治纷争，甩锅抹黑中国，导致抗疫错失良机，致使上百万人被感染，上十万人失去生命。在国际社会抗击疫情的关键时刻，美国却停止对世界卫生组织的资助，以退出世卫组织相威胁，执意对伊朗、古巴、委内瑞拉等国进行制裁，严重干扰了这些国家的抗疫努力，这就是美国政客标榜的人权。对此，全球权威医学期刊《柳叶刀》发文痛斥，美方此时停止对世卫组织的资助是反人类罪行。

中国社会主义制度下的人权是全体人民实实在在获得的生存权、发展权。

新中国70多年来,农村贫困发生率逐年下降,2020年将全部脱贫,人均寿命提高、婴儿死亡率下降、普及九年制义务教育、实现充分就业、全民医疗保障等,中国共产党和政府在解决人民生存权、发展权的基本人权上交出了最好答卷,取得了举世瞩目的辉煌成就。尤其是在抗击新冠病毒疫情人民战争中,中国共产党和政府把人民的生命安全和身体健康摆在第一位,第一时间调动军队军医和全国医护力量,举全国之力不惜一切代价救治患者,应收尽收,应治尽治,从刚出生婴儿到百岁高龄老人全力救治一个都不放弃,有效降低了病亡率,哪怕付出巨大的经济牺牲代价,也要保护14亿人的性命,赢得了全世界的普遍赞誉。

(三)中国社会主义国家治理优越于西方资本主义"三权分立"

国家治理能力是国家政治制度的集中体现,国家治理能力直接反映一个国家政治制度的优劣。每当比较国家治理能力时,资产阶级政客少不了吹嘘"三权分立"。笔者认为,"三权分立"这一制度设计,较之封建专制独裁是伟大进步,对于防止资产阶级内部专权有一定的积极作用。但随着垄断资产阶级内部斗争的加剧,"三权分立"已名存实亡、日趋蜕变。一是"三权"明显向行政权(总统)倾斜。"三权分立"的精髓在于分权与制衡,而美国在具体实行过程中行政权一家独大,凌驾于司法之上。特朗普执政以来把行政权玩得炉火纯青。如他为了突破众议院反对修建美墨围墙的决议,竟然利用行政权宣布进入国家紧急状态,动用军费强行修墙,使民主党在众议院通过的决议一文不值。二是内耗争斗、相互扯皮、效率低下。当今美国,国会参、众两院分别由两党控制,共和党控制总统职位,民主党控制国会众议院,总统与国会之间,国会参众两院之间,内斗不断,经常引发混乱、拖延和推卸责任。特朗普一心想实现自己让美国再次伟大的执政目标,民主党却不停搞总统弹劾,凡是总统提议的众议院都反对,特朗普与众议院长佩洛西公开对骂,议长公开撕毁总统国情咨文,总统与众议院关系陷入僵局。在抗击新冠肺炎疫情中,美国政府一开始是漫不经心、盲目自信,当疫情失控时,美国政府又焦虑不安、手忙脚乱,防护物资紧缺、检测跟不上、收治无床位,决策反复无常、政令上下脱节。面对如此"惨状",美国有线电视新闻网(CNN)节目主持人法里德·扎卡里亚一针见血地指出,"是美国的政治制度出了问题"。

中国从自己的国情出发,按照社会主义制度的要求,构建起了以中国共产党为领导核心,全国人民代表大会为国家最高权力机关,国务院为国家行政中心的国家治理体系。党的领导、人民当家作主和依法治国有机结合,立法、行政、司法既分工又统一,既合作又监督。党政军民学、东西南北中,党领导一切,在党的领导下,全国一盘棋,统一意志、统一认识、统一行动。中国国家治理模式,以人民为中心,统筹兼顾、决策科学、执行有力、高效优质,能集中力量办大事、实现资源优化配置。如当资本主义大国为修高铁高速公路征地焦头烂额时，中国的高铁、高速公路飞速发展，2019年高铁总里程突破3.5万公里，全球占比超2/3，高速公路总里程达到15万公里，双双排名世界第一。尤其遇到重大突发事件时，中国更显超强组织力、动员力、执行力。在抗击新冠病毒疫情人民战争中，举全国之力驰援湖北，在武汉十天建成两个可容纳千张床位的现代传染病医院——火神山医院和雷神山医院。一声令下，全国4万多医护人员奔赴湖北抗疫，一个省包湖北一个市，实行对口支援，一声号令，14亿人民居家自律阻断病毒传播。口罩、防护服等医护物质急需时，国家号召企业复工扩产，扩建生产线，军民融合一齐上，口罩日生产能力飙升过亿。抗击新冠病毒疫情之所以能取得举世瞩目的伟大胜利，得益于党中央集中统一领导与国家最高决策层果断战略决策，得益于“全国一盘棋”的战略思维及统筹抗疫部署，得益于强大的社会动员组织能力与人民群众的广泛参与。充分展现了中国社会主义国家治理模式应对重大突发公共卫生事件及时高效的决策能力、总揽全局的统筹能力、上下贯通的信息保障能力、广泛动员的组织能力、应急资源的统筹调配能力。试问当今世界，哪一个国家哪一个执政党有中国这样的超强组织力、动员力、执行力和高效率。中国国家治理能力与资本主义国家的治理模式谁优谁劣岂不是一目了然吗！

二、中国社会主义经济制度优越于资本主义经济制度

（一）中国社会主义公有制优越于资本主义私有制

生产资料所有制是一个社会的基本经济制度，其他经济制度都由它决定与衍生。资产阶级政客是私有制狂热崇拜论者，鼓吹私有制产权清晰、富有效率，最适合生产力发展，攻击社会主义公有制产权不清、效率低下，阻碍生产力发展。衡量一种生产资料所有制的先进、落后与优劣，根本标准是看它对发展生产力的作用。劳动者是生产力核心要素，生产力发展归根结底取决于劳动者积极性。而劳动者积极性则取决于由生产资料所有制决定的劳动制度。生产资料社会主义公有制实行自主劳动制度。所谓自主劳动制度，是指生产资料公有制使劳动者成为生产资料的主人，实现了劳动者与生产资料的直接结合，怎样生产、生产什么、生产多少由劳动者自主决定，生产成果按劳动者贡献自主分配。社会主义公有制基础上的自主劳动制度，从根本上激励劳动者积极性、主动性和聪明才智的充分发挥，因而能最大限度地提高劳动生产率，促进生产力发展。

在资本主义私有制下，生产资料占有者不劳动，劳动者不占有生产资料，劳动者同生产资料处于分离状态，只能通过雇佣劳动制度实现劳动者与生产资料结合。资本主义雇佣劳动制度，一方是资本家凭借占有的生产资料，通过工资支付购买工人的劳动力商品为自己生产，从中获取利润即剩余价值；另一

方是工人通过出卖劳动力获取工资以养家糊口实现劳动力再生产。在雇佣劳动制度下，资本家追求的是利润最大化，以最小的生产成本获取最多的利润或剩余价值；工人追求的是以最小的劳动耗费获取更多劳动报酬——工资。雇佣劳动制度下，资本家为了降低劳动成本，必然要压低工资、控制工资增长。工人为了追求劳动耗费最小化和舒适度，必然要求缩短劳动时间、减轻劳动强度、提高劳动舒适度。对于雇佣劳动制度马克思给予了深刻揭露，他指出："工人本身不断地把客观财富当作资本，当作同他相异己的、统治他和剥削他的权力来生产，而资本家同样不断地把劳动力当作主观的、同它本身对象化在其中和借以实现的资料相分离的、抽象的、只存在于工人身体中的财富源泉来生产，一句话，就是把工人当作雇佣工人来生产。"①在雇佣劳动制度下，工人阶级，无论是在劳动过程之中还是在劳动过程之外，都同劳动工具一样，是资本的附属物。"罗马的奴隶是由锁链，雇佣工人则由看不见的线系在自己的所有者手里"，"在资本主义制度内部，一切提高社会劳动生产力的方法都是靠牺牲工人个人来实现的；一切发展生产的手段都转变为统治和剥削生产者的手段，都是工人畸形发展，成为局部的人，把工人贬低为机器的附属品，使工人受劳动的折磨，从而使劳动失去内容，并且随着科学作为独立的力量被并入劳动过程而使劳动过程的智力与工人相异化；这些手段使工人的劳动条件变得恶劣，使工人在劳动过程中屈服于最卑鄙的可恶的专制，把工人的生活时间转化为劳动时间，并且把工人的妻子儿女都抛到资本的札格纳特车轮下"②。雇佣劳动制度，不仅残酷剥削工人剩余价值，而且严重损害工人尊严、窒息工人劳动积极性，是妨碍生产力发展的最大制度性障碍，这不能不说是资本主义制度之殇，也是资本主义必然灭亡的根本原因所在。

(二)中国社会主义按劳分配制度优越于资本主义按资分配制度

社会分配制度由生产资料所有制决定，服从于生产资料所有制。衡量分配制度的标准主要有两条：一是看是否有利于激发劳动者积极性；二是看是否有利于维护社会公平。

建立在资本主义私有制基础上的按资分配制度，严重挫伤了劳动者积极性。所谓按资分配，是对劳动者创造的剩余价值按资本分配，谁占有的生产资料多分得的剩余价值就多。在资本主义再生产过程中，劳动者被排斥在剩余价值分配之外，他们获得的只是劳动力商品价值——工资。当工人看到自己创造的剩余价值被资本家瓜分，而自己得到的工资除了维持劳动力再生产外一无所有这一残酷现实，他们对被剥夺感到无比愤怒，对劳动改变命运极度绝望。马克思指出："现代的工人只有当他们找到工作的时候才能生存，而且只

① 《马克思恩格斯选集》第2卷，北京：人民出版社，2012年，第257页。
② 《马克思恩格斯选集》第2卷，北京：人民出版社，2012年，第289页。

有当他们的劳动增殖资本的时候才能找到工作”,“花在工人身上的费用,几乎只限于维持工人生活和延续工人后代所必需的生活资料”(马克思、恩格斯,2014b)。工人变成了劳动工具、机器的附属品、资本的附庸。按资分配是一种公开的、露骨的、无耻的剥削,根本窒息了劳动者的生产积极性。

按资分配制度是对社会公平的践踏和破坏。按资分配制度下,“一极是财富的积累,一极是把自己的产品作为资本来生产的阶级的贫困、劳动折磨、受奴役、无知、粗野和道德堕落的积累”,“资本家财富的增长,不是像货币贮藏者那样同自己的个人劳动和个人消费的节约成比例,而是同他榨取别人的劳动力的程度和强使工人放弃一切生活享受的程度成比例的”[①]。按资分配制度实质是资本剥削劳动力,这种劳者不获、获者不劳的分配制度是对人类公平正义的践踏和否定,是最不合理的分配制度。

社会主义按劳分配制度,在人类历史上第一次使劳动者成为分配的主人,消灭了生产资料占有者对劳动者的剥削,实现了真正意义上的分配公平,为劳动者实现共同富裕提供了制度保障。在按劳分配制度下,多劳才能多得,多得才能增加收入、提高生活质量。按劳分配制度,使劳动者从关心自身福利出发,提高劳动技能和劳动效率,进而推动社会生产力发展。按劳分配制度的优越性,既体现在消灭剥削上,也体现在反对平均主义上,既为防止两极分化实现共同富裕提供了制度保障,也为反对平均主义实现劳动者多劳多得提供了制度激励。

(三)“市场在资源配置中起决定性作用和更好发挥政府作用”的社会主义市场经济优越于市场自发调节的资本主义市场经济

优化资源配置是各国经济发展面临的共同难题。资产阶级学者对资本主义市场经济推崇备至,认为市场经济效率高、活力足,是优化资源配置的最佳方式,并武断提出市场经济只能建立在私有制基础上,社会主义不能搞市场经济的论点。这一论断统治经济学近百年,直到中国社会主义市场经济横空出世才被打破。

市场经济作为资源配置方式,是通过价格、供求和竞争相互作用实现的。资源配置有微观和宏观两个层面。从微观层面看,资源配置由企业自主完成,通过市场调节实现。一方面,企业作为市场主体,对市场供求关系变化、商品价格变动感应灵敏、反应快速,能在第一时间根据供求关系变化和价格变动调配企业资源,实现资源优化配置。另一方面,由于企业接收到的市场供求关系和价格变化信息是事后的,且具有不确定性、偶然性、速变性和无序性,这就使得企业资源配置带有盲目性。当商品供不应求引起价格上涨时,会诱导企业扩大生产规模;当商品供大于求引起价格下跌时,又会迫使企业转产或缩小生

---

① 《马克思恩格斯选集》第2卷,北京:人民出版社,2012年,第268页。

产规模。因此,通过市场自发调节资源配置会导致“市场失灵”,引起资源无序流动,造成资源配置失利和浪费。

从宏观层面看,资源配置是政府(国家)的经济职能。在资本主义市场经济中,政府(国家)宏观调节存在两难困境。一方面,政府在资源配置上要考虑国家全局和长远发展,需要政府(国家)通过计划和行政手段调节资源配置。另一方面,由于资本主义市场经济以私有制为基础,市场主体是归资本家或资本家集团所有的企业。生产什么、生产多少、怎样生产是资本家或资本家集团的事,企业自己说了算。在资本主义私有制下,政府(国家)计划和行政手段对资本家或资本家集团不具备指令性,毫无约束力,只有参考作用。政府调节与计划对资本家或资本家集团有利就执行,不利则不予理睬,致使“政府失灵”。资本主义市场经济在资源配置上“市场失灵”与“政府失灵”同在,“市场失灵”需要政府(国家)调节弥补,但政府(国家)调节却遇到了私有制这一无法逾越的障碍,导致“政府失灵”。“市场失灵”与“政府失灵”是资本主义市场经济无法克服的内在矛盾,是资本主义市场经济永远无法根治的“制度之癌”。

资本主义市场经济在资源配置上的双失灵,只能通过对经济危机的强制破坏来解决。马克思、恩格斯指出,“大工业只要还在现今的基础上进行经营,就只能通过每七年出现一次的普遍混乱来维持,每次混乱对全部文明都是一种威胁,它不但把无产者抛入贫困的深渊,而且也使许多资产者破产”(马克思、恩格斯,2014c)。“危机永远只是现有矛盾的暂时的暴力的解决,永远只是使已经破坏的平衡得到瞬间恢复的暴力的爆发。”[①]周期性的资本主义经济危机在实现国民经济各部门比例强制平衡的同时,造成社会资源的巨大浪费,这不能不说是资本主义制度之弊。

比较社会主义市场经济和资本主义市场经济在资源配置上的优劣,首先要破除社会主义不能搞市场经济的谬论。西方经济学认为,市场经济要以私有制为基础,只有私有制才能搞市场经济,社会主义是不能搞市场经济的。奥地利经济学家米塞斯和哈耶克在1920年发表的《社会主义:经济与社会学的分析》一书中指出:“市场是资本主义私有制度的天生儿,与资本主义制度有着天然的联系,只有在资本主义制度下,市场才是有可能的,它是不能在社会主义制度下被‘人为地’模拟的。”(米塞斯,2008)英国前首相撒切尔夫人也说:“社会主义和市场经济不可能兼容,社会主义不可能搞市场经济,要搞市场经济就必须实行资本主义,实行私有化。”[②]这一观点在西方经济学中流行了上百年,但在20世纪末已为中国社会主义市场经济的成功实践彻底打破。邓小平指出:“说市场经济只存在于资本主义社会,只有资本主义的市场经济,这肯

① 转引自教育部社会科学研究与思想政治工作司编《马克思主义经典著作选读》导读,北京:人民出版社,2001年,第121页。

② 任仲平,社会主义市场经济改变中国命运,《人民日报》第1版,2012年7月10日。

定是不正确的。社会主义为什么不可以搞市场经济，这个不能说是资本主义。""社会主义也可以搞市场经济。""计划多一点还是市场多一点，不是社会主义与资本主义的本质区别。计划经济不等于社会主义，资本主义也有计划；市场经济不等于资本主义，社会主义也有市场。计划和市场都是经济手段。"（邓小平，1994b）中国实践表明，社会主义不仅可以搞市场经济，而且比资本主义市场经济更好、更具优越性。

市场经济与社会主义制度相结合，资源可以在微观和宏观两个层面实现优化配置。从宏观经济活动来看，国家的资源配置，既要考虑当下需要，又要考虑长远发展，既要考虑竞争性行业发展，又要考虑基础设施建设和公共产品供给。这表明宏观经济层面的资源配置靠市场这只"看不见的手"调节是无法做到的，明显存在"市场失灵"，需要政府"看得见的手"来调节弥补。为什么在宏观经济资源配置中资本主义市场经济存在"政府失灵"，而在社会主义市场经济中政府调节却十分有效呢？这是因为，生产资料社会主义公有制把国民经济各部门各行业联结为一个根本利益一致的有机整体，而政府（国家）正是这一整体利益的代表，所以政府（国家）能从人民整体利益出发，有效调节资源，优化配置。但政府（国家）在微观经济层面并不干预市场和企业经济活动，微观经济层面资源配置由市场起决定性作用。社会主义市场经济在资源配置上之所以比资本主义市场经济优越，就在于它可以把市场调节这只"看不见的手"和政府调控这只"看得见的手"有机结合在一起，用政府宏观调控这只"看得见的手"弥补"市场失灵"，用市场调节这只"看不见的手"弥补"政府失灵"。通过市场调节，可以发挥"看不见的手"在资源配置中的灵活性、有效性和多样性，提高资源的利用率；通过政府宏观调控，可以发挥"看得见的手"在资源配置中的前瞻性、计划性和能动性，实现社会资源的优化配置。综上所述，在优化资源配置方式上，社会主义市场经济比资本主义市场经济更具优越性。

三、价值观比较

核心价值观作为建立在经济基础和政治法律制度基础之上的意识形态，是国家整合多元价值、维护政治统治、规范民众行为的重要工具。价值观折射社会制度，增强中国特色社会主义制度自信，需要充分认识社会主义核心价值观比资本主义核心价值观优越。

在社会主义和资本主义两种价值观的比较上，资产阶级政客把资本主义"自由、民主、平等、人权"吹得天花乱坠。客观地说，"自由、民主、平等、人权"作为资本主义的核心价值观，对于摆脱宗教神权束缚与封建专制禁锢无疑具有巨大历史进步作用。但需要指出的是，当资产阶级推翻封建统治上升为统治阶级后，尤其是当资本主义进入帝国主义阶段后，资产阶级无论是对本国无产阶级，还是帝国主义对别的国家所推行的“自由、民主、平等、人权”均已走向反面，仅仅成了欺骗人民的虚假口号而已。在资本逻辑追求利益最大化的驱使下，“自由、民主、平等、人权”这一资本主义核心价值观日益走向极端个人主义、利己主义、拜金主义、享乐主义、消费主义、无政府主义与霸权主义，离人类文明进步渐行渐远。

拜金主义是资本主义价值观的集中体现，资本主义政治腐化、经济欺诈、文化堕落、道德沦丧，都可以在拜金主义中找到思想根源。拜金主义把金钱作为衡量人的价值的唯一标准，“金钱万能”“有钱能使鬼推磨”在资本主义社会表现得淋漓尽致。对此，莎士比亚在《雅典的泰门》中有个经典描述：“金子！黄黄的、发光的、宝贵的金子……这东西，只这一点点儿，就可以使黑的变成白的，丑的变成美的，错的变成对的，卑贱变成尊贵，老人变成少年，懦夫变成勇士。”①在抗击新冠病毒疫情中，特朗普政府秉持经济第一、利益至上的原则，眼中只有股票的涨跌，而没有民众的健康与生死。抗疫漫不经心，急于复工复产，复商复市，治病救人让位于经济利益。

极端个人主义作为资本主义价值观，已经渗透到经济、政治和个人生活各个方面。极端个人主义在经济上主张“个人利益至上”，为了个人利益，不顾他人和社会的利益，为了一己之私不惜损公肥私、损人利己；政治上主张“个人意见第一”，推崇无政府主义，藐视权威、不尊重秩序。在抗击新冠病毒中，西方国家不少市民对政府封城强烈抵抗，持枪上街游行示威，高呼要人权要自由，宁可死于病毒也要社交自由，政府禁令如一纸空文；生活上主张“个性张扬为先”“消费至上”，将物质享受与感官快乐视为人生目的和价值追求，追求畸形消费、奢侈消费、病态消费、炫富消费。

垄断资本主义的价值观是推崇霸权主义、单边主义、强权政治、侵略掠夺、以邻为壑。在外交政策上表现为侵略扩张，对别国特别是弱小国家进行侵略、掠夺和剥削，破坏和平，妄图称霸世界，是现代战争根源。美国239年的建国史上发动了223次战争。帝国主义是世界和平的破坏者，只要帝国主义存在，战争就不可避免。

中国社会主义核心价值观比资本主义价值观更文明更先进。“富强、民主、文明、和谐；自由、平等、公正、法治；爱国、敬业、诚信、友善”这一社会主义核心价值观，集中体现了社会主义制度要求和中华优秀传统文化精髓。经济基础决定意识形态，社会主义公有制倡导集体主义和为人民服务思想。在处理个人与社会的关系上，社会主义核心价值观倡导关心他人、关心集体、关心社会，反对个人主义、利己主义和自私自利。在处理义利关系上，社会主义核心价值观要求义利并重、平等互利、诚信经营、取之有道，反对金钱至上、拜金

① 克冰，2012，《剪雪新读》，呼和浩特：内蒙古教育出版社，第73页。

主义、损人利己、巧取豪夺、投机欺诈。

坚持社会主义核心价值观是中国人民取得抗击新冠病毒人民战争伟大胜利的强大精神武器。习近平在总结中国抗疫经验时指出:“我们弘扬社会主义核心价值观,全国各族人民风雨同舟、和衷共济,爱国主义、集体主义、社会主义精神广为弘扬,涌现出大批英雄模范,铸就起团结一心、众志成城的强大精神防线,充分展示了加强社会主义精神文明建设、弘扬社会主义核心价值观的重大意义,充分展示了中华优秀传统文化的强大力量。”[①]中国社会主义核心价值观坚持以人为本,生命至上,把人民生命安全与身体健康摆在第一位,明确提出经济损失了可补回来,人死了是永远补不回的观点。为了人民生命安全与身体健康,为了切断病毒传播,果断将千万人口大城武汉封城 68 天,不惜牺牲经济发展和蒙受巨大经济损失,停工停产停商停市停学,14 亿人居家隔离。在救治新冠肺炎患者上,政府不计成本、不惜代价,应收尽收、应治尽治、应检尽检,“不漏一户”“不漏一人”,重症救治“一人一案”“专人专护”,尽可能降低病亡率,一切为了救人,充分彰显了人民至上、生命至上的道德理念和社会主义核心价值观的魅力。

中国社会主义核心价值观在处理个人与社会的关系上,倡导关心他人、关心集体、关心社会。在抗击新冠病毒人民战争中,中央一声号令 14 亿人便待在家里不出门,自觉不给国家添乱,万众一心,众志成城,表现出高度的集体主义、利他主义和关心社会的崇高精神境界。

在处理国际关系上,社会主义核心价值观倡导和平共处、相互尊重、合作共赢、平等互利、求同存异等。摒弃冷战思维和强权政治,走对话而不对抗、结伴而不结盟的国与国交往新路,倡导共建人类命运共同体。习近平总书记指出:“我们要站在世界历史的高度审视当今世界发展趋势和面临的重大问题,坚持和平发展道路,坚持独立自主的和平外交政策,坚持互利共赢的开放战略,不断拓展同世界各国的合作,积极参与全球治理,在更多领域、更高层面上实现合作共赢、共同发展,不依附别人、更不掠夺别人,同各国人民一道努力构建人类命运共同体,把世界建设得更加美好。”[②]面对动荡不定、风云变幻的国际局势,没有哪个国家能够独立应对各种挑战。中国正在以负责任的大国形象出现在世界面前,在国际重大难题面前,不畏强权、坚守正义。特别是在全球抗击新冠病毒疫情这场特殊的世界大战中,中国从个体到群体,从百姓到国家,我们这个民族处处都流淌着善意和温暖,乐善好施、慈悲为怀、仁爱公道、豁达宽厚,在诋毁和压力面前,伤痛未愈的中国,依然派出一支支救援队,奔赴

---

① 习近平总书记在党外人士座谈会上的讲话金句,http://www.xinhuanet.com/2020-05/09/c_1125963213.htm 2020-5-9.

② 习近平,在纪念马克思诞辰 200 周年大会上的讲话,中国共产党新闻网,http://cpc.people.com.cn/n1/2018/0505/c64094—29966415.html,2018 年 5 月 5 日。

那些医疗系统脆弱、感染严重的国家和地区。哪怕某些如今有求于我们的国家，之前还嘲笑过我们，联合别的国家欺负过我们，我们也暂且将恩怨放一边。与那些在大灾大难面前幸灾乐祸、见死不救、落井下石、以邻为壑、甩锅抹黑的国家形成鲜明对照。

参考文献

[1]邓小平，1994a，《邓小平文选》第二卷，北京：人民出版社，第 191 页。

[2]马克思、恩格斯，2014a，《共产党宣言》，北京：人民出版社，第 42 页。

[3]马克思、恩格斯，2014b，《共产党宣言》，北京：人民出版社，第 34 页。

[4]马克思、恩格斯，2014c，《共产党宣言》，北京：人民出版社，第 84 页。

[5]列宁，1995a，《列宁选集》第 3 卷，北京：人民出版社，第 601 页。

[6]列宁，1995b，《列宁选集》第 3 卷，北京：人民出版社，第 189 页。

[7]刘世强、赵乐，2018，社会分化、民主失灵与美国政治的未来前景，《当代亚太》，第 5 期，第 135 页。

[8]邓小平，1994b，《邓小平文选》第三卷，北京：人民出版社，第 373 页。

[9]路德维希·冯·米塞斯，2008，《社会主义：经济与社会学的分析》，北京：中国社会科学出版社，第 141 页。

To Grasp the Confidence of Chinese Socialist System from the Comparison with Capitalist System

Tan Jinsong　Bian Chunhui

Abstract　China's socialist system is suited to its national conditions and accords with the law of human social development. It is deeply supported by the whole nation and is more advanced, superior and vigorous compared with the capitalist system. Only when there is comparison, can there be identification. To enhance the confidence of the system, we should fully understand and grasp that socialism is superior to the capitalist system in terms of political system, economic system and values.

Key words　Confidence in the system　Political institution　Economic system　Values

金融与实体经济反向运动及再平衡的政治经济学分析

贺立龙 张 衔 曾钰婷

内容提要 马克思在《资本论》中关于生息资本、信用与虚拟资本的经典论述表明,生息资本与信用是虚拟资本产生的基础,随着信用制度的深化,虚拟资本积累独立于现实资本积累,反映出虚拟资本可能脱离现实资本独立运行甚至反向运动的内生逻辑。金融利润由早期与产业平均利润趋同的银行利润,逐渐发展为包括创业利润和投机利润形式的超额垄断利润,金融部门与实体经济逐渐走向收益率失衡,金融资本积累愈发背离职能资本,取得独立的膨胀“自循环”逻辑,推动了金融部门和实体经济反向运动态势。在虚拟资本与现实资本的矛盾关系演进中,既孕育了金融脱离实体的内生倾向,也包含着“实虚协同”的平衡机理。中国特色社会主义市场经济具有市场经济的一般属性,孕育了虚拟资本的演化形态,存在金融与实体经济反向运行的可能性。但是,社会主义的制度基础以及政府作用的发挥,保证了金融资本积累的可控性。发挥社会主义制度优势,优化金融制度供给,做好金融市场监管,构建金融服务实体经济的体制机制,以有效管控的金融部门超常规膨胀态势,实现金融与实体经济的协调发展。

关键词 虚拟资本 金融 实体经济 反向 失衡

中图分类号 F091.91 F832

一、引 言

平衡金融与实体经济关系,抑制金融与实体经济反向运行,是一项全球性命题。全球金融市场“再度繁荣”、影子银行快速扩张,与经济基本面愈发脱节①,金融脆弱性的增加将未来的全球经济增长置于风险之中②。近年来中国

收稿日期:2020—07—20

作者简介:贺立龙,四川大学经济学院副教授、硕士生导师;张衔,四川大学经济学院教授、博士生导师;曾钰婷,四川大学经济学院研究生。

基金项目:本文系国家社会科学基金重大项目“中国特色社会主义基本经济制度与国家治理现代化研究”(20ZDA014)和国家社会科学基金重点项目“深度贫困的结构性分布与高质量退出研究”(18AJL013)的阶段性研究成果。

①《聚焦全球金融危机十周年:金融化当道 实体经济之变》,东方资讯,https://mini.eastday.com/a/180614164504258.html,2018年6月14日。

②《IMF:全球金融中长期风险居高 鼓励中国继续去杠杆》,新浪财经,http://finance.sina.com.cn/stock/usstock/c/ 2018—04—19/doc-ifzfkmth6715555.shtml,2018年4月19日。

金融资产总规模的扩张速度远超实体经济，2015年金融业增加值占GDP比例达历史峰值8.4%，高于同期英美等国（约7%），远超2004年的4.4%，2019年金融业增加值占GDP比例为7.8%，比例下滑主要受到金融去杠杆的影响。2019年《中国企业500强报告》指出，营收占比仅15%的金融业，其净利润占比却高达48.3%，其中19家银行（仅占500强企业数量的3.4%）占全部净利润的41.5%，而在海外资产方面，金融业净利润占比更是超过了全部500强企业的60%。2019年，我国宏观杠杆率245.4%，企业部门杠杆率151.3%，其中，国有企业和地方政府融资平台通过"借新还旧"的方式，利用宽松的信贷使已经资不抵债的"僵尸企业"维持经营而不让其破产，信贷错配的加剧使得金融对实体经济的支持"无效率"，加剧金融脆弱性；微观层面，企业在投资结构上也越发金融化，排除"新常态"影响，2008年至2019年，中国上市公司持有金融资产总规模和占比均呈现明显上升趋势。抑制资产泡沫，防止经济过度金融化，在稳增长前提下坚持结构性去杠杆，防范化解重大金融风险，提升金融服务实体经济的质效，仍是当前中国金融工作的重点。

我国经济新常态形成后，制造业等实体部门利润率下滑，金融及衍生品与房地产二级市场回报率虚高，引发了货币资本大量涌入金融领域、金融挤占实体经济的生产性投资的现象。当前中国特色社会主义进入新时代，经济由高速增长转向高质量发展，必须深化供给侧结构性改革，推进实体经济与现代金融的协同发展。但金融部门膨胀和实体经济不振的反向运行已成为经济发展质量的结构性制约。厘清金融与实体经济关系，充分发挥社会主义制度优势，有效管控金融与实体经济的反向运行态势，既是当前强化金融对实体经济支持的研究急需，又是中国特色社会主义经济理论探索的前沿命题。

对资本主义金融化的研究最早可追溯到马克思的生息资本和虚拟资本理论，马克思系统论述了19世纪周期性出现的金融化现象，并预言了资本主义金融化发展的趋势。19世纪末20世纪初，列宁和希法亭的金融资本理论研究了在世界主要资本主义国家中日益发展为固定积累模式的金融化现象。20世纪70年代以来，世界资本主义发生了重大变革，金融部门的持续爆炸性增长现象被众多学者视为金融化的最高形态——虚拟经济的迅速膨胀，他们将其视为一种对冲20世纪60年代后期生产部门利润率下滑的替代性资本积累体制，揭示了当代世界资本主义经济的结构性转变（Boyer，2000）。学者们很早就对金融部门与实体经济可能存在的反向关系进行了研究，他们意识到金融膨胀和经济停滞根植于同样的经济困局之中。斯威齐等人认为，除非某些特殊历史因素起作用，否则经济停滞是资本主义的常态。资本主义利润率的持续下降引起长期生产过剩，生产和消费之间的不平衡导致实体经济停滞，大量过剩资本无法在生产部门实现增殖，只能以"杠杆"的方式在金融领域追逐利润，金融扩张成为刺激经济的主要"修复手段"。特别是20世纪80年代以来，发达国家通过降息、信贷扩张和金融自由化手段，放大杠杆倍率、允许高额债务积累，鼓励大量投机，使得金融利润飙升，金融泡沫越吹越大。只要资本能够在金融泡沫存续期间获利，资本越是进行金融化积累，就越是想完全省略生产环节而直接获得利润，体现出经济体系的非理性内核（Sweezy，1987；Arrighi，1994）。但是，金融业务持续扩张终究无法脱离实体经济的约束，金融系统的高流动性、高虚拟性和高杠杆性，不仅加大了金融系统内部的风险性，同时将实体经济的波动无限放大，制造泡沫，金融投机泡沫一旦开始破裂，被金融发展掩盖的实体经济停滞必定会展现出来（Lapavitsas，2009；Bellofiore，2011）。资本主义内部要弥补经济停滞的损失，必然走向经济金融化，但是金融体系内部运作蕴含着根本性危机的必然性，因此，不断吹起的金融泡沫只能延缓经济衰退发生的时间，并不能从根本上克服经济体固有的结构缺陷，因而无法成为拉动经济持续增长的有效途径（Martin、Ventura，2012）。

国内学者大都以马克思的"虚拟资本"概念为基础，从不同角度对虚拟经济做出定义，认为不同于以成本和技术支撑定价的实体经济，虚拟经济是通过观念支撑的价格体系，是虚拟资本依托金融系统进行循环的相关经济活动的综合。从广义上来说，虚拟经济领域不仅包括传统金融，还包括房地产等一系列可能进入资产化定价体系的产品（成思危，1999；杜厚文、伞锋，2003）。金融与实体经济的关联性研究，主要集中在金融与实体经济关系、资产泡沫、经济虚拟化、经济金融化等角度的分析。部分学者从金融发展与经济增长关系、虚拟经济与实体经济的规模和内部结构等方面分析认为，金融和实体经济之间存在着稳态均衡关系，实体经济是金融的基础，金融部门的适度发展可以使实体经济达到最优状态，二者相辅相成、相互依存（刘骏民、王兴，2014）。然而，由于虚拟资本所固有的虚拟性、投机性和复杂性，使得虚拟资本积累本身就具有脱离实际资本积累的反向运行逻辑，对实体经济产生"挤出效应"，制约着实体经济的发展（李连波，2020）。现实中资本市场的投机性和金融资产的高收益率，使得大量资金从实体部门转向金融领域，造成金融和实体经济的反向运动，一些实证研究表明，由于金融的需求、社会有支付能力的需求与实体经济的发展不匹配，金融和实体经济的背离似乎是大势所趋，有学者分别从金融周期波动层面和上市公司运行层面，验证了中国经济"脱实向虚"的既定事实（吴宁、冯旺舟，2012）；"脱实向虚"会增大系统性风险，不仅加剧实体经济运行的不确定性，阻碍经济转型和产业升级，还会形成资产泡沫，极易引发经济金融危机（李晓西、杨琳，2000；向松祚，2015）。

既往文献多集中于批判金融创新过度或经济金融化弊端，对金融与实体经济的运行本质与转化规律分析较少。本文从马克思关于资本主义商品货币关系背景下虚拟资本与现实资本矛盾的一系列经典论述出发，揭示现代商品经济中金融部门与实体经济反向运行的内部逻辑与现实演化，探寻社会主义市场经济条件下“实虚协同”的制度实现与政策保障。

二、金融资本脱离现实资本的内生逻辑

《资本论》第3卷中详细论述的生息资本或借贷资本(后续发展为银行资本)可以看作是现代金融资本的最初形态。马克思关于信用和虚拟资本等的原理,为探寻金融资本本质及发展规律奠定了坚实的理论基础。随着资本主义在19世纪末20世纪初进入垄断阶段,银行垄断资本与工业垄断资本互相融合形成了金融资本,使资本主义转化成帝国主义。列宁对资本主义的这一变化进行了深入研究,他特别强调,在生产和资本集中成长为垄断的新情况下,银行发展成为“势力极大的垄断者”(列宁,2001),工业垄断资本和银行垄断资本的混合生长形成的金融资本成为帝国主义阶段最高级、最抽象和最具代表性的新型资本形态。应当指出,列宁定义的金融资本在范畴上不同于目前学术界基于现代金融学而形成的金融资本概念。但是,对于这样的金融资本的研究,仍然应当遵循马克思的相关理论。

在《资本论》第3卷中,马克思深刻揭示了虚拟资本的产生。虚拟资本与生息资本有密切关系。在资本主义生产方式的基础上,由于货币可以执行资本职能生产利润,货币因此取得了一种追加的使用价值,即作为资本行使职能生产利润的使用价值。于是,货币作为可能性上的资本,因具有生产平均利润的能力而可以被转让,即作为资本商品转让。以信贷为形式的现代生息资本因此形成。生息资本的完整运动形式是$G-G-W\cdots P\cdots W'-G'-G'$,或$G-G-W-G'-G'$。在这个运动中,执行资本职能的货币采取了双重支出和双重回流的特殊形式:第一次支出是由货币资本家A转移到职能资本家B;第二次支出是B将其转化为执行职能的资本。与之对应,第一次回流是作为已经实现的资本G'流回到职能资本家B手中;第二次流回是B将G'或$G+\Delta G$中ΔG的一部分以利息形式偿还给借贷资本家A。在这里,货币作为资本变成了商品,利息表现为其“价格”。生息资本作为商品出售的独特形式是贷放,因为它一开始作为资本交给职能资本家的只是资本的使用权,资本的所有权仍属于货币占有者;贷出时,货币占有者没有获得对应的等价物。当期满之后,资本需要带着一个增加的利息额,又回到货币占有者那里。在这里,无论货币是贷放给产业资本,还是贷放给商业资本,最终的回流都是采取偿还的方式。

生息资本的直接运动形式是$G-G'$。生息资本的贷放、回流只表现为从货币到更多的货币,它与职能资本的循环在运动上是分开的,并掩盖了职能资本的中介作用。货币由贷者转到借者手中的第一次支出行为,是一个法律上的交易手续,它与资本的现实的再生产过程无关,只是为这个再生产过程做准

备;借者将货币还给贷者,这是第二个法律上的交易行为,是第一个交易行为的补充。货币在借贷资本家和职能资本家之间的借贷运动,即把货币贷出一定时期,然后把它同利息一并收回,是生息资本的全部运动即贷放与回流的完整形式。至于贷出货币在职能资本家手中作为实际资本进行的现实循环运动,是贷出者和借入者双方交易之外的事情。生息资本的贷放和偿还只是在二者之间进行的法律上的交易,作为中介的职能资本在现实循环的中间运动中消失了。资本作为独特的商品拥有了自己独特的让渡方式,资本的贷放好像与职能资本的现实运动无关,资本的回流也好像不是一系列特定经济行为的结果,生息资本贷放、回流与职能资本的现实循环似乎是分离的。在这里,资本取得了单纯表象的形式——货币以 G 的数额贷出,经过一定时间后,可以不通过任何中介,再以 $A+\frac{1}{x}A$ 的数额回流。这是现实资本运动没有概念的形式。但是,货币当作资本使用,实际上会回流到资本实际运动的起点,这是货币作为资本贷放的一个前提。因此,生息资本的运动是由资本的现实运动决定的。

从生息资本的完整运动过程可以看出,利息只是归属于生息资本家的一部分平均利润,是产业工人创造的剩余价值的一部分。但是,生息资本的独特运动形式,特别是它的回流方式完全掩盖了利息的本质是职能资本家让渡给货币资本家的剩余价值,掩盖了货币资本家与职能资本家共同分割剩余价值的社会生产关系。“在生息资本上,资本关系取得了最表面和最富有拜物教性质的形式。”(马克思,2004a)利息好像只是资本自己对自己的数量关系,只是资本这个物的产物,仿佛生出货币就是资本的固有属性。好像资本只要能贷放出去,经过一定时期后,便会自动为贷出者生出利息。资本由一种社会关系完全转化成了物的关系,成了物即货币同它自身的关系。资本关系的彻底颠倒和物化,使资本拜物教形态和资本拜物教观念最终完成。资本关系的神秘化引起许多荒诞的幻想,使资本主义生产方式的国家,患上一种周期性狂想,企图不经过生产中介而使货币增殖(马克思,2004b)。

尽管生息资本的独特运动形式掩盖了职能资本的中介作用,但它必须以职能资本的运动为前提。然而,在生息资本的基础上,通过资本主义信用制度形成的虚拟资本及其运动与此明显不同。

具有二重性的资本主义信用制度的突出特点之一,是创造了信用投机。信用投机意味着经济中的一定量货币,甚至正常营业的货币被用于投机活动。这种投机活动会产生与实际资本相分离的运动并会破坏经济比例关系。因此,信用投机是导致经济危机的一个重要因素。在生息资本的基础上会形成一种“资本化”现象和与之相适应的观念:任何一个确定的和规则的货币收入,都被看作是一定的货币资本按通行的利息率带来的,表现为资本利息,而不论这种收入是否由资本生出的。即货币收入首先转化成利息,然后再得出产生这个收入的资本(马克思,2004c)。这个资本实际上并不存在,是幻想的资本,因而马克思将它称为"虚拟资本"。构成虚拟资本的主要是各种形式的有息债券或有价证券。各种有价证券只是实际资本的纸制复本,是定期获得收入的所有权凭证或所有权证书。这一特点使有价证券可以按一定价格在市场上进行交易。有价证券有特殊的定价方式,它的市场价格或市场价值,一方面,会随着它们有权索取的收益的大小和可靠程度而发生变化,并与之成正比变化;另一方面,它的市场价值或市场价格在由索取权确定的收益一定的条件下,又取决于现行利息率的高低,并与之成反比变化。其核心是用利息率对有价证券带来的收入进行贴现。有价证券市场价值的这种决定方式和运动形式,使它成为投机的对象。人们购买有价证券不是为了将货币转化为现实资本,而是为了进行套利,从有价证券的价格波动中谋取暴利。

虚拟资本的运动是与现实资本的运动完全脱节的,是独立于现实资本运动的。虚拟资本运动的这种特性,会造成不利于实际资本运动的严重的消极后果。

第一,货币资本是现实资本运动的第一的和持续的推动力(马克思,2004d)。这种持续的推动力需要有不断的暂时闲置货币转化为可供借贷的货币。在这个意义上,创造实际财富的现实资本的运动离不开可贷货币的推动作用。但是,虚拟资本会将社会暂时闲置的货币吸引到不创造实际财富、以投机为内容的虚拟资本市场,使职能资本的运动受到货币供给的限制。虚拟资本的发展还会诱发借者和贷者集中的商业银行的行为扭曲,不是将储蓄贷放给实际资本,而是投入虚拟资本市场,进行投机。这会导致银行经营的不稳健。

由于虚拟资本市场是一个纯粹的投机市场,价格在投机的作用下必然会剧烈波动,这反过来又会导致越来越多的货币投入虚拟资本市场。大量本来可以用于实际资本的货币,被锁定在虚拟资本市场。结果导致投机性货币需求增加,使大量货币以投机方式参与虚拟资本的运动,而脱离现实的实际资本运动。

第二,资本主义的发展创造了多种形式的有价证券,特别是在金融创新名义下,使虚拟资本的种类和规模迅速膨胀,虚拟资本市场和与之相配套的服务部门在市场体系中占有不断增大的比重。在有价证券基础上创造的种类金融资产,特别是以组合方式创造的、具有n次方虚拟性质的各类金融衍生产品,在现代金融体系中占有越来越大的比重。现代金融意义上的金融资本,越来越由有价证券、金融衍生品等投机性金融资产构成。从而使金融资本在整体上受虚拟资本的控制,越来越脱离现实资本而随虚拟资本独立运动。

三、金融部门与实体经济的利润率失衡与反向变动

随着资本主义生产和信用的社会化，生息资本及虚拟资本形态不断发展，日益分化为执行不同职能的金融资本，从最初的借贷货币经营活动发展到后来的创业、投机活动，由此获得不同形式的金融利润，演化出金融部门与实体经济的利润率失衡与反向变动关系。

（一）早期金融资本利润率对职能资本利润率的依赖及趋同

在马克思所处的 19 世纪，与实际再生产过程直接结合的产业资本，是占据主导地位的资本积累方式。作为借贷资本总代表的银行资本是金融资本的早期形态。早期金融资本与现实资本的融合度高，其发展在很大程度上受制于处于主导地位的产业资本的积累过程。

银行资本在理论上不参与利润率平均化过程，因为产业资本和商业资本平均利润率已经是最终的"完成形态"（马克思，2004e）。马克思指出，借贷资本的性质"在这里有双重规定：在贷出者手中，它是作为借贷资本；在执行职能的资本家手中，它是作为产业或商业资本。但它只执行一次职能，本身只产生一次利润。在生产过程本身中，资本作为借贷资本的性质不起任何作用"（马克思，2004f）。银行资本作为借贷资本的总代表，性质亦然。当银行资本处于职能资本家手中时，它是作为产业或商业资本参与现实生产环节来获得利润，参与平均利润率的形成过程；但当它处于银行家手中时，它作为银行资本本身的经营活动是完全独立于利润率平均化过程之外的。利息取决于借贷资本一般的供求关系，是平均利润已然形成后，对它的一部分分割。利息率低于平均利润率，落入 0 到平均利率的区间。银行资本的贷放与回流是在职能资本现实循环之前和之后的事情，是完全独立于生产中职能资本平均利润率形成过程的一种法律上的交易。

银行利润来源于贷款利息与存款利息的差额再减去经营银行业务的各种费用，利息及银行利润实质上都是剩余价值的一部分。虽然银行资本不参与实际平均利润率的形成过程，但最终的银行利润量要与平均利润量相等，否则会发生银行资本的配置失衡与转移。马克思指出，资本是天生的"平等派"，"不管资本是作为产业资本投在生产领域内，还是作为商业资本投在流通领域内，它都会按照它的数量比例，提供相同的年平均利润"（马克思，2004g）。银行资本依然遵循这一资本"平等"属性。在等量资本获得等量利润的资本运动规律作用下，银行资本获得的银行利润在理论上会大致等于职能资本带来的平均利润。从理论上或纯粹计算角度看，存在着银行资本与现实资本的利润率数量上趋于平均化的趋势，尽管银行利润并不像产业资本和商业资本的利润那样，自身参与现实生产环节中平均利润率的决定。

（二）金融部门利润率与实体经济利润率的失衡

19世纪末20世纪初，希法亭借鉴马克思的虚拟资本理论，分析了金融资本的形成过程，认为金融资本是从高利贷资本、银行资本而来的资本发展第三阶段，并将之定义为“由银行支配而由工业家运用的资本”。进而提出，在股份有限公司组织的形式下，进行创业活动的金融资本（信贷资本和银行资本合体）可以获取“创业利润”，即以产业资本向虚拟资本转化为前提，“产生平均利润的资本与产生平均利息的资本之间的差额”（希法亭，1994a）。这既不是欺诈，也不是补偿或报酬，而是一种特殊的经济范畴——“资本化的企业主收入”（希法亭，1994b）。由此可见，创业利润是金融资本作为创业资本取得的一种特殊利润形式，本质上源于生产领域的活劳动带来的新剩余价值，但不是对现实已生产的剩余价值的存量分配，而是建立在预期基础上的未来劳动创造的新利润的资本化，其实质是对潜在超额垄断利润的折现，实现途径是“创业资本在IPO市场上的虚拟定价方式”（刘志阳，2005）。也就是说，创业利润源于脱离生产环节的特殊途径，如发行有价证券以获得溢价或收购整理企业获利。随着信息技术水平的不断提高，有着低成本生产和易于创新等特性的金融产品在一定时期内具有垄断性，金融部门依托各类资产证券化组合可以获得稳定的创业利润，形成金融部门高于平均产业利润的超额利润，由此，金融部门与实体经济的利润率由平衡转向失衡。

随着资本主义信用和货币市场的发展，证券经纪人开始在证券交易市场上低买高卖虚拟资本进行投机活动以赚取投机利润。由于有价证券形式的虚拟资本实质上是一种所有权证书，它的价格波动“不是由现实的收入决定的，而是由预期得到的、预先计算的收入决定”（马克思，2004h），于是，这种不确定性导致有价证券的市场价值很大部分具有投机性质。因此，当金融资本取得投机资本形态时，获得的投机利润由有价证券价格的价差产生。此外，投机活动往往依靠信用手段进行杠杆化操作，具有以小博大的性质，投机者通过负债进行投机，以较少的自有资本赚取高额的利润。投机赢家总是在证券价值下跌时买进、价值上涨时卖出以获得投机利润，而投机失败者将会承担全部的损失。投机赢家的收益意味着投机失败者的损失，证券市场上的投机活动使各方处于零和博弈困境之中。由此可见，金融资本的投机利润完全是投机这种非生产性的纯粹“赌博的结果”（马克思，2004i），它不是来源于生产过程中雇佣劳动创造的新的剩余价值，而只是已经创造的剩余价值和未来的剩余价值的跨时空转移，本质上是对存量利润的占有和分割。因此，投机利润实际上是由投机活动这种脱离现实生产环节的特殊途径带来的、高于平均产业利润的超额利润，它的存续、增减加剧了金融部门与实体经济的利润率失衡态势。

（三）利润率失衡强化了金融与实体的反向变动

实体经济的利润率下降趋势和金融部门垄断利润持续抬升之间的矛盾，

强化了金融部门与实体经济的反向运行。一方面，在高度发达的资本主义生产中，技术规则使得生产提高具有突变性，“新建企业必须从一开始就有一个巨大的规模，它的建立会立刻增大这个领域的生产”①，如若无法与市场所能吸收的生产增量相匹配，实体部门就会由于生产的突变而出现相对过剩，这种内生的“积累—冲击”模式最终使得利润率降低到平均水平以下。同时，随着资本有机构成提高，生产部门尤其是重工业领域的固定资本占总资本的份额将越来越大，资本的减少只能通过机器设备的损耗或企业破产来实现，资本的移出变得十分困难，于是实体领域的利润率很难通过资本自由流出得到提高。由此可见，内生的“创新冲击”使得实体部门利润率在长期中有下降趋势，资本在直接生产环节变得不再有利可图。另一方面，随着资本主义财产越发以有价证券形式的虚拟金融资本为等价物，资本主义的财产运动就越倾向于脱离现实生产过程取得独立存在，此时，金融资本转移可以不依赖和不影响生产环节而进行。以前，资本主义财产取决于生产领域的新利润积累；现在，财产即有价证券的流通机制是独立的，不再由生产过程决定，利润大部分归于积聚的货币权力，独立于产业中的财产积聚过程。由于创业利润和投机利润形成了金融部门的超额利润，其利润率高于产业平均利润率水平，于是在实体经济中无利可图或获利空间缩窄的资本会自发地从生产部门抽离出来，进入有高额收益率的金融部门，利润积累越发脱离生产领域而依靠金融渠道，直接导致了经济金融化、虚拟化趋势。同时，金融部门中新的资本供给增加又会进一步抬高有价证券等金融资产价格。因为金融市场具有独特的“反供求规律”，即投资者都是怀着“买涨不买跌”的心理预期进入市场交易，所以金融产品价格的上涨，不但不会抑制投资者的需求，反而起到刺激作用，使其价格进一步上升，并且还会激发出无休止的金融产品创新，吸引着过剩资本源源不断地离开实体部门，进入金融领域。再加之金融资本具有“短、平、快”的特性，周转周期短而回报收益高，极大地迎合了人们的投机心理，所以货币极易在金融部门内部形成自我推动、自我实现预期的独立循环圈，最终形成一边是金融部门繁荣、一边是实体经济萎靡不振这一反向而行的局面。

由此可见，金融部门利润率水平的不断抬升，意味着金融对全社会剩余价值的索取权甚至对整个实体经济的支配权的扩大，经济金融化又进一步强化了金融势力的主导地位。实体部门的利润率下降和金融部门的超额垄断利润，造成了阻碍资本自由转移的两个经济限制，进而打破了利润率平均化趋势。前者是推力，后者是拉力，共同驱使资本不断地从实体领域循环转移到金融领域循环，不断强化金融部门与实体经济的反向变动。

货币政策失灵也成为金融部门和实体经济反向运动的一大助力。比如银

① 《马克思恩格斯全集》第46卷(下)，北京：人民出版社，1972年，第208页。

根宽松，货币供给可能流向传统制造业部门和一些效率低的国有企业，不仅加剧产能过剩，还对创新回报周期长的高技术产业、弱质农业和中小微企业造成“资金挤占效应”；银根宽松时，新增货币供应也常常进入金融、房地产而“沉积或空转”，不向实体经济传导。尤其在经济下行压力较大、实体经济利润率较低的情况下，货币资金没有动力进入实体经济，更多地滞留在金融体系内循环空转；实体经济缺乏货币直达渠道，借贷成本上升，盈利能力受限，又加剧了货币资金“体外空转”。在货币政策失灵的助推下，货币供给越是增加，越会涌入金融领域而不是直达实体经济，宏观经济陷入金融膨胀与实体低迷的反向循环怪圈。

综上所述，当金融资本采取银行资本的最初形态时，所获得的银行利润不参与利润平均化过程，但银行利润量与平均利润量趋于相等；当金融资本取得创业资本和投机资本的发展形态时，所获得的创业利润和投机利润不参与平均利润形成过程而形成超额利润。金融资本和现实资本收益率呈现失衡态势。早期金融资本作为银行借贷资本参与现实生产循环，形成一级循环系统，此时金融部门是实体经济运转的“润滑剂”，金融资本发挥货币资本功能；但当金融资本作为虚拟资本进入二级循环系统，逐渐脱离现实生产部门取得独立发展态势，形成“自循环”过程，金融部门的投机属性将会极大增强。金融资本一级循环系统的发展趋势是出现过度积累、生产过剩和利润率下降；二级循环系统的发展结果则是形成金融垄断利润，简称“金融租”，包括创业利润和投机利润的金融溢价。在一级系统的推力和二级系统的拉力作用下，金融资本从一级循环向二级循环转移，金融资本与职能资本反向变动的非生产性逻辑日趋显现，金融部门与实体经济的反向矛盾日益加深。

四、市场调节和政策调控相结合实现“实虚平衡”

按照马克思的唯物辩证法，金融资本与现实资本的反向变动中蕴含否定之否定的再平衡机制。当金融积累超过现实积累能承受的限度，对延期支付的债务链条造成连锁式冲击，由此引发的金融和经济危机客观上推动了价值重回实体，使金融部门和实体经济走向平衡。

（一）金融领域泡沫破灭之再平衡机制

资本主义发展到高级阶段时，虚拟资本发展为不断扩张的金融资本形态，金融资本和现实再生产过程的分离达到极致，金融和实体经济的反向运动达到顶峰。一方面，虚拟资本已然脱离现实资本取得相对独立的运行态势，在其运行逻辑中蕴含着诱发危机的必然性。在资本主义现实再生产之外，产生了一个虚拟资本市场，它是由社会闲置资本所有者构成、以实体收益权证券化的虚拟资本为标的物进行自循环交易的市场。虚拟资本在自循环过程中受信用杠杆的助力得以加速膨胀，而金融资本运动则偏离实体经济再生产运动，二者的反向运动态势越发凸显。在发达的资本主义信用经济中，银行信贷的过度增长与虚拟资本脱离现实资本的过度膨胀，即金融泡沫的形成，使再生产所要求的产业资本和金融资本平衡遭到了严重破坏，形成诱发危机的基础和条件。由于金融资本自循环系统受到包括预期收益在内的诸多因素影响，一旦预期收入下滑，作为参与剩余价值未来分配凭证的有价证券就会突然强制贬值；货币的支付手段职能停滞，“会在许许多多点上破坏按一定期限支付债务的锁链”（马克思，2004j），信用制度由此崩溃，货币被当作唯一的支付手段和现实的价值存在，对之需求急速增长，最终导致利率上涨，银行信用收缩，投机失败，银行业危机和货币金融危机爆发。

另一方面，在金融资本和现实资本的反向运行逻辑中亦蕴含着再次平衡的可能性。金融资本过度膨胀之后的泡沫破灭，客观上是一种使现实资本重新转移和有效配置的纠错机制。马克思指出，“社会的名义资本，也就是现存资本的交换价值，有很大一部分永远消灭了，虽然由于不殃及使用价值，这种消灭正好可以大大促进新的再生产”（马克思，1975）。也就是说，金融泡沫破灭，只要没有影响到再生产过程，那么就没有破坏资本的使用价值。部分交换价值的消灭或虚拟资本的跌价，使资本能够重新获得它原有的价值，金融资本与现实资本的积累再次趋于平衡，使得新的再生产顺利进行。此外，纯粹的有价证券形式的虚拟资本在二级市场上价格暴跌，只要不对它所代表的国家或上市公司产生毁灭性打击，不会因此动摇持有这类证券的产业资本家的信用，那么这种跌价反而会成为一种优化资源配置的有效手段，因为原有财富会转移到更具有事业心的新企业家手中，后者将在更有利的条件下开展新一轮再生产。

（二）再生产领域危机之再平衡机制

从表面上看，货币金融危机发生在独立于现实再生产的金融领域，但在本质上，信贷膨胀以及金融资本过度积累是源于实体经济的利润率下降以及长期生产过剩。过剩资本已无法在濒临极限的现实再生产领域寻求增殖，只能靠金融部门这个吸收器解决过剩资本问题，拉动经济增长，同时延缓实体经济危机的发生。可是，一旦作为辅助实体经济的信贷和金融化手段出现问题，引发的货币金融危机将迅速传导到实体领域，进一步激化资本主义所固有的各种矛盾，最终爆发全面经济危机。马克思说，这些矛盾“只有通过暴力被扬弃”，但“这种扬弃在达到一定点之前只是表现为平静的平衡作用”。[①]

再生产领域危机的作用在于，将生产与消费的失衡以暴力的方式再次复归平衡。马克思指出，在简单再生产和扩大再生产条件下，平衡都是一种偶然

① 《马克思恩格斯全集》第 46 卷（下），北京：人民出版社，1972 年，第 398 页。

现象,经常出现的是不平衡,不论是第Ⅰ部类还是第Ⅱ部类的生产过剩,都"只有通过一次大崩溃才能恢复平衡"(马克思,2004k)。这说明,资本主义经济的失衡只能通过经济危机来解决。因为"虽然资本投下的时期是极不相同和极不一致的,但危机总是大规模新投资的起点。因此,就整个社会考察,危机又或多或少地是下一个周转周期的新的物质基础"(马克思,2004l),于是,"已经发生的生产停滞,为生产在资本主义界限内以后的扩大准备好了条件"(马克思,2004m)。也就是说,危机淘汰了落后的生产力,加速了资本的积累和集中,促进了新一轮创新和固定资产更新需求,为下一次的经济复苏提供了条件。最终,"由于职能停滞而贬值的一部分资本,将重新获得它原有的价值"(马克思,2004n)。因此,即使金融泡沫破灭对实体经济产生了实质性影响,再生产领域最终也能够通过爆发危机这种暴力方式来使整体经济再次复归平衡,促成新一轮社会再生产的顺利进行。

(三)市场调节和政策调控相结合实现"实虚平衡"

无论是金融领域的泡沫破灭再平衡机制,还是再生产领域的危机再平衡机制,都是市场经济中利用价值规律进行的市场调节方式——扭转金融资本与现实资本的反向运行,使之重新回归"实虚平衡"。但二者都属于以危机为代价的剧烈修复方式,对国民经济造成的创伤巨大,从1997年亚洲金融风暴和2008年全球金融危机中便可见一斑。

由于害怕经济崩溃和与之而来的社会政治动荡,各国政府不会主动选择危机平衡机制来消灭过剩资本,而是借助宏观干预,选择事前和事中的渐进式防治和修复途径。

一方面,英美等西方资本主义国家与以中国为代表的社会主义国家在制度起点上的不同,决定了谁能从根本上打破金融与实体经济反向变动的积累固化逻辑。在资本主义国家,大资本打败小资本,采用垄断金融资本形态控制着整个国民经济,金融部门背离实体经济,金融系统更具脆弱性,系统性风险不断增加,极易对整个生产系统产生冲击,引发全面经济危机。中国依托社会主义国家的制度优势,可以从基本制度层面避免金融资本与实体经济反向运动导致的系统性经济危机。以公有制为主体的所有制结构及社会主义市场经济体制,加之政府对资本拥有更富弹性的权利限制,保证了政府对金融资本非生产性积累过程的合理引导和调控,有助于控制系统性金融风险,可以从根本上避免危机平衡时的暴力修复方式。

另一方面,中国与英美资本主义国家都会在市场决定资源配置的基础上,对国民经济进行宏观干预,但干预或调控方式、程度、效果却有不同。西方国家当局采取的外力干预可能是出于对问题的错误归因,若实施的货币政策不能和整体经济活动相一致,反而将会加剧经济问题。以美国为例,20世纪70年代出现经济滞胀以来,新自由主义便代替凯恩斯主义重新成为政策主导,但并没有彻底治愈或平息资本主义经济危机，甚至出现了工人失业率上升、生活水平下降以及工作环境恶化等诸多问题（大卫·科茨、黄雯，2016）。新自由主义政策的本质是利用金融化手段暂时克服资本积累问题，这是资产阶级唯一能够接受的延缓危机的方法，但这一手段可能酝酿出更大的危机（福斯特、麦克切斯尼，2010）。2008年的金融危机便证明了这种改良主义的彻底失效，其后货币当局出台刺激经济的数次量化宽松政策，并未从根本上治愈资本主义经济危机，也难以维持经济的长期稳定增长，反而掩饰了资本主义制度结构中固有的矛盾。与之相比，中国依托社会主义制度优势，利用公有制主导国家战略性新兴产业，可以更好地发挥政府事中调控的纠错作用，强化金融监管、抑制虚拟资本扩张、疏通金融支持实体经济通道，治理金融资源"体系空转"，引导"脱虚入实"。

中国将建立健全金融服务实体经济的体制机制作为首要任务。"金融制度是经济社会发展中重要的基础性制度"（习近平，2017）。在中国共产党对金融工作的领导下，坚持实体经济导向，深化金融体制改革，完善经济和金融良性循环健康发展的制度框架，全面提升金融服务实体经济的制度效能。同时，强化公有制经济在金融资源实体化配置中的主体地位，发挥国有金融机构服务实体经济的主导作用，健全现代金融监管与宏观调控方式，完善金融市场体系，打击扰乱金融市场秩序行为，规范金融综合经营和产融结合。

但从根本上看，只有进一步推进供给侧结构性改革，促进实体经济高质量发展，提升金融服务实体经济的收益回报，才能推进金融与实体经济相向而行，最终建成实体经济与现代金融协调发展的现代化经济体系。瞄准高质量发展，围绕供给侧结构性改革，建设服务实体并兴于实体、精准对接国家创新体系、对接先进制造业与新经济、对接现代服务业、对接乡村振兴的现代金融体系。着眼于服务实体经济功能发挥，优化金融资源空间配置，发展普惠金融与优质中小金融，积极发展直接融资、有序发展股权融资、改善间接融资结构、拓展保险市场保障功能，形成功能完备、制度扎实、监管有效的多层次资本市场体系。

参考文献

[1]Arrighi,G.,1994,*The Long Twentieth Century: Money,Power,and the Origins of Our Times*,United States of America: Verso.

[2]Bellofiore,R.,2011,The Ascent and Crisis of Money-Manager Capitalism,*International Journal of Political Economy*,40(3),pp. 5—17.

[3]Boyer,R.,2000,Is a finance-led growth regime a viable alternative to Fordism? A preliminary analysis,*Economy & Society*,29(1),pp. 111—145.

[4]Lapavitsas,C.,2017,Financialised Capitalism: Crisis and Financial Expropriation,*Historical Materialism*,25(3),pp. 114—148.

[5]Martin,A.,Ventura,J.,2012,Economic Growth with Bubbles,*American Economic Review*,102(6),pp. 3033—3058.

[6]Sweezy,P. M.,1987,Some Problems in the Theory of Capital Accumulation,*International Journal of Political Economy*,17(2),pp. 38—53.

[7]马克思,2004a,《资本论》第3卷,北京:人民出版社,第440页。

[8]马克思,2004b,《资本论》第2卷,北京:人民出版社,第67—68页。

[9]马克思,2004c,《资本论》第3卷,北京:人民出版社,第526页。

[10]马克思,2004d,《资本论》第2卷,北京:人民出版社,第393页。

[11]马克思,2004e,《资本论》第3卷,北京:人民出版社,第377页。

[12]马克思,2004f,《资本论》第3卷,北京:人民出版社,第408页。

[13]马克思,2004g,《资本论》第3卷,北京:人民出版社,第377—378页。

[14]马克思,2004h,《资本论》第3卷,北京:人民出版社,第530页。

[15]马克思,2004i,《资本论》第3卷,北京:人民出版社,第541页。

[16]马克思,2004j,《资本论》第3卷,北京:人民出版社,第283页。

[17]马克思,2004k,《资本论》第2卷,北京:人民出版社,第588页。

[18]马克思,2004l,《资本论》第2卷,北京:人民出版社,第207页。

[19]马克思,2004m,《资本论》第3卷,北京:人民出版社,第284页。

[20]马克思,2004n,《资本论》第3卷,北京:人民出版社,第284页。

[21]马克思,1975,《剩余价值论》第2册,北京:人民出版社,第565—566页。

[22]列宁,2001,《帝国主义是资本主义的最高阶段》,北京:人民出版社,第23页。

[23]鲁道夫·希法亭,1994a,《金融资本》,北京:商务印书馆,第109页。

[24]鲁道夫·希法亭,1994b,《金融资本》,北京:商务印书馆,第190页。

[25]成思危,1999,虚拟经济与金融危机,《管理科学学报》,第1期,第4—9页。

[26]大卫·科茨、黄斐,2016,新自由主义的衰落与社会主义的未来——大卫·科茨访谈,《当代世界与社会主义》,第2期,第44—48页。

[27]杜厚文、伞锋,2003,虚拟经济与实体经济关系中的几个问题,《世界经济》,第7期,第74—79页。

[28]李连波,2020,虚拟经济背离与回归实体经济的政治经济学分析,《马克思主义研究》,第3期,第87—95页。

[29]李晓西、杨琳,2000,虚拟经济、泡沫经济与实体经济,《财贸经济》,第6期,第5—11页。

[30]刘骏民、王兴,2014,货币政策冲击的非对称影响——虚拟经济直接创造GDP的验证,《经济学动态》,第9期,第24—32页。

[31]刘志阳,2005,创业资本运动机理:一个马克思主义视角,《南开学报(哲学社会科学版)》,第3期,第105页。

[32]吴宁、冯旺舟,2012,资本主义全球金融危机与马克思主义,《马克思主义研究》,第1期,第71—77页。

[33]向松祚,2015,《新资本论:全球金融资本主义的兴起、危机和救赎》,北京:中信出版社。

[34]约翰·B.福斯特等,2010,垄断金融资本、积累悖论与新自由主义本质,《国外理论动态》,第 1 期,第 1—9 页。

Political Economy Analysis of the Reverse Movement and Rebalance between Finance and Real Economy

He Lilong　Zhang Xian　Zeng Yuting

Abstract　Marx's classic discourse on interest-earning capital, credit and fictitious capital in *CAPITAI* shows that interest-earning capital and credit are the basis for the derivation of fictitious capital. With the deepening of the credit system, fictitious capital accumulation can be independent or even faster than real capital accumulation, reflecting the endogenous logic of independent operation between finance and the real economy. Financial profits have evolved from early bank profits equal to industry average profits to excessive monopoly profits in the form of entrepreneurial profits and speculative profits. The rate of return of the financial sector and the real economy is constantly unbalanced, and the accumulation of financial capital has increasingly deviated from the physical field and achieved independence. The "self-circulation" expansion logic further exacerbates the reverse operation of the financial sector and the real economy. The dialectical relationship between the operation of fictitious capital and real capital not only breeds the inherent tendency of financial disengagement from the real economy, but also contains the balance mechanism of "cooperation between real and fictitious capital". Chinese socialist market economy has the general attributes of a market economy. The socialist commodity currency relationship breeds a fictitious capital form, and there is a possibility that finance and the real economy operate in reverse. However, the institutional basis of socialism and the better functioning of the government ensure the controllability of financial capital accumulation. Giving full play to the advantages of the socialist system, optimizing the supply of the financial system, doing a good job in the supervision of the financial market, and constructing an institutional mechanism for financial services to the real economy can effectively control the extraordinary expansion of the financial sector and achieve the coordinated development of finance and the real economy.

Key words　Interest-earning capital　Fictitious capital　Financial capital　Reversion　Unbalance

世界经济不平衡发展规律新考量

王 鹏

内容提要 不平衡发展是世界经济发展的一种长期客观存在。本文建立只考虑发达国家和不发达国家且每个国家都有工业部门和农业部门的模型来分析经济发展的不平衡现象。模型分析结果表明,当存在贸易和资本在不同国家流动的情况时,世界经济是从不平衡发展走向平衡发展,再到不平衡发展的动态变化过程,发达国家为维护自身利益可能采取措施限制不发达国家的发展。当前,单边主义、保护主义等违背经济发展规律的手段被不断使用,这为不平衡发展规律的研究,以及探索我国在世界经济不平衡发展中的解决办法提供依据。

关键词 不平衡发展 资本流动 国际贸易 马克思主义一般均衡
中图分类号 F012

一、引 言

世界经济不平衡发展规律是不以人的意志为转移的客观规律。不平衡发展是绝对的,平衡发展是相对的。不平衡发展不仅存在于国家之间,包括发达国家集体内部之间的不平衡发展和发展中国家集体内部之间的不平衡发展,也存在于不同地区或者单个国家内部各经济主体之间。我们研究不平衡发展规律是要深刻认识规律,掌握规律,利用规律,为世界经济的良好发展提供科学的理论和政策思路,因而这一研究具有重要的学术价值和现实意义。

马克思和恩格斯在他们 1845—1846 年合著的《德意志意识形态》中谈到,在资本主义生产条件下,人口和资源会不断地向城市聚集,此时农村的发展遭到严重挤压,这说明城市和农村的发展存在着不平衡的发展。① 他们在《共产党宣言》中同样认为资产阶级会使农村受到城市的统治和支配。农村和城市发展的不平衡正是由于资产阶级的发展而产生的,并使人口、资本等基本条件在农村和城市中有巨大差别(马克思、恩格斯,1997)。恩格斯在《反杜林论》中揭示了资本主义发展中的现代资产阶级有两个重要特点,第一个是资本集中

收稿日期:2020—03—01
作者简介:王鹏,上海财经大学马克思主义学院博士研究生。
①《马克思恩格斯全集》第 3 卷,北京:人民出版社,2002 年,第 62 页。

于少数人的手中，第二个是一无所有的群众集中在大城市。[①] 资本主义的生产形式和交换形式最终导致了资本家成为越来越富有的少数人，与那些一无所有的雇佣劳动力形成尖锐的对立。

列宁提出的关于资本主义经济政治发展不平衡的规律，是基于资本主义从自由竞争阶段向垄断阶段转变期间，对马克思主义经典理论的深入研究和应用，而本文所研究的是广义的世界经济不平衡发展规律，属于宏观层面上的整体分析。随着资本主义的发展，不平衡发展现象在全世界范围内愈发明显，有很多学者对不平衡发展进行了深入研究。有学者认为，贸易在整个世界经济增长阶段起着重要作用，中等收入国家或地区和高收入国家或地区的差距正在逐步缩小，而中等收入国家或地区与低收入国家或地区的差距正在拉大(Paul Krugman，1980；1981)。尽管不发达国家使用发达国家研究的技术进行生产，也不能使不发达国家得到充分发展，世界依旧存在发达国家和不发达国家之间的不平衡发展状态(Acemoglu、Zilibotti，2001)。也有学者提出，与不平衡发展相关的比较优势决定了贸易格局这一结论实际上只是表面现象。基于历史和经济思想史的深入分析表明，国际市场交换价值或者说国际价格的存在，只是单一考察价值因素的结果(王今朝，2018)。目前的比较优势理论最多只能适用于兄弟般的国家之间，而政治关系对于贸易具有相对比较更为根本的决定作用。显然，尽管有很多学者从影响经济发展的多种因素进行研究，但大多只是分析单个领域的单一问题，缺少从整体上的宏观性分析。

本文的分析建立在以马克思主义劳动价值论为基础的一般均衡理论上，并结合 Paul Krugman 的模型[②]进行拓展。值得注意的是，因资本积累而产生的相对过剩的劳动力始终处在不平衡状态下，所以本文主要是研究以生产资料和消费资料为主的产品市场的一般均衡问题。

二、均衡的价格体系

本文讨论的均衡并不是西方经济学中的均衡，而是马克思主义的一般均衡，二者最大的差别在于理论基础不同。西方经济学中的均衡价格的实现是受供给和需求的关系以及竞争的影响，而根据马克思的两大部类社会总产品构成理论，可建立一般均衡价格向量中确定的"标准"价格向量必然等于相应的价值向量的价格体系，也就是说均衡价格的决定、实现和变化都取决于社会必要劳动时间(冯金华，2012)。这是具有重要理论突破的研究，其为西方经济学中的一般均衡理论找到了可以用于解释现实问题的马克思主义理论基础。

---

① 《马克思恩格斯全集》第20卷，北京：人民出版社，1971年，第520页。
② 本文使用的模型借鉴 Krugman(1980，1981)贸易模型，并进行进一步分析。

因此，本研究所建立的模型是基于马克思主义一般均衡理论，并在此基础上进行不平衡发展的分析。

我们假设模型中包含两个国家，发达国家D和不发达国家U；且每个国家都有两个生产部门，工业部门I和农业部门A；两个国家劳动力数量相等，且不随着时间的变化而增加；工业部门的生产需要资本K和劳动力L的投入，农业部门的生产只需要劳动力L的投入，且工业部门因资本积累而发展，并存在外部经济；其中该模型中的工业化指的是工业部门的专业化，农业化指的是农业部门的专门化。L_D 和 L_U 分别为发达国家和不发达国家劳动力的数量；M_D 和 M_U 分别为发达国家和不发达国家生产工业产品的数量；A_D 和 A_U 分别为发达国家和不发达国家生产农产品的数量；P_I 是工业产品的价格，该价格是相对于农产品而言，且这是唯一的世界价格；C_D 和 C_U 分别是发达国家和不发达国家的生产单位产品耗费的资本，简称单位资本；V_D 和 V_U 分别是发达国家和不发达国家的生产单位产品耗费的劳动力，简称单位劳动力；W_D 和 W_U 分别是发达国家和不发达国家的单位劳动力价格；K_D 和 K_U 分别是发达国家和不发达国家的资本存量。我们假定对于每个工业企业来说，单位资本和单位劳动力一定，资本总量会随着资本转移发生变化，单位资本和单位劳动力是资本存量的递减函数(Paul Krugman，1981)。为方便分析，将部分变量简化，不影响分析的结果。各变量之间的数量关系如下：

$$L_D = L_U = l \tag{1}$$

$$C_D = C(K_D) \quad C_U = C(K_U) \tag{2}$$

$$V_D = V(K_D) \quad V_U = V(K_U) \tag{3}$$

其中，

$$\frac{\partial C_D}{\partial K_D} < 0 \quad \frac{\partial C_U}{\partial K_U} < 0 \quad \frac{\partial V_D}{\partial K_D} < 0 \quad \frac{\partial V_U}{\partial K_U} < 0 \tag{4}$$

根据假定条件，工业部门的生产需要资本的积累，且存在外部经济，从而确定发达国家和不发达国家的产出模式。发达国家和不发达国家的工业部门产量由各自的资本存量决定，因此，由式(2)和式(3)得，

$$M_D = \frac{K_D}{C(K_D)} \quad M_U = \frac{K_U}{C(K_U)} \tag{5}$$

农业部门只生产农产品，且农业部门生产农产品需要劳动的投入，并假设一单位的劳动力生产一单位农产品；其次，因为假设工业部门存在外部经济，且有助于经济更快地发展，那么发达国家和不发达国家会优先发展工业，所以农业生产所需的劳动力只能是在总劳动力中扣除工业生产的劳动力的数量。因此，根据式(3)和式(5)得，

$$A_D = l - V_D M_D \quad A_U = l - V_U M_U \tag{6}$$

其中，l 表示劳动力总量，$V_D M_D$ 表示在发达国家中用于工业部门生产工

业产品的劳动力总量，V_UM_U 表示在不发达国家中用于工业部门生产工业产品的劳动力总量。

此外，假定资本存量有上限，且工业部门因资本积累而发展，因此，当一个国家专注于工业部门的生产而实现工业化时，将没有多余的劳动力从事农业部门的生产。此时，

$$V(K_{max})\cdot\frac{K_{max}}{C(K_{max})}=l \quad K\in[0,K_{max}] \tag{7}$$

其中，K_{max} 表示最大的资本存量，$V(K_{max})$ 表示最大资本存量时的单位劳动力，$C(K_{max})$ 表示最大资本存量时的单位资本，$\frac{K_{max}}{C(K_{max})}$ 表示最大资本存量时生产的工业产品的数量，因此式(7)左边公式表示的是在最大资本存量时，将资本全部用于工业部门生产时所需的劳动力的数量，此时在农业部门不存在任何劳动力的生产，由于劳动力的总供给在每个地区都是一致的，所以资本积累不能超过 l。在这种情况下，该国家只生产工业产品，而无农业生产。

在同一时间维度条件下，工业部门的发展取决于资本积累，那么对工业品的需求就是由工资收入决定的。假设在支出份额 δ 不变的条件下，即工资中的 δ 用于投资工业部门生产工业产品，则剩余部分 $1-\delta$ 用于农业的生产，这也就要求发达国家和发展中国家至少都生产一些农产品。为了便于计算，我们依旧假定一单位的劳动力生产一单位的劳动产品，工资固定。因此，

$$P_I(M_D+M_U)=\delta(L_DW_D+L_UW_U) \tag{8}$$

其中，P_I 表示工业产品的价格，M_D+M_U 表示发达国家和不发达国家生产工业产品的总数量，因此，等式左边表示发达国家和不发达国家生产的工业产品的总价值；L_DW_D 表示发达国家对劳动力的工资总额，L_UW_U 表示不发达国家的劳动力的工资总额，$L_DW_D+L_UW_U$ 就表示发达国家和不发达国家对劳动力的工资总额，又因为 δ 表示用于投入工业部门生产工业产品的工资份额，所以等式右边表示发达国家和不发达国家用于发展工业部门的总资本。假设条件 $L_D=L_U=l$，代入式(8)得，

$$P_I=\frac{\delta l(W_D+W_U)}{M_D+M_U} \tag{9}$$

将式(5)代入式(9)得，

$$P_I=\frac{\delta l(W_D+W_U)}{\frac{K_D}{C(K_D)}+\frac{K_U}{C(K_U)}} \tag{10}$$

因为工资份额 δ、劳动力数量 l、发达国家的工资 W_D 以及不发达国家的工资 W_U 都是给定的，且单位资本又是资本存量的函数，所以工业产品的价格 P_I 的变化取决于资本存量，即发达国家的资本存量 K_D 和不发达国家的资本

存量K_U。因此，工业产品的价格与资本存量之间的关系为：当发达国家的资本存量K_D增加且不发达国家资本存量K_U不变时，工业产品的价格下降；当不发达国家的资本存量K_U增加且发达国家资本存量K_D不变时，工业产品的价格下降。总之，当资本存量增加时，工业产品的价格下降。

接下来考虑利润率的问题。假设发达国家的工资和不发达国家的工资固定，工业产品对农产品有唯一的价格P_I，且该价格是世界价格，那么发达国家的单位资本利润率为，

$$\rho_D=\frac{P_I-V(K_D)\cdot W_D}{C(K_D)} \tag{11}$$

其中，$V(K_D)\cdot W_D$表示发达国家单位劳动力与工资的积，即生产一单位工业产品的成本，那么$P_I-V(K_D)\cdot W_D$表示发达国家工业产品的单位利润；$C(K_D)$表示发达国家的单位资本，这里可看作单位资本的成本，所以，$\frac{P_I-V(K_D)\cdot W_D}{C(K_D)}$就表示发达国家的单位资本的利润率，即$\rho_D$。

同理，不发达国家的单位资本利润率为，

$$\rho_U=\frac{P_I-V(K_U)\cdot W_U}{C(K_U)} \tag{12}$$

其中，$V(K_U)\cdot W_U$表示不发达国家单位劳动力与工资的积，即生产一单位工业产品的成本，那么$P_I-V(K_U)\cdot W_U$表示不发达国家工业产品的单位利润；$C(K_U)$表示不发达国家的单位资本，这里可看作单位资本的成本，所以，$\frac{P_I-V(K_U)\cdot W_U}{C(K_U)}$就表示不发达国家的单位资本的利润率，即$\rho_U$。

因为单位资本和单位劳动力都是资本存量的函数，所以式(11)和式(12)可以分别写成，

$$\rho_D=\rho(P_I,K_D) \tag{13}$$

$$\rho_U=\rho(P_I,K_U) \tag{14}$$

其一，

$$\frac{\partial\rho_D}{\partial P_I}=\frac{1}{C(K_D)}\quad\frac{\partial\rho_U}{\partial P_I}=\frac{1}{C(K_U)} \tag{15}$$

因为单位资本不可能为负，同时也不为0，所以，

$$\frac{\partial\rho_D}{\partial P_I}=\frac{1}{C(K_D)}>0\quad\frac{\partial\rho_U}{\partial P_I}=\frac{1}{C(K_U)}>0 \tag{16}$$

这表明无论是在发达国家还是在不发达国家中，单位资本的利润率随着工业部门生产的工业产品的价格上涨而提高。

其二，

$$\frac{\partial\rho_D}{\partial K_D}=\frac{-\frac{\partial V_D}{\partial K_D}\cdot W_D\cdot C(K_D)+(V_D\cdot W_D-P_I)\cdot\frac{\partial C_D}{\partial K_D}}{(C(K_D))^2} \tag{17}$$

由(4)可知，$\frac{\partial V_D}{\partial K_D}<0$，则 $-\frac{\partial V_D}{\partial K_D}>0$；又因为发达国家的单位资本非负，且由式(11)得出的结果不为零；进而在发达国家工资一定时，$-\frac{\partial V_D}{\partial K_D}\cdot W_D\cdot C(K_D)>0$。由式(11)可知，$P_I-V(K_D)\cdot W_D$代表利润，当利润为正，工业部门的生产继续；当利润为负，资本缩水，不利于工业部门的生产，所以 $P_I-V(K_D)\cdot W_D>0$。由式(4)可知，$\frac{\partial C_D}{\partial K_D}<0$，则$(V_D\cdot W_D-P_I)\cdot\frac{\partial C_D}{\partial K_D}>0$。综上所述，式(17)的分子$-\frac{\partial V_D}{\partial K_D}\cdot W_D\cdot C(K_D)+(V_D\cdot W_D-P_I)\cdot\frac{\partial C_D}{\partial K_D}>0$，又因为$(C(K_D))^2>0$，所以$\frac{\partial \rho_D}{\partial K_D}>0$。

同理可得，

$$\frac{\partial \rho_U}{\partial K_U}=\frac{-\frac{\partial V_U}{\partial K_U}\cdot W_U\cdot C(K_U)+(V_U\cdot W_U-P_I)\cdot\frac{\partial C_U}{\partial K_U}}{(C(K_U))^2} \tag{18}$$

由式(4)可知，$\frac{\partial V_U}{\partial K_U}<0$，则$-\frac{\partial V_U}{\partial K_U}>0$；又因为不发达国家的单位资本非负，且由式(12)得出的结果不为零；进而在不发达国家工资一定时，$-\frac{\partial V_U}{\partial K_U}\cdot W_U\cdot C(K_U)>0$。由式(12)可知，$P_I-V(K_U)\cdot W_U$代表利润，当利润为正，工业部门的生产继续；当利润为负，资本缩水，不利于工业部门的生产，所以 $P_I-V(K_U)\cdot W_U>0$，由(4)可知，$\frac{\partial C_U}{\partial K_U}<0$，则$(V_U\cdot W_U-P_I)\cdot\frac{\partial C_U}{\partial K_U}>0$。综上所述，式(18)的分子$-\frac{\partial V_U}{\partial K_U}\cdot W_U\cdot C(K_U)+(V_U\cdot W_U-P_I)\cdot\frac{\partial C_U}{\partial K_U}>0$，又因为$(C(K_U))^2>0$，所以$\frac{\partial \rho_U}{\partial K_U}>0$。

这表明，无论是在发达国家还是在不发达国家中，随着资本投入的增加，用于工业生产的投入也会随之增加，利润也会得到提高。在没有达到均衡时，无论是在发达国家还是在不发达国家中，单位资本的利润增加都会超过资本存量的增加，因而单位资本的利润率随着资本存量的增加而提高。发达国家和不发达国家的工业部门和农业部门的生产存在差别，有两种情况：第一，至少有一部分劳动力用于农业部门的生产，而另一部分用于工业部门的生产；第二，所有劳动力都用于工业部门的生产，农业部门无劳动力的生产。

假定工业部门存在外部经济，拥有较大资本存量的工业部门的发展可以获得更高的利润，能更好地促进经济的发展，因此，我们以发达国家为例分析上述两种情况。针对第一种情况，根据式(11)我们可以看到，$P_I - V(K_D) \cdot W_D$ 表示发达国家工业产品的单位利润，当仅有一部分劳动力进行工业生产时，发达国家工业产品的单位利润大于0，且随着工业产品的价格和资本存量的提高而提高，因为有利润空间，促使发达国家的工业部门继续发展。第二种情况与第一种情况不同，主要是指发达国家的工业部门实现了工业化，这里的工业化指所有资本都用于工业部门生产工业产品，此时 $P_I = V(K_D) \cdot W_D$，即单位工业产品的价格与生产单位工业品的成本相等，没有利润。发达国家的工业部门完全利用了资本，而农业部门没有进行生产，此时 $P_I - V(K_D) \cdot W_D = 0$，进一步 $\rho_D = 0$，发达国家工业部门内部达到均衡。

三、均衡价格体系的动态分析

以上是对均衡问题的静态分析，接下来将集中进行动态分析。此部分内容对均衡价格的动态分析研究是基于冯金华(2012)、冯金华(2016)对马克思主义一般均衡理论的扩展和深化。本章节建立的模型中，假设工业部门存在外部经济，且工业部门的发展是依靠资本的积累，则拥有更多资本存量的国家的工业部门会有更大的发展，该工业部门会有更大的利润。因此，长期发展使得发达国家和不发达国家出现发展不平衡的状态，我们将根据模型演绎的结果及世界经济发展的实际进行解释和推理。

(一)无贸易情况

无贸易情况指在只有一个发达国家和一个不发达国家的世界里，发达国家和不发达国家都存在工业部门和农业部门两个部门，但发达国家和不发达国家之间不存在贸易。没有贸易就意味着每个国家在国内都进行工业生产和农业生产，且每个部门都得到了充分的发展，那么发达国家工业部门生产的工业产品的数量与不发达国家工业部门生产的工业产品的数量相等，即 $M_D = M_U$。两个国家之间不发生贸易还意味着发达国家和不发达国家的劳动力的工资是相等的，即 $W_D = W_U$。发达国家和不发达国家之间无贸易还有一个重要的表现是资本在两个国家之间不自由流动，这就意味着资本的利润率相等。又因为 $M_D = M_U$ 和 $W_D = W_U$，所以发达国家和不发达国家都实现了内部均衡，即 $\rho_D = 0$ 和 $\rho_U = 0$。将 $M_D = M_U$ 和 $W_D = W_U$ 代入式(8)中得，

$$P_I = \frac{\delta l W_D}{M_D} \tag{19}$$

或

$$P_I = \frac{\delta l W_U}{M_U} \tag{20}$$

将式(5)中 $M_D=\frac{K_D}{C(K_D)}$ 代入式(19)中得，

$$P_I=\frac{\delta l W_D \cdot C(K_D)}{K_D} \tag{21}$$

将式(5)中 $M_U=\frac{K_U}{C(K_U)}$ 代入式(20)中得，

$$P_I=\frac{\delta l W_U \cdot C(K_U)}{K_U} \tag{22}$$

接下来我们将分别讨论发达国家和不发达国家的均衡条件和均衡价格。因为发达国家存在内部均衡，即存在 $\rho_D=0$，将其与式(21)代入到式(11)中得，

$$\rho_D=\frac{\delta l W_D \cdot C(K_D)-V(K_D) \cdot W_D \cdot K_D}{K_D \cdot C(K_D)}=0 \tag{23}$$

当发达国家单位资本的利润率为 0 时，意味着劳动力在工业部门和农业部门之间没有自由流动，结合之前的假设，我们有单位资本与单位劳动力相同，即

$$C(K_D)=V(K_D) \tag{24}$$

将式(24)代入式(23)，有 $\frac{\delta l W_D-W_D \cdot K_D}{K_D}=0$，此时因为发达国家单位资本 $K_D>0$，且 $K_D \neq 0$，则有，

$$\delta l=K_D \tag{25}$$

这表明，在发达国家内部不存在利润时，其资本存量就相当于其工资账单。将式(25)代入式(21)，那么在内部均衡条件下的内部均衡价格为，

$$P_I^*=W_D \cdot C(K_D) \tag{26}$$

由上式可知，在世界上无贸易且发达国家内部达到均衡时，均衡价格等于工资与单位资本的积，这表示工业部门生产的工业产品的价格为均衡价格时，工业产品的供给量与需求量相等。

因为不发达国家存在内部均衡，即存在 $\rho_U=0$，将其与式(22)代入式(11)中得，

$$\rho_U=\frac{\delta l W_U \cdot C(K_U)-V(K_U) \cdot W_U \cdot K_U}{K_U \cdot C(K_U)}=0 \tag{27}$$

当不发达国家单位资本的利润率为 0 时，意味着劳动力在工业部门和农业部门之间没有自由流动，结合之前的假设，我们有单位资本与单位劳动力相同，即

$$C(K_U)=V(K_U) \tag{28}$$

将式(28)代入式(27)，有 $\frac{\delta l W_U-W_U \cdot K_U}{K_U}=0$，因为不发达国家单位资

本 $K_U>0$，且 $K_U\neq 0$，则有，

$$\delta l=K_U \tag{29}$$

由上式可知，在不发达国家内部不存在利润时，其资本存量就相当于其工资账单。将式(29)代入式(22)，那么在内部均衡条件下的内部均衡价格为，

$$P_I^*=W_U\cdot C(K_U) \tag{30}$$

即在世界上无贸易且不发达国家内部达到均衡时，均衡价格等于工资与单位资本的积，这表示工业部门生产的工业产品的价格为均衡价格时，工业产品的供给量与需求量相等。

综上所述，在无贸易的情况下，发达国家和不发达国家内部都达到了均衡，世界经济处于相对封闭的发展状态，此时的世界在不考虑其他因素的影响下处于平衡发展的历史进程中。当然，世界经济的发展存在很多偶然的和必然的因素，因而这种平衡也只是相对的平衡发展，接下来我们将进行动态分析，即存在贸易情况下的世界经济不平衡发展的状态。

(二)当 $\delta\to 0$，存在贸易的情况

在 18 世纪之后，工业部门的专业化促使世界经济发生重大变化，在接下来的模型分析中我们只讨论关于工业部门的发展情况。当 $\delta\to 0$ 时，用于工业生产的工资份额 δ 趋于 0，工业生产的需求极低，这表明发达国家已经达到了工业化水平。此时，发达国家的工业部门生产所有的工业产品，并根据模型假设认为发达国家存在长期均衡。那么 $K_U=M_U=0$，且 $\rho_D=0$。将 $K_U=M_U=0$ 代入式(8)可得，

$$P_I=\frac{2\delta lW_D}{M_D} \tag{31}$$

将式(5)中 $M_D=\dfrac{K_D}{C(K_D)}$ 代入等式(31)中得，

$$P_I=\frac{2\delta lW_D\cdot C(K_D)}{K_D} \tag{32}$$

因为发达国家存在内部均衡，即存在 $\rho_D=0$，将其与式(32)代入式(11)中得，

$$\rho_D=\frac{2\delta lW_D\cdot C(K_D)-V(K_D)\cdot W_D\cdot K_D}{K_D\cdot C(K_D)}=0 \tag{33}$$

当发达国家单位资本的利润率为 0 时，意味着劳动力在工业部门和农业部门之间没有自由流动，此时单位资本与单位劳动力相同，即 $C(K_D)=V(K_D)$，将其代入式(33)，有 $\dfrac{2\delta lW_D-W_D\cdot K_D}{K_D}=0$，因为发达国家单位资本 $K_D>0$，且 $K_D\neq 0$，则有，

$$2\delta l=K_D \tag{34}$$

这表明，当 $\delta \to 0$ 时，发达国家内部的资本存量就相当于其两倍工资账单。将式(34)代入式(32)，那么在长期均衡条件下的均衡价格为，

$$P_I^* = W_D \cdot C(K_D) \tag{35}$$

这个均衡价格是当 $\delta \to 0$ 时，存在贸易情况的发达国家工业产品的价格。而此时我们对比式(25)和式(34)可以发现，当 $\delta \to 0$ 且存在贸易情况下，发达国家资本存量恰是在无贸易情况下发达国家资本存量的两倍。这说明在这种情况下，效率得到了提高，工业产品价格降低，与无贸易情况下的均衡价格表现一致，说明贸易对发达国家和不发达国家都有好处，即发达国家实现了工业化，不发达国家通过与发达国家的贸易，进口机器设备等工业产品，有助于本国的农业生产，加快了农业的专业化。

这里需要明确一点，此时的均衡价格与无贸易时的均衡价格有所不同。在无贸易的情况下，均衡价格式(26) $P_I^* = W_D \cdot C(K_D)$ 中的资本存量 K_D 与存在贸易时均衡价格式(34) $P_I^* = W_D \cdot C(K_D)$ 中的 K_D 有差别。无贸易时 $K_D = \delta l$，存在贸易时 $K_D = 2\delta l$，即后者高于前者并且后者是前者的两倍，又因为假设条件中单位资本量是资本存量的减函数，所以存在贸易时的均衡价格要小于无贸易时的均衡价格。这说明贸易初期，由于发达国家的工业化水平比不发达国家的工业化水平高，工业产品的价格高于不发达国家工业产品的价格。这与克鲁格曼所认为的贸易对所有人来说都比没有贸易要好形成鲜明的对比。我们的模型结果表明，不存在贸易时的均衡价格要高于贸易初期的均衡价格，从长期来看，无贸易时会比贸易初期更让人受益。这与欧洲工业革命发展前期相一致，可以部分解释殖民地与宗主国之间的经济不平衡发展。

18 世纪左右的对外贸易和世界市场的形成与资本主义的兴起和发展是相互连接的统一过程，互为前提、互为结果。随着资本的积累，市场的扩大，世界分工的形式也发生了极大的变化。殖民地变成宗主国原材料的产地，而宗主国却成了工业生产的主要地区，进而改变了殖民地的市场，加速了全球的分工。在殖民地的发展形式上存在着两种主要形式：其一，从开始就被纳入世界市场的种植园类型的殖民地，生产的产品主要是供应宗主国及世界市场，经过长时间的发展，为自身的贸易发展和工业生产创造条件；其二，像美国、加拿大、澳大利亚这类的殖民地，其生产的产品是要满足自身的需要，将部分剩余产品拿到市场上进行交易，并通过模仿发达国家的工业革命进行发展。这也就解释了为什么一些殖民地在摆脱殖民后依旧难以得到巨大的发展，而另一些殖民地却得以飞速发展，加入世界市场的竞争中。由此，不同国家或地区之间的不平衡发展程度逐渐加深。

(三)当 $\delta \to 1$，存在贸易的情况

当 $\delta \to 1$ 时，工资中的绝大部分都投入到工业部门用于生产工业产品。这时的世界上存在两种发展工业部门的国家，一种是实现并不断提高工业化水

平的发达国家;另一种是大力发展工业,并努力实现工业化的不发达国家。由于发展工业有助于经济水平的提高,且发达国家的工业部门的工业化水平比不发达国家工业化水平高,此时资本不自由流动,发达国家的工资大于等于不发达国家的工资,即 $W_D \geqslant W_U$。又因为发达国家已实现工业化,更高的工资必然会促使利润趋近于0,那么发达国家实现了长期均衡,即 $\rho_D=0$;不发达国家在大力发展工业化过程中受到现有条件的束缚,长期必然会达到利润趋近于0的状态,此时 $\rho_U=0$。

由式(7)可知,当资本存量最大时,将资本全部用于工业部门生产时所需的劳动力的数量,即在农业部门不存在任何劳动力的生产。又因为劳动力的总供给在每个地区都是一致的,所以资本积累不能超过 l。此时,发达国家只进行工业产品的生产,所以发达国家的资本存量为 l,即 $K_D=K_{\max}=l$。

为了方便计算和分析,我们将对部分变量进行给定赋值。结合上述分析我们假定 $K_D=K_{\max}=l=1, W_D \geqslant W_U=1$,由于单位资本和单位劳动力都是资本存量的递减函数,因此我们假定,

$$C(K_D)=1-\frac{K_D}{3} \quad C(K_U)=1-\frac{K_U}{3} \tag{36}$$

又因为假定单位资本与单位劳动力相等,所以,

$$V(K_D)=1-\frac{K_D}{3} \quad V(K_U)=1-\frac{K_U}{3} \tag{37}$$

综上,根据式(11)和式(12)得,

$$\rho_D=\frac{P_I-V(K_D)\cdot W_D}{C(K_D)}=0 \quad \rho_U=\frac{P_I-V(K_U)\cdot W_U}{C(K_U)}=0$$

进一步分析可得,

$$P_I=V(K_D)\cdot W_D \tag{38}$$

$$P_I=V(K_U)\cdot W_U \tag{39}$$

又根据式(36)和式(37)以及假定条件 $W_U=1$ 有,

$$P_I=C(K_D)\cdot W_D \tag{40}$$

$$P_I=C(K_U) \tag{41}$$

将式(40)和式(41)合并可得,

$$W_D=\frac{C(K_U)}{C(K_D)} \geqslant 1 \tag{42}$$

因为单位资本等于单位劳动力,所以根据式(41)和式(42)可以得出,工业产品是由不发达国家劳动生产率决定的,而发达国家和不发达国家的工资差距是受发达国家的生产力优势影响并决定。将 $K_D=1$ 代入式(36)得 $C(K_D)=\frac{2}{3}$,所以 $M_D=\frac{3}{2}$。由式(36)可知,

$$K_U = 3 - 3C(K_U) \tag{43}$$

将式(43)、式(5)和式(8)结合得，

$$C(K_U)\left(\frac{3}{2} + \frac{3-3C(K_U)}{C(K_U)}\right) = \delta\left(\frac{C(K_U)}{2/3} + 1\right)$$

整理得，

$$C(K_U) = \frac{6-2\delta}{3\delta+3} \tag{44}$$

$$K_U = \frac{5\delta-3}{\delta+1} \tag{45}$$

根据式(41)可得，

$$P_I = \frac{6-2\delta}{3\delta+3} \tag{46}$$

式(26)$P_I^* = W_D \cdot C(K_D)$是在无贸易时的均衡价格，而资本存量 K_D 是在均衡条件 $\delta l = K_D$ 时的资本存量，此处的工资 W_D 是固定的，且在不发生贸易时的工资水平相等，即 $W_D = W_U$，所以将其代入式(26)得，

$$P_I^* = \frac{3-\delta}{3} \tag{47}$$

因此，

$$P_I = \frac{6-2\delta}{3\delta+3} > P_I^* = \frac{6-2\delta}{6} \quad \delta \in [0,1) \tag{48}$$

可以看出，存在贸易时，发达国家工业品价格更高，对于不发达国家来说，没有贸易的长期均衡会更好。

此外，此时发达国家的工资是，

$$W_D = \frac{3-\delta}{\delta+1} \tag{49}$$

又因为 $\delta \in [0,1]$，所以，

$$W_D = \frac{3-\delta}{\delta+1} > 1 \tag{50}$$

这说明，发达国家的工资可以让发达国家劳动力比内部均衡时获得更多商品，即发达国家的工人们比他们在内部均衡时过得更好。这一点还可以通过计算对工业产品的购买力得出。在没有其他外界因素影响的前提下，工业产品的购买力为工资水平除以工业产品的价格，因此，

$$\frac{W_D}{P_I} = \frac{3}{2} > \frac{W_D}{P_I^*} = \frac{3}{3-\delta} \quad \delta \in [0,1] \tag{51}$$

其中，$\frac{W_D}{P_I^*}$是在无贸易的均衡价格下的购买力，所以上式表明发达国家对工业产品的购买力在贸易时期高于不存在贸易的时期，这也可以表明工人在贸易

时可以获得更高的收入,有更好的生活水平。

在机器工业大发展时期,国际贸易得到了巨大的发展,工人工资随着产业发展而获得更高的工资,人们生活水平得到相应提高,英国和欧洲的其他国家的贸易额在17世纪至18世纪期间迅速增长,就是主要源于工业化的推动。

(四)存在贸易情况下,资本可在国家间流动

世界经济的发展受多种因素的影响,而且每一种因素都存在各自的特点,都有一条逻辑主线影响世界经济的发展,正是因为多种因素的存在,才使得不同国家或地区出现不平衡发展的状态。在这一部分我们将讨论两种情况,其一是发达国家的资本为最大值且不发达国家的资本为0,即$K_D=1$和$K_U=0$的情况;其二是发达国家的资本为最大值且不发达国家的资本大于零,即$K_D=1$和$K_U>0$,并应用上一部分为方便计算而假定的条件对长期均衡进行分析。

资本的国际流动指资本从利润低的地区向利润高的地区转移。此时我们考虑工资的动态变化情况,当$K_D=1$时,$C(K_D)=\frac{2}{3}$,且$M_D=\frac{3}{2}$,又因为$K_U=0$和$\rho_D=0$,根据式(8)可得,

$$P_I\left(\frac{3}{2}+M_U\right)=\delta(W_D+1) \tag{52}$$

当$K_U=0$时,不发达国家无工业部门的生产,生产工业产品的数量为0,即$M_U=0$。因此,

$$P_I=\frac{2\delta}{3(1-\delta)} \tag{53}$$

根据式(11)结合式(53)可得,

$$W_D=\frac{\delta}{1-\delta} \tag{54}$$

对式(54)求导得,

$$\frac{\partial W_D}{\partial \delta}=\frac{1}{(1-\delta)^2} \tag{55}$$

综上所述,因为$\delta\in(0,1)$,所以当$\delta\to 1$时,W_D的值极大。可以理解为世界对工业产品的需求极高,当δ越高,即工资中用于工业生产的份额就越大,资本开始积累,不发达国家的资本存量K_U增加,资本开始流动。当不发达国家与发达国家的资本存量分别为$K_U=0$和$K_D=1$时,世界达到新的平衡。

这里需要说明,当一个国家的工业化达到一定程度时,开始出口工业产品,其他国家通过学习先进生产技术和进口机器设备积极地发展自身的工业化,但是随着不发达国家的工业化生产,必然导致发达国家工业化产品的出口增长率下降。这与1873年以后的英国制成品的出口增长率大幅下滑呈现出极大的相关关系,在1873年的前20年间,英国制成品出口增长率每年约为3.3%,但是在1873年至1899年间的增长率为1.6%(刘易斯,2014)。这是

因为在19世纪的最后25年中，法国、德国和美国都在大力发展国内的工业化，他们的出口工业品的价格在世界市场上更具竞争性，而且这些国家的商人在世界上不断地做出销售努力，进一步帮助了本国产品的出口。1873年后，世界经济在几个主要发达国家中的发展不平衡趋势在缩小，但是在发达国家和不发达国家之间的不平衡趋势逐渐拉大。

此种情况与工业发展达到一定水平且贸易在世界不平衡发展中的表现相一致。发达国家的工业化水平比不发达国家的工业化水平高，这里的高不仅表现在数量上，同时也表现在质量上。在19世纪之前，因工业发展而繁荣的贸易在世界经济不平衡发展中起着重要的作用。20世纪后，尤其是在第二次世界大战以后，世界经济不平衡发展有了新的表现形式，从工业的不平衡发展到金融的不平衡发展，从经济基础到上层建筑政治的不平衡等等。不平衡发展尽管在不同时期的表现有所不同，但在整个世界经济发展的历史中却是客观存在的，因此，研究不平衡发展、掌握不平衡发展的规律将有助于我们分析世界经济的未来发展趋势。

四、小　结

本文基于马克思一般均衡思想，对世界上发达国家与不发达国家之间的经济发展不平衡性进行分析，其结论对分析世界经济的不平衡发展有一定的理论意义和实际意义。

本文结论主要有：(1)在无贸易条件下，世界经济发展处在相对平衡的状态；(2)贸易初始时期的均衡价格要低于无贸易时期的均衡价格，这与克鲁格曼认为的贸易对所有人都好形成鲜明对比，我们认为贸易发展初期因工业化水平不同，不发达国家没有在无贸易时期的发展优势；(3)贸易发展到一定程度后，发达国家可以获得更多的利润，不发达国家也会得到巨大发展；(4)在资本可流动时期，发达国家的工业化水平高，为维护自身利益，有可能对其他国家进行限制等措施。文中模型结果表明，当发达国家的工业化水平达到一定程度时，不发达国家的工业化进程会受到来自发达国家的某种阻碍，这与当前世界经济发展的某些实际情况吻合。资本本身具有逐利的特性，当国内的利润率下降，资本会到国外或其他地区寻求更高的利润率，这促使了历史上殖民地的产生，加剧了不同国家或地区之间的不平衡发展，最终导致经济危机的产生。

本文的研究是对世界经济不平衡发展规律的初步尝试，为了更完整的分析，在今后的研究中可以尝试将该模型进行扩展，增加一定数量的发达国家和一定数量的不发达国家，且这些不发达国家中包含发展中国家和贫穷国家等，这就会形成一个拥有众多均衡价格的均衡体系，因此，也可以寻求证明，在众多的均衡价格中，是否存在一个标准的均衡价格对应相应的均衡价值。这是一个长期均衡的状况，取决于多种因素，为以后的研究提供了思路。如 Reto Foellmi 等(2018)同样是在 Krugman(1980)模型的基础上结合消费的不可分割性分析了世界上有很多发达国家和不发达国家中进口国家的人均收入水平是成为零出口的主要决定因素，以及由套利而造成的国家之间的不平衡发展。从本文来看，还可以进一步放开某些假设条件或者是增加某些解释变量，如通过科学技术等分析发达国家和不发达国家经济发展中的不平衡性，以及如何在多变的经济发展环境下，找到影响不平衡发展的重要因素。当前世界经济发展进入新时期，全球右翼势力抬头，经济全球化在不同程度上遭受了阻碍(谢长安，2019；尹兴、丁晓钦，2018)，世界经济不平衡发展也进入了新的时期，具有新的特点，认识并深入了解世界经济不平衡发展规律是具有现实意义的一项研究，它可以为我们提供对世界经济发展的深入见解。

参考文献

[1]Acemoglu, D., Zilibotti, F., 2001, Productivity differences, *The Quarterly Journal of Economics*, 116(2), pp. 563—606.

[2]Foellmi, R., Hepenstrick, C., Josef Z., 2017, International arbitrage and the extensive margin of trade between rich and poor countries, *The Review of Economic Studies*, 85(1), pp. 475—510.

[3]Krugman, P., 1980, Scale economies, product differentiation, and the pattern of trade, *The American Economic Review*, 70(5), pp. 950—959.

[4]Krugman, P., 1981, Trade, accumulation, and uneven development, *Journal of Development Economics*, 8(2), pp. 149—161.

[5]威廉·阿瑟·刘易斯，2014，《增长与波动，1870—1913》，北京：中国社会科学出版社，第131—138页。

[6]冯金华，2016，国别价值、国际价值和国际贸易，《世界经济》，第10期，第3—27页。

[7]冯金华，2012，一般均衡理论的价值基础，《经济研究》，第1期，第31—41页。

[8]马克思、恩格斯，1997，《共产党宣言》，北京：人民出版社，第27—40页。

[9]王今朝，2018，打破当代西方比较优势理论教条——对中国贸易基础理论的思考，《海派经济学》，第1期，第61—66页。

[10]谢长安，2019，后危机时代经济全球化的新变局，《管理学刊》，第3期，第1—10页。

[11]尹兴、丁晓钦，2018，当代资本主义发展的空间隔离及其危机变化——兼论中美贸易摩擦，《广东财经大学学报》，第6期，第4—13页。

New Considerations on the Law of Unbalanced Deelopment of the World Economy

Wang Peng

Abstract Unbalanced development is an objective existence of the long-term development of the world economy. This paper builds a model that analyzes the imbalances between developed and undeveloped countries each of which has an industrial sector and an agricultural sector. The results of the model show that when there are trade and capital flows among different countries, the world economy is moving from unbalanced development to balanced development, and then to the dynamic process of unbalanced development. At present, unilateralism, protectionism and other means that violate the laws of economic development are constantly being used. The study of the law of unbalanced development provides a basis for China to find solutions for the uneven development of the world economy.

Key words Unbalanced development　Capital flow　International trade　General equilibrium of Marxism

金融化视角下的全球化和逆全球化

尹　兴

内容提要　自 2008 年金融危机以来,一方面,曾引领全球化的西方国家出现逆全球化浪潮,生产和贸易全球化发展坎坷,从空间压缩转向空间隔离;另一方面,引发金融危机的金融泡沫似乎因全球金融监管的增强而得到控制,金融全球化继续扩张,空间压缩仍在进行。全球化进程因金融化的渗透而危机重重,而逆全球化进程却依然避开金融化问题而缘木求鱼。全球化和逆全球化从金融化视角看存在同一性,但他们始终是选择性的全球化。先通过双重标准强化金融霸权地位,占有更多国际剩余价值,然后逃避由此带来的国内压力和国际责任,并日益依赖高度发达的全球金融体系来占有和实现国际国内剩余价值。当前霸权主义国家的逆全球化政策在很大程度上表现为相互矛盾无法满足的霸凌行为,在一定程度上形成了谈判僵局。只有突破金融垄断资本主义和民粹主义的狭隘逻辑,才能迎来新一轮的更加开放包容的全球化。

关键词　金融化　全球化　逆全球化

中图分类号　F114.41

20 世纪 80 年代以来,当代资本主义最显著的两个特征为金融化和全球化,虽然资本主义自诞生以来就有金融因素和全球扩张,但是这一轮的金融化和全球化无论是在广度上还是在深度上都是空前的,有雄厚的金融资本和协调的国家政权、国际组织在背后支撑,不少马克思主义学者认为这是国际金融垄断资本主义阶段,也有部分学者认为这是国际垄断资本主义或金融垄断资本主义阶段。

这一轮全球化在 2008 年金融危机前达到了巅峰状态,虽然反全球化的运动此起彼伏,但是始终不成气候,被认为是缺乏国际竞争力的失败者或者反资本主义者、环保主义者等非主流人群发起的,而且大部分是左翼的、发展中国家的人在抗议全球化,因为他们认为中心国家受益较多而边缘地区的弱势群体受益较少。

收稿日期:2020—06—20

作者简介:尹兴,上海海事大学马克思主义学院讲师。

基金项目:本文系国家社会科学基金一般项目"金融危机后美国制度结构转型和垄断资本主义发展阶段分析"(17BKS096)的阶段性研究成果。

2008年金融危机尤其是2010年欧债危机后，局势突变，西方国家成为反全球化的主流，倾向于批评中国、墨西哥等发展中国家抢走了发达国家的GDP和工作机会，造成全球经济失衡等。当西方的逆全球化和右翼民粹主义结合在一起后，情势更烈，主张"美国优先"的特朗普不时发动贸易战，主张"德国优先"的德国选择党成为德国第三大党，主张"法国优先"的法国国民战线的玛丽娜·勒庞差点当选总统，公投脱欧的英国历经四年谈判最终脱欧。之前的反全球化运动中反西方、反霸权的色彩较浓，而现在的逆全球化则截然不同并更加复杂，欧洲各国主要是反移民、反难民、反欧盟，而美国主要是反对"二战"后自己主导建立的经济全球化体系(彭刚、胡晓涛，2019)，这也是本文主要讨论的逆全球化。

毫无疑问，当众多发达国家在经济政治上日益逆全球化时，对全球化的冲击是巨大的，不亚于经济金融危机本身的冲击，经济全球化正面临着"二战"以来最严重的倒退威胁。那么，将来是全球化还是逆全球化占据上风，逆全球化将走向何方？本文将从金融化(金融垄断资本主义)的视角分析全球化和逆全球化的逻辑，进而辩证分析当前逆全球化和全球化之间的内在同一性，从而预判和分析逆全球化的动向和中国的应对策略。

一、金融化视角下全球化的逻辑

全球化一方面是生产力发展的必然结果，是客观的自然历史过程，另一方面也是西方资本主义主导的，是人为设计和干预的社会历史过程，而金融化深入渗透了40年前新一轮全球化的社会历史过程，选择性地转移了一系列矛盾，迎来了空前的利润增长和空间扩张。

(一)通过选择性全球化增强资本对劳动的控制，增加金融资本资金来源

新一轮全球化之前，西方国家面临严重的经济滞胀，强大的工会不仅使工资上涨较快，而且劳工运动较多，不利于资本获取剩余价值，在国际竞争激烈时尤其如此。因此，西方国家的垄断资本开始摒弃"二战"后和工会妥协的模式，转而和中小资本联合，改变政府的劳工政策。美英两国政府率先采纳货币主义政策，通过严控货币供应量来打压通胀和增加失业，从而用金融手段暂时打压工会，压制工资。但要长久地打击劳工的团结力量，就需要在空间上增强劳工之间的竞争，由此在新一轮的全球化中，产业转移不仅规模较大，而且重点转向劳工服从度较高的亚太地区。如果劳动力成本较高，那么需要不断投资改进技术，提高相对剩余价值率，并面临有机构成提高和技术贬值的风险，但如果能通过全球化增强对劳动力的控制，就可以延长技术的生命周期，减少实体经济的研发投资压力，提高利润率后也有更多的资金转化为金融资本。

(二)通过选择性全球化削弱政府对资本的管制,放松金融资本政策限制

这一轮全球化之初,美国里根政府希望通过供给学派的降低资本边际税率政策来促进投资,通过倒U型曲线增加财政税收,并通过涓滴效应增加就业和工资。虽然供给学派的政策对资本的减税和放松管制并未兑现倒U型曲线,但却恢复了资本的利润率。利润增加提升了金融投机需求,和1980年开始的利率自由化相互促进。而金融自由化一旦和全球化结合在一起,就可以极大地提高资本的避税能力,避税后的资本一般难以回流本国实体投资,而是大量以国际金融投机资本的形式存在,在实体经济竞争日益激烈之时,避税金融中心也成为不少国家和地区的新兴经济增长点。为了争夺金融中心地位,吸引更多国际金融资本,各种管制金融资本的制度政策也在这一轮全球化中竞相撤销,不少发展中国家也跟着超前放松金融管制,为国际金融资本提供了更加多元化的投机空间。

(三)通过选择性全球化提高产业链碎片化程度,增强金融资本的控制力

这一轮全球化之前,发达国家资本剩余价值的实现主要依靠本国的实体经济和工人的工资购买力,并不十分依赖金融市场;新兴发展中国家的经济增长也主要依靠国内的产业发展和投资拉动(部分也依赖外债)。而新一轮全球化不断走向分工细到极致的产品内分工,不仅极大地促进了生产率的提高,也将广大发展中国家的产业发展深度融入西方主导的全球产业链之中。西方金融垄断资本所期望的理想状态是,每个地区只发展其中一两个环节,并具有相对过剩的产能,从而使其在采购、销售、技术标准和投融资上依赖西方的产业链,离开体系后便难以自我维系和发展。由此形成价值链和产业链相分离的情况,想获得高附加值不仅需要不断提升技术标准,还要服从西方金融垄断资本的规则安排。当西方金融资本对产业链控制力较强时,即便他国获得一定技术和外汇储备,也难以自建产业链,只能购买西方低息金融资产,从而导致西方金融资本可以最大限度地获取国际剩余价值和维持垄断地位。

金融化逻辑下的选择性全球化固然缓解了利润率不足的矛盾,却又带来了新的矛盾:(1)西方国家中下层劳动者就业不足,难以从全球化中获益;(2)资本管制尤其是金融管制的放松,使金融泡沫无限制增长,金融监管难度增加;(3)全球产业链利润主要流向西方,而西方利润从研发大量转向金融,不利于产业链升级,西方国家和发展中国家在价值链上的不平等地位也会激化矛盾。

综上所述,20世纪80年代至2008年,全球化是主流,西方国家是主要推动力,全球化有多种可能方式,但主流方式的主要获益者是西方国家高度金融化的垄断资本,不仅通过全球化降低了劳动力成本、原材料和中间产品采购成本,获得了更多国际市场份额和更多利润,还通过控制产业链压缩发展中国家的“后发优势”空间。金融资本依靠实体资本增加剩余价值,而实体资本依靠金融资本实现剩余价值，金融资本和实体资本的融合借由全球化达到了一个新的高度，而这种融合下的全球化，带来的劳资关系失衡、系统金融风险、价值链体系脆弱等矛盾，只能用金融化来掩盖，却必然会爆发。

二、金融化视角下逆全球化的逻辑

西方国家的逆全球化往往和近年来兴起的民粹主义联系在一起，但在其结合之前，逆全球化便已具有独立的发展逻辑，只是在近年来日益受到民粹主义的裹挟，表现出更大的破坏力。2008年世界金融危机后，国际金融垄断资本主张的新自由主义意识形态受到重挫，各国出台的贸易壁垒政策大幅增加，危机后10年的外贸增长速度在“二战”后首次低于GDP增长速度。但正是由于新自由主义的国际金融体系，处于中心的西方国家可以通过量化宽松等政策较快地恢复金融贸易系统的流动性，才使经济下滑和逆全球化的程度不及大萧条时期。但逆全球化背后体现着新自由主义经济失衡诱发的深刻危机（张超颖，2019），而危机后的制度变革不足使得逆全球化的压力长期存在。西方民粹主义的复兴并非是在2008年危机后立刻发生的，而是在危机之后的改革失败后发生的。可以说，既不是全球化，也不是逆全球化引发了西方民粹主义的兴起，而是新自由主义全球化的危机用新自由主义的政策来解救，将金融化和全球化的收益成本进行了重新配置，虽然短期拯救了金融资本，维护了经济秩序，但提高了长期治理的难度，使逆全球化和民粹主义等浪潮逐步而难以阻挡地蔓延开来，并可能迫使金融垄断资本改变全球化的方式。金融垄断资本看似会因为逆全球化受损，但是如果其能引导各国政府的政策改革和谈判策略，仍可能达到上一轮全球化未能实现的效果，看似远离民粹主义的权力中心，但仍有力量影响逆全球化的方向，在全球动荡的同时不断调整对策，使自身利益最大化。逆全球化的逻辑错综复杂，但在以下三个方面，金融垄断资本主义和逆全球化有一定程度的默契和共识。

（一）避开要害，转移发达国家的劳资矛盾和治理矛盾

从表面上看，当前逆全球化和2008年前的反全球化都是排外，都是抱怨本地工人失去工作。具有讽刺意味的是，西方国家不论是主张自由贸易，还是主张废除自由贸易协定的政界精英，都声称是为了增加本国工人的就业。这不是什么新现象了，马克思在《共产党宣言》中就一针见血地指出，“自由贸易！为了工人阶级的利益；保护关税，为了工人阶级的利益……资产阶级的社会主义就是这样一个论断：资产者之为资产者，是为了工人阶级的利益”①。资产者向来只在意无产者的选票和剥削价值，而非根本利益。

① 《马克思恩格斯文集》第2卷，北京：人民出版社，2009年，第61页。

西方政府需要同时迎合资本和选票,虽然赢得选票离不开资本支持,但也离不开民众舆论。新一轮全球化压制工会、打压工资、难以兑现涓滴效应,2008年危机后救助银行、削减福利等措施进一步减少了民意支持。2008年危机后,金融寡头没有受到实质性影响,新自由主义仍占据重要地位(谢长安、丁晓钦,2018),西方政府虽然加强了对金融系统的风险监管,但却没有改善劳资关系等。本国选民需要高就业、高福利,跨国资本需要转移就业、减少税收,西方政府本可以再分配全球化收益来缓解这一矛盾,但在金融化体系下难以管制资本、增加税收,也就难以增加公共基础设施和公共教育医疗投资。不少西方政党和媒体都倾向于利用信息差渲染新一轮全球化中发达国家中下阶层的失落和新兴发展中国家劳动者待遇的改善,来营造发展中国家是全球化主要获益者的舆论环境,虽然无助于问题的解决,但对于情绪的宣泄有一定作用。这和逆全球化结合的极右翼种族主义和金融化背后的新自由主义在意识形态假设上也比较吻合,将新自由主义带来的种种经济社会文化不公平归因为种族影响,而对福利政策和大政府的批判也恰好与新自由主义是一致的(尼尔·戴维森、理查德·萨鲁,2018)。虽然反建制派和建制派之间唇枪舌剑,但却非常默契地避开了核心要害问题,即如何才能让劳动者分享跨国垄断资本的全球化收益,如何才能让跨国资本无法通过金融化逻辑下的全球化逃避自己的社会责任。

(二)以退为进,推进有利于发达国家的全球化标准和规则

当前的逆全球化和2008年危机前发展中国家的反全球化以及"二战"前的逆全球化相比,不仅是市场、就业之争,还有规则、话语权之争。"二战"后美国为了尽快利用其压倒性的经济政治优势取代英国的主导地位,拉拢更多国家重建全球化体系,在一定程度上推行了互惠的贸易标准和多边规则体系,以此强化美元金融体系和经济枢纽地位。相对互惠的贸易标准可以用欧美市场需求来协同发挥强大的国际政治影响力,在20世纪80至90年代"推动"了不少发展中国家和转轨国家转向出口导向模式和市场经济。由于美元金融体系和附加值差距,在这种互惠标准下美国的收益远大于损失,还可以用多边规则形式获得良好的国际领导者形象,其他西方国家也可以从中分享附加值收益和规则优势。这种多边互惠体系促进了社会化大生产,也是这轮全球化的精华所在,但却是有天花板的,那就是发展中国家的产业发展必须始终以西方国家为中心,在规模和质量上都不能超越西方,不能另起炉灶,形式上多边但实质上服从,最终源源不断地将大部分剩余价值通过金融化和全球化输送给西方垄断资本。

在这种表面互惠的全球化过程中,大多数发展中国家和西方国家的差距拉大了,但也有一些新兴发展中国家缩小了和西方的差距,并在2008年金融危机后进一步缩小差距,在制造业规模和局部科技领域赶超西方,开始在一些高附加值领域展开竞争，试图切实改善在产业链和价值链中的地位。西方跨国资本乐于享用新兴发展中国家的受教育劳动力和成长市场，但二者也恰好有利于产业升级，如果加以强有力的组织和金融支持，新兴发展中国家就可能转化为有力的国际竞争对手，也就有可能联合起来摆脱对西方世界贸易金融体系的依赖。西方主导的世界经济体系建立数百年来，第一次有发展中国家具备重构体系的潜力。

当西方国家在世界经济体系中的主导权被发展中国家冲击时，便试图削弱全球化的互惠程度，立刻实施为发达国家定制的高标准、严要求的国际规则体系，不给新兴发展中国家过渡时期和成长时间，将其锁定在低附加值领域，控制其产业发展的节奏，从而维持金融化的国际垄断利润，以及西方普通民众的虚幻优越感。在多边协商难以达成新规则时，西方发达国家便倾向于通过 TPP(《跨太平洋伙伴关系协定》)、TTIP(《跨大西洋贸易与投资伙伴协议》)等迂回出击，并在奥巴马时期差点成功。但 TPP 和 TTIP 中仍有一些互惠成分，受到西方国家民粹主义的阻挠，西方发达国家只好继续以退为进，通过一系列贸易战和制裁威胁来推进更加严苛的双边协定和规则重订，看似可能获得更有利的条件，但带来的不确定性、时间效率损失和秩序不稳定性也是空前的。这种方式不是金融垄断资本的首选，但却是其长期忽视社会治理后难以避免的代价，并可能有助于其劝服新兴发展中国家重新接受较温和的多边体系规则调整。

(三)遏制他国，重振美国在世界经济体系中的霸权地位

随着全球化体系的不断扩容，美国从 20 世纪 80 年代开始就一直在削弱互惠的程度，用知识产权、劳工标准、环保标准、国家安全等元素，通过修改多边体系规则、区域贸易协定、国内法(如 301 法案)等，加强对其他国家贸易投资的限制，抑制其产业发展。这种方法虽然成功压制了日本和欧盟的挑战，但中国仍然依靠强大的组织能力，不仅资本积累和技术升级的速度远超西方预期，还在不断开放的前提下保持了较为独立自主的金融体系、较为完整的产业链和自己的政治话语体系，成为世界第二大贸易枢纽国，并不断推动“一带一路”。虽然中国不断强调没有挑战现有规则体系的意愿，但是对美国来说，扼杀潜力比相信意愿更有安全感。要么通过现有体系的局部调整来阻止中国，要么重构规则逼迫其放弃潜力来源，要么直接重建体系将其排斥在外。随着 WTO 多哈回合谈判和 TPP 的失败，特朗普通过发动中美贸易战、科技战来逼迫中国在后两种选项中二选一，而金融垄断资本仍可能希望中国在前两种选项中二选一。由于美国当前的战略目标过于极端求全，统治集团内部的对华政策虽然都转向强硬，但在具体实施策略上尚未达成共识，同时需要安抚摇摆不定的“民意”和动荡不安的金融市场，导致实施策略前后矛盾，中美谈判每次达成一点阶段共识后不久美国就会反复，同时威胁措施也难以全力执行，从而形成一波又一波的声音自我强化的逆全球化浪潮,导致特朗普政府和金融垄断资本的关系看上去比较紧张。

美国金融垄断资本确实需要更有助于控制世界经济体系或者至少本身行为更可控的政府代理人,但庞大的美国政府系统也并非总统一人的意志,国会议员身份多元化,建制派和反建制派之间也并非简单敌对关系,二者之间依然有一些共识,都希望遏制中国,重振美国在世界经济体系中的霸权,在对华策略上也有一点重叠之处。美国的金融资本虽然在意逆全球化带来的利润损失,但更在意维持其霸权地位,因为只有霸权地位稳固才能长期获得丰厚的垄断利润。如果能通过脱钩等极限施压手段迫使中国放弃挑战潜力,其长远整体利益损失要超过短期损失。但如果真和中国直接全面脱钩,美国金融资本内部的损失将是不均衡且难以弥补的,所以其至少要争取一个过渡过程并试图保留一种半脱钩的状态。而且当前维护霸权地位的措施并不利于美国的国际声誉,不利于国际市场的扩张,而金融利益的实现比较需要国际声誉和扩张预期。所以美国金融垄断资本在民粹主义暂时主导的逆全球化浪潮中仍然会两头下注,静待时机,追求最优策略。

三、金融化视角下全球化和逆全球化的内在同一性

2008年金融危机前后的全球化和逆全球化虽然错综复杂,扑朔迷离,但如果抓住金融垄断资本如何占有和实现国际剩余价值这一矛盾主线,还是可以看到其内在同一性的。不论是全球化还是逆全球化,始终是霸权性较强的选择性全球化,首先通过双重标准强化全球化体系中的霸权地位来占有更多国际剩余价值,然后逃避由此带来的国内压力和国际责任,并日益需要高度发达的全球金融体系来占有和实现国际国内剩余价值。

(一)在国际贸易投资金融中实行双重标准,维护和利用金融、科技霸权

全球化时期强调推进西方跨国公司的对外扩张,强调西方跨国公司和发展中国家利益的一致性,要求其放松对西方资本的管制,而随着全球化的不断深入,新兴发展中国家的跨国公司也开始大规模进入发达国家,要求获得原先发达国家跨国公司在发展中国家能享有的各项权利时,西方国家兴起了逆全球化,强调他国外贸投资和西方中下层民众利益的不一致性,不仅增设贸易壁垒,而且对他国资本的管制要强于国内资本。这种双重标准并不是新现象,只是以前比较含蓄隐蔽,现在则是不加掩饰。

在维护和利用金融霸权方面,美国无论是针对西方盟友,还是其他国家,都不惜采用强权标准。20世纪80年代中期,美国政府强迫日本推行金融自由化,取消产业政策指导和金融投资管制,限制日本对拉美和中东国家的实体经济投资,鼓励其进入房地产市场;东南亚金融危机后,国际货币基金组织等

利用贷款逼迫韩国实行紧缩政策，大量企业破产，便于美国垄断资本廉价兼并优质企业（杨斌，2015）。2008 年金融危机后初期，美国为欧洲盟国提供了美元流动性帮助，但逆全球化兴起后，美国标普等评级机构利用欧债危机一再调低欧洲国家主权信用评级，加剧了欧洲市场的恐慌，有利于维持量化宽松后美元的储备货币地位。在各国公布的已分配官方外汇储备货币份额中，美元所占比重从 1989 年的 52%上升到 2001 年的 72.3%，之后被欧元抢占部分份额，2010 年回落到 62%（本杰明·J. 科恩，2017），但 2020 年第一季度仍有约 62%[①]的份额，日元份额则一直在下降，不论是全球化还是逆全球化期间，美元的储备货币霸权地位都很稳固。

美国对外提倡金融和资本开放，但和其他国家之间的相互持股并不对等。美国很少让发展中国家大量参股其重要公司，一般只和西方盟国实行较高水平的相互持股，但美国资本对西方盟国的持股比例也明显高于被持股比例，并处于枢纽地位。根据新浪财经和美国银行、花旗银行、摩根大通、摩根士丹利、三菱银行、德意志银行等银行官网 2018 年的数据显示，德意志银行的国外持股比例较高，接近 50%，主要是美资和其他欧洲资本，三菱银行的前 10 大持股机构中外国机构持股占比只有 26%，主要是美资，美国的 4 家银行只有摩根士丹利的外资持股达到了 33 %（主要被三菱银行持股），其他银行的被外资持股比例都很低。不仅金融资本如此，美国跨国公司在全球国际资本企业群中的地位也处于枢纽和控制地位。有两个盎格鲁一撒克逊式的企业群（一个是美国群，一个是英国群）大幅对世界开放，美国群中 43%是外国企业，英国群中 61%是外国企业；而日本的被研究企业中有 75%属于美国网络；德国、法国、西班牙的企业群中外国企业较少；企业群的关系不对称，某些国家没有自己的企业群，它们很大程度上受到强权国家的控制（迪梅尼尔、莱维，2015）。

逆全球化期间，美国和欧盟还以加强金融系统安全为由，分别通过《金融监管改革法案》和《欧洲市场基础设施监管原则》，增加了长臂管辖权方面的规定（王华庆，2014）。由于美元的霸权地位，几乎任何一国的银行及其海外子行与境外交易对手开展的衍生品交易，都要接受美国金融管理机构的监管。美国政府通过快速扩展域外管辖权，绕开金融稳定理事会监管协调平台，通过单边监管标准，强力维护美国的全球金融中心地位，造成全球场外衍生品改革不得不采用美国标准的既成事实（王华庆，2014），这不仅加强了本国的金融风险监控，还削弱了其他国家的衍生品风险监控能力，维护了金融霸权地位。2014 年至 2016 年，美国就借助长臂管辖权对法国巴黎银行和德意志银行分别罚款

① IMF，2020，COFER report（2020 Q1），https://data.imf.org/? sk＝E6A5F467-C14B-4AA8-9F6D-5A09EC4E62A4，2020 年 6 月 30 日。

89亿美元①和140亿美元②,给予这两家银行沉重打击。美国还通过SWIFT(环球同业银行金融电讯协会)等国际银行结算通道对伊朗和俄罗斯银行进行金融制裁。

在维护和利用科技霸权方面,虽然西方发达国家在全球化中将中低端制造业转移到发展中国家,有助于其加入国际产业链,但西方发达国家一直提防其获取吸收或研发先进技术,防止其威胁到西方发达国家的科技垄断和安全战略。美国先进技术产品的出口更多地流向其盟国或者准盟国,通过《1976年武器出口控制法》和《1979年出口管理法》等控制本国军民产品出口,其出口控制清单和美国统计局的先进技术产品划分清单有很大相似性(吴其胜,2014),并通过1949年"巴黎统筹委员会"和1996年《瓦森纳协定》控制西方盟国和准盟国的先进技术产品出口。1994年通过的《与贸易有关的知识产权协议》(TRIPs)进一步加强了对发达国家知识产权的保护。西方资本进入发展中国家时声称"市场换技术",但技术外溢效应未必明显,合资企业往往只是租用西方母公司的技术设备和进行本土化应用对接,很少具备核心技术研发能力。

随着中国等新兴发展中国家的技术积累,试图通过国家干预促进产业升级时,逆全球化兴起,美英等指责中国为"国家资本主义"对"自由资本主义"的"不公平竞争",会威胁全球创新系统,美国还通过贸易战、科技战等威胁制裁《中国制造2025》,将越来越多的中国高校和企业列入"实体清单"。科技战暴露出科技是有国界的,西方国家在先进制造业上仍具有科技霸权,而这种科技霸权背后的垄断技术,也不仅来于自下而上的企业创新,更离不开自上而下的政府扶持。日本1976年发起超大型集成电路计划并在1985年实现半导体技术的赶超。美国的政府支持科创机制更加成熟,长期投资扶持半导体的发展、计算机硬件的商业化、互联网的普及等,不仅提供研发资金支持,还提供更为关键的政府采购,其广度、深度、力度和凝聚度上都超过了中国,而且一以贯之,如1987年由美国国防部直接组织半导体制造技术联盟对抗日本的半导体技术赶超,在2012—2017年筹建14个制造业创新中心促进制造业回流;在国家对产业科技的扶持上,美国政府推行了"按美国所说的去做,而不能按美国所做的去做"的双重标准和强权逻辑(贾根良、楚珊珊,2019)。

(二)逃避全球化带来的国内压力和国际责任,提高金融霸权体系纯收益

美国扩张全球化和维护全球金融霸权需要一系列成本,如海外军事开支和介入国际冲突的风险、经常项目赤字、产业空心化、金融泡沫化等,而金融霸权可以带来全球铸币税、低利率融资、高收益海外投资、低通货膨胀、债务软约

① 朱艳亮,巴黎银行被美国重罚意味着什么,《第一财经日报》,2014年7月23日。
② 重石,德意志银行遭受140亿美元天价罚款,《21世纪经济报道》,2016年9月19日。

束等收益。总体来说，不论是全球化还是逆全球化时期，金融霸权的纯收益都较大，但收益和成本的分配也很不公平，由此产生了逃避内外责任的可能性，而霸权国家的国内和国际压力不平衡，也使统治集团更容易将国内压力转移到国外，从而尽可能继续逃避国内和国际责任。不论是全球化还是逆全球化时期，美国垄断资本都在逃避国内国际责任，只是在逆全球化时期表现更为明显。

在全球化时期，首先，西方跨国垄断资本借助政府放松管制和压制工会，在全球范围内压低劳动者报酬，提高劳动者的工作服从度，不仅美国等西方国家的普通劳动者的实际工资数十年停滞，发展中国家参与全球化的普通劳动者的工资在没有政府强力干预的情况下也会长达数十年不涨；其次，西方跨国垄断资本利用技术垄断和政策优惠等在国外获取垄断利润后，不仅擅长国际避税，而且无从追查，“爱尔兰—荷兰三明治”和在众多离岸金融中心之间流动的匿名信托投资基金等使得顶尖层次的公司所得税和个人所得税、财产税、遗产税等都极难征收，从而逃避了国际国内资助公共产品的义务；再次，通过金融和房地产泡沫的不断膨胀透支未来的金融信用，而没有为由此带来的金融系统性风险承担责任，全球空间因为发展不平衡变得更加碎片化，中心和边缘地区的分化不仅仅存在于发达国家和发展中国家之间，还存在于各国内部，再边缘化地区增加，再边缘化人群增加，地方基建赤字、移动人口治理赤字、全球治理赤字等都在增加，但没有资本为此支付额外费用；此外，对全球化带来的环境污染、生态破坏、健康问题等，没有支付足够的补偿费用。

2008 年金融危机后初期，西方各国为了恢复全球金融稳定，暂时联合了新兴发展中国家，部分缓解了全球治理赤字，增强了对系统性金融风险的监管，试图共担更多国际责任。但随着西方国内改革失败和国内压力增大，逆全球化和民粹主义再次兴起，美国等发达国家主张本国优先，只承担国内责任，解决就业赤字、基建赤字、避税问题、移民问题等，但逆全球化措施不仅无助于解决这些全球化带来的国内问题，反而激化了种族问题、政治极化等，并增加了全球治理难度，逆全球化措施主要能解决的也只有少数政治候选人的选票问题。而不论是西方跨国垄断资本还是其他西方资本，在逆全球化中始终没有分享出更多利润来承担国内或国际责任，也不愿意改变相应的政策规则。

（三）需要高度发达的全球金融体系来占有和实现国际国内剩余价值

近 40 年来，世界经济体系越来越依赖发达的全球金融体系来占有和实现剩余价值。1977—1999 年美国公司的海外金融利润与非金融利润之比从约 0.1 上升到了约 0.5（格莱塔・R. 克里普纳，2008）。垄断资本借助金融化渗透至经济、社会以及政治运行的各个环节，全方位榨取资源和剩余价值（鲁保林，2018）。2008 年金融危机后的逆全球化延续了全球化的金融化逻辑，金融化程度依然保持高位，依靠巨大金融泡沫来吸收过剩资本，金融资本依然高度垄断，实力强大，并和新兴数字资本相结合。

全球化时期的金融泡沫和杠杆倍数令人震惊，而逆全球化时期也同样惊人。2000年《商品期货现代化法案》取消对场外交易衍生品的监管后，全球未偿付的场外交易衍生品合约金额从2000年的95万亿美元上升到2008年的673万亿美元[①]，美国5大投资银行的平均杠杆率从2003年的15倍飙升至2007年的30～40倍[②]。2017年全球金融衍生品合约价值仍有626万亿美元[③]，2016年美国6大银行的衍生产品杠杆率也平均超过24倍。[④] 仅2019年这一年，全球股票市值就增加了17.5万亿美元，债券市场增加了6.5万亿美元，法国CAC 40指数、德国DAX指数和美国标普500指数分别创下1999年、2012年和2013年以来的最佳年度表现，MSCI全球股指指数也创下了2009年以来的最佳年度表现[⑤]，而这些金融市场的最佳表现是在全球经济增长放缓、逆全球化盛行时产生的，其中隐藏的金融泡沫可想而知。

金融泡沫不仅屡创新高，还从上层的华尔街金融城蔓延到中下层的互联网金融尤其是区块链金融。2017年底的比特币市值一度超过3 000亿美元，超过国际货币基金组织特别提款权储备金总额[⑥]，各种区块链币、代物币层出不穷，交易活跃。金融化从“旧时王谢堂前燕，飞入寻常百姓家”，表现出日常生活的金融化，金融化的日常消费、日常交往、日常观念成为资本主义的日常存在方式(欧阳斌，2018)。逆全球化虽然阻碍贸易、批判金融，但金融化的渗透程度却没有下降，不仅集中体现在剩余价值的分配、消费和积累上，还全面渗透到生产、流通、再分配领域，科技研发、劳动过程、就业教育以及养老医疗等都受制于金融化(尹兴、董金明，2016)。

金融资本的垄断程度也并未下降，2008年时由5家金融机构交易了美国97%的场外衍生品[⑦]，而2016年时美国6大银行依然控制了95%以上的金融衍生工具，资产规模比90年代中期几乎翻了4倍，占美国GDP近60%(桑德斯，2018)。欧盟和日本的银行垄断也没有因逆全球化而受损。在全球化时期兴起的数字经济在逆全球化时期逆势上升，金融资本急于寻找新的投资机会和新兴数字经济结合程度提高，不仅继续帮助数字产业融资上市，而且共创共

---

① 美国金融危机调查委员会，2012，《美国金融危机调查报告》，俞利军等译，北京：中信出版社，第55页。

② 甄炳禧，2015，《从大衰退到新增长：金融危机后美国经济发展轨迹》，北京：首都经济贸易大学出版社，第15页。

③ 王辉、宋爽，全球衍生品市场发展状况概览，百度文库，https://wenku.baidu.com/view/035aeb3e534de518964bcf84b9d528ea80c72f0c.html，2019年9月7日。

④ 凤凰国际iMarkets，2016年5月9日。

⑤ 《2019年，全球金融市场缔造了哪些新纪录?》，凤凰网财经，http://finance.ifeng.com/c/7suH kzegyIr，2020年1月2日。

⑥ 《2017年比特币市值超越一个又一个里程碑》，金投网，http://forex.cngold.org/c/2017-12-18/c5547861.html，2017年12月18日。

⑦ 美国金融危机调查委员会，2012，《美国金融危机调查报告》，俞利军等译，北京：中信出版社，第57页。

享经济的商业模式，拓展了金融资本的生存空间，并在某种程度上复制了全球化带来的问题，带来了新的机遇和挑战。

四、逆全球化的动向和中国应对

20世纪80年代以来的全球化曾极大地促进了金融垄断资本的利润积累，但牺牲了全球劳动者的权益和国际秩序的民主治理，造成了全球空间的碎片化，还将全球经济发展捆绑在巨额金融泡沫上，而2008年以来的逆全球化则通过阶段性调整，在尽可能不刺破金融泡沫的前提下，对无助于利润积累的碎片进行处理，利用发达国家内部的碎片化边缘地区和人群，同时对国际资本进行双重标准对待，以便一方面恢复国内的政权合法性，另一方面以退为进继续争夺全球化的规则主导权。不论是全球化还是逆全球化，都深刻地打上了为金融垄断资本服务的烙印，服务于资本的“时间—空间”修复，致力于占有、实现和掩盖全球剩余价值。虽然美国的逆全球化政策摇摆不定，但可以大致推断一些动向。

首先，虽然2008年金融危机后增加了系统性金融风险监管，但逆全球化时期的金融化程度仍然远高于最近一轮全球化之前的水平，霸权国家加强长臂管辖权并非意在限制国际金融资本流动，更多的是为了主导国际金融规则和垄断金融信息，更好地维持金融霸权，贸易逆全球化和金融全球化并存。

其次，逆全球化最积极的美国和英国都是金融化程度较高、从金融霸权中受益较大的国家，而金融霸权的维持需要较高的全球化水平，美国和英国金融垄断资本的长期最优选择不是和其他国家脱钩，而是两头下注，既试图通过极限施压获取谈判优势，又不甘心放弃已经取得的霸权优势。

再次，逆全球化下的双边谈判短期难以取代全球化下的多边谈判体系。多边谈判体系虽然短期内难以达成共识，但是强调规则和秩序，有利于降低长期谈判成本，如果霸权国家过度使用强权破坏多边体系，将会退化到无秩序的状态，重建成本将极其高昂，霸权国家长期利益也会受损。发达国家内部固然更容易达成双边或区域协定，但中国在当今全球价值链体系的枢纽地位已很难被脱钩。

最后，逆全球化无法解决西方国家的内部矛盾，也无法回避资本主义全球化带来的国际矛盾。生产力的全球化深度融合发展与国际垄断资本主导的霸权体系之间的矛盾，会随着发达国家内部的碎片化和新兴发展中国家的兴起而进一步加深；即使霸权国家发动的逆全球化能在一定时期内维持其金融化的积累模式，但增加的国际国内动荡性使其日益难以维持，即使能通过硬脱钩暂时维持科技金融霸权，金融利润将永久缩水，而且违背了资本主义的内在扩张性。

当前逆全球化仍然保留了全球化的大部分成果，但是也在很大程度上陷入了囚徒困境，如果美国等西方国家执意要从全球体系中同时获得金融垄断利润和维护本国工人利益，则没有其他国家能满足其谈判诉求，所以在短期内几乎是无解之局。中期破局的关键是西方国家自身能做出取舍，而新兴发展中国家能保持自己的定力；而长期破局的关键在于新兴发展中国家能否打破霸权国家的封锁，建立国际国内双循环体系，并以此推动世界经济体系不断完善。更长远地看，全球经济迫切需要在反思和超越经济全球化的新自由主义主导阶段健康发展，并最终曲折地走向经济全球化的社会主义主导阶段（程恩富，2007）。

在上述主要动向和破局分析的基础上，也可以初步推出一些我国在贸易战和科技战中的总体应对建议。

首先，中美实力的差距使得战或和的主动权不在我们这一边，而美国谈判诉求的内在矛盾又使我们难以在维护核心利益的情况下与之达成稳定共识，美国内部矛盾的难以解决又使其短期内难以取舍决断和理清合理诉求，内部的政治极化和新政治正确也使得美国拉拢跨国资本集团的对外策略失效。所以中国在谈判中的任何重大单方面妥协都是没有意义的，无法换来足够的发展空间，想要维持相对互惠的多边体系将非常艰难，需做好持久战的准备。

其次，不能对其他西方国家转移或调停美国压力寄予较多希望，毕竟西方的金融垄断资本已经高度互相渗透，且以美国为首，其他西方国家虽然不赞同美国逃避国际责任和强化霸权，但是对其他国家分享高附加值收益也抱有敌意。我国和其他西方国家的关系仍然是有限的互惠合作关系，贸易和科技合作的空间很大但短期内难以突破，要继续增强对外交往合作的韧性和深度。

再次，我国可以通过主动加强对外开放，加快“一带一路”建设，加快国际国内双循环来部分对冲逆全球化的不利影响，但是扩大开放也要坚持对等开放，在更高的层次上保证经济自主，在不断减少负面清单的同时提升风险管理水平，进一步提升国内的经济社会治理水平，以坚实的基本盘应对外部冲击。

最后，需要充分发挥中国的制度优势，集中力量突破关键领域的核心技术，虽然没有一个国家可以在所有重要领域独立研发自主技术，也没必要重复发明，但是我们至少要能具有足够的研发能力，能在霸权国家封锁关键技术时尽快打开备用通道，否则就会很被动。这次贸易战使我们充分认识到帝国主义的本质没有变，也发现了自己的研发短板，需要在研发决心、支持力度、管理创新上系统补课，可适当吸收借鉴西方实践经验，但坚决不为其意识形态所惑。

参考文献

[1]本杰明·J.科恩，2017，《货币强权：从货币读懂未来世界格局》，张琦译，北京，中信

出版社,第 189 页。

[2]伯尼·桑德斯,2018,《我们的革命:西方的体制困境和美国的社会危机》,钟舒婷等译,南京:江苏凤凰文艺出版社,第 212 页。

[2]程恩富,2007,经济全球化与反全球化的若干分析,《海派经济学》,第 4 期,第 15—23 页。

[3]格莱塔·R. 克里普纳,2008,美国经济的金融化(下),丁为民等译,《国外理论动态》,第 7 期,第 32—37 页。

[4]贾根良、楚珊珊,2019,中国制造愿景与美国制造业创新中的政府干预,《政治经济学评论》,第 4 期,第 88—107 页。

[5]鲁保林,2018,劳动挤压与利润率复苏——兼论全球化金融化的新自由主义积累体制,《教学与研究》,第 2 期,第 68—77 页。

[6]尼尔·戴维森、理查德·萨鲁,2018,新自由主义与极右翼联姻:一个充满矛盾的组合,杨颖、王潇锐译,《国外理论动态》,第 1 期,第 41—53 页。

[7]欧阳斌,2018,当代资本主义日常生活金融化批判,《马克思主义研究》,第 5 期,第 72—82 页。

[8]彭刚、胡晓涛,2019,欧美逆全球化背景下国际经济格局调整,《政治经济学评论》,第 1 期,第 195—207 页。

[9]热拉尔·迪梅尼尔、多米尼克·莱维,2015,《大分化:正在走向终结的新自由主义》,陈杰译,北京:商务印书馆,第 95—96 页。

[10]王华庆,2014a,《监管之路:危机后的思考》,上海:上海远东出版社,第 236—237 页。

[11]王华庆,2014b,《监管之路:危机后的思考》,上海:上海远东出版社,第 238—240 页。

[12]吴其胜,2014,《战略偏好、国内制度与美国的对外经济政策》,北京:时事出版社,第 168—206 页。

[13]谢长安、丁晓钦,2018,后危机时代西方资本主义新特征——对新自由主义的批判性分析,《经济社会体制比较》,第 4 期,第 148—155 页。

[14]杨斌,2015,《金融战争、文明冲突与美国的世界经济解体阴谋》,北京:中国社会科学出版社,第 157—173 页。

[15]尹兴、董金明,2016,当代垄断资本主义金融化分析,《当代经济研究》,第 12 期,第 62—69 页。

[16]张超颖,2019,"逆全球化"的背后:新自由主义的危机及其批判,《当代经济研究》,第 3 期,第 66—72 页。

Globalization and Deglobalization from the Perspective of Financialization

Yin Xing

Abstract　Since the 2008 financial crisis, on the one hand, Western countries that have led globalization have experienced a wave of de-globalization, and the globalization of production and trade has developed bumpy, shifting from space compression to space isolation; on the other hand, as the financial bubble that triggered the financial crisis seems to be under control due to the strengthening of global financial supervision, the financial globalization continues to expand, and space compression is still underway. The process of globalization was full of crises due to the penetration of financialization, while the process of deglobalization still avoids the problem of financialization and climbs trees to catch fish. Globalization and deglobalization have the same identity from the perspective of financialization. They are both selective globalizations. First, double standards are adopted to strengthen financial hegemony to occupy more international surplus value, and then to escape the domestic pressure and international responsibilities that it brings. And it increasingly relieson a highly developed global financial system to possess and realize international and domestic surplus value. The current de-globalization policies of hegemonic countries are to a large extent manifested in contradictory and insatiable bullying behaviors, which to a certain extent has formed a negotiating deadlock. Only by breaking through the narrow logic of financial monopoly capitalism and populism can we usher in a new round of more open and inclusive globalization.

Key words Financialization Globalization Deglobalization

危机与繁荣:西方收入不平等的危机、根源及重构平等繁荣社会的道路选择

吕明洁

内容提要 2008 年全球金融危机引起经济学家集体反思。在危机中,市场没有展现自身效力,表现得既无效率又不稳定;政府也没有及时纠正市场失灵;甚至经济体制和政府出发点就是不公平的。时至今日,危机表面已经平息,但其背后隐藏的资本主义惯性缺陷依然存在。在西方社会财富金字塔顶层和底层民众收入不平等的表象下,折射出市场失灵、政府失灵、监管乏力等深层危机,暴露出西方经济和政治制度的诸多弊端,彰显了寻租等掠夺性行为的危害性及繁荣的脆弱性。这种极度的不平等亟待我们的高度重视和有所作为,只有平等的社会才能呈现出和谐与大繁荣,由此我们可以试图从政策、制度、文化三个维度重建平等繁荣的西方社会。

关键词 政府失灵 市场失灵 危机 不平等

中图分类号 F831 F113.8

自 20 世纪 80 年代起,经济全球化使国家间差距日益缩小 。在亚洲、中东、拉丁美洲对西方世界繁荣景象奋起直追的同时,西方中低收入阶层被抛在了这种表面繁荣之后,他们的收入没有随国家经济增长而增长,生活水平与生存环境并未发生真正改观。随着失业率的日益升高,底层家庭的收入水平随之一落千丈,民众生活满意度日趋下降。然而究竟是谁分享了繁荣的果实?繁荣的背后又意味着什么呢?

事实上这种繁荣始终伴随着收入不平等危机,因而呈现出一种脆弱性。曾任世界银行首席经济学家的布兰科·米拉诺维奇在其新书《全球不平等:全球化时代的一种新方式》中指出,下层中产阶级收入的命运因国家不同而天差地别,许多国家的不平等程度在加剧。在近日,英国脱欧、美国特朗普挑起贸易战、美国名校录取丑闻曝光、多位名流富豪遭起诉等事件相继出现后,很多

收稿日期:2020—07—21

作者简介:吕明洁,吉林大学马克思主义学院博士研究生。

基金项目:本文系教育部人文社会科学规划基金项目“当代中国政治发展视界下制度治党理论研究”(16YJA810005)、吉林大学—新疆医科大学“一带一路”民心想通国际智库项目“北线丝路经济带民心想通研究”(JXZ004)、吉林大学一流学科建设项目(MYL013)的阶段性研究成果。

人指出全球化是全球收入分配差距拉大的罪魁祸首，事实上全球化并非是导致后者的真实原因，对于大多数西方发达国家，国内政策的不公平、垄断、腐败及对权贵与富豪的包庇，社会各阶层固化等问题才是收入不平等不断恶化的症结。若西方国家没有危机意识，不及时采取有效措施解决危机背后的缺陷问题，那么西方社会繁荣的泡沫终将破灭，不平等危机的裂痕将日渐加剧。如某些西方国家目前采取的“反全球化”举措，非但不能实现“收入公平”，甚至是反其道而行的。而致力于推进国内政策改革，弱化不平等因素，将有助于平等社会的构建，平等公正的社会环境会使繁荣的“福利”惠及全民。

本文以收入不平等现状为基点阐述由其引发的诸多危机，从理论上剖析这种危机背后隐藏的资本主义惯性缺陷，最后从实践角度探讨重构西方平等繁荣社会的路径选择。以下将从收入不平等的现状着手，逐步分析相应的危机、根源以及重构的进程。

一、西方发达国家收入不平等现状及危机分析

据OECD收入数据库资料统计，西方发达国家收入不平等情况自2000年(最早年份)到2015年(最近年份)间普遍有所上升，在收入不平等程度加剧的西方发达国家里，美国排名第一，加拿大、英国和德国分别位居第六、第九和第十二(国际劳工组织，2018)。可见，不平等是近年来西方发达国家的普遍现象，此番不平等的主要表征是收入与财富双重失衡。

其一体现在收入不平等层面上，法国经济学家皮凯蒂在《21世纪资本论》中指出：美国收入前10%人群的收入占美国国民收入的比重从70年代的不足35%上升到2000—2010年的45%～50%。欧洲2010年私人总财富价值约为4～6年的国民收入(托马斯·皮凯蒂，2014)。英国收入不平等研究专家安东尼·阿特金森也在《不平等，我们能做什么》中指出，2013年美国收入不平等百分比高达46%，1%顶层收入人群薪酬与中位数薪酬百分比为20%，前十分位人群薪酬与中位数薪酬百分比为48%；同年英国的相应数据分别为35%、13%、40%(安东尼·阿特金森，2016)。不仅如此，西方发达国家管理人员和普通工人工资差距仍在增大。近期国际劳工组织的调查显示，以美国为代表的西方发达国家管理人员和普通工人工资比是500∶1，但其增长态势却未曾止步。自2009年来，95%的收入增长全都来自上层1%的人。他们享受着过去10年18%的收入增长速度的同时，底层人群的收入却在下降，只有高中学历的人群收入水平下降尤为明显，他们比40年前这类人收入少了40%。此外，高收入群体多聚集金融业，2016年高盛集团、摩根士丹利的首席执行官薪酬分别为2 200万美元、2 250万美元。其中约2/3为股份激励和分红(李奇泽、黄平，2017)。相比于底层民众，这些华尔街的金融天才们可以说是翻手

为云，覆手为雨。

其二从财富不平等层面来看，财富作为收入的累积从侧面映射出西方收入的不平等。从2019年《福布斯》公布的全球财富排行榜来看，高居榜首的富豪们均来自西方发达国家，前三名分别是曾在普林斯顿大学就读的亚马逊CEO杰夫·贝佐斯，以1 310亿美元的财富值位居全球榜首；肄业于哈佛大学的微软董事比尔·盖茨，以965亿美元排名第二；接下来是“股神”沃伦·巴菲特，以825亿美元排名第三，与传承六代的沃尔玛王朝的沃尔顿家族的900亿美元财富值相近，这个数字与美国底层30%的人的财富总和相当。然而与这几位富豪相比，美国大部分普通民众储蓄几乎为零，相当一部分人储蓄负值，靠举债维生。

从收入口径看，美国社会顶层1%的人吞噬着美国年收入的25%。从财富角度来看，这1%的人执掌着美国40%的财富。综上足见西方世界存在着严重的不平等问题，但不平等并非促进经济活力实现经济繁荣不可避免的附生物。如拉丁美洲那些曾遍布不平等的巴西等国，近年来出于政府对不平等的重视和有效的应对措施，收入差距都逐步减小并迈向相对平等的繁荣社会。而西方国家却放任不平等日益恶化，深究其原因，不平等并非全球化的副产品，它是有缺陷的政策制度和经济文化的产物。国际货币基金组织统计数据揭示出更平等[①]的国家表现得更好，拥有更高的增长率和稳定性。而目前西方国家各阶层收入不平等现象严峻，底层民众饱受经济歧视、教育匮乏和就业无门之苦，甚至他们的人身安全、医疗保障都被差别对待，不平等遍布生活的各个领域，以下我们将针对这种现状从机会、结果、信任和道德四个维度分析收入不平等带来的危机问题。

(一)收入不平等引发机会不平等

收入不平等往往同机会不平等相伴，机会不平等又与生活满意度下降结伴而生，由此容易引发社会暴乱动荡，滋生重重危机，而西方社会机会不平等主要体现在教育和就业两个层面。

1. 教育机会不平等

当下西方国家年青一代受教育机会绝大程度上取决于其父母的收入水平。在美国，几乎有1/4的孩子生活在贫困中，西班牙和希腊这个数字是1/6，澳大利亚、英国与加拿大还未及1/10，父母的低收入使其下一代几乎与优质的教育资源绝缘。世界银行对于近年来初等教育接受程度的研究表明，2011—2016年之间中等偏上和高收入国家超过75%的儿童上学前班，中等偏下和低收入国家这一数据是1/3和1/5。《2018年世界发展报告》指出，上过

---

① 这里的平等意味着让收入的蛋糕惠及中低收入阶层，中低收入阶层过上美好生活将助力于国家和社会的繁荣与稳健发展。

学前班的儿童在小学的出勤率和成绩都比较好。[①] 经济学家伊曼纽尔·赛斯和拉伊·切蒂关于美国大学入学率与学生家长收入的研究显示，2008—2012年美国家庭父母薪酬与其后代读大学的概率存在显著正相关性。综上足见父母收入水平对子女受教育机会的直接影响，教育机会的有偏，将严重拖垮下一代前进的动力，彻底击毁底层群众向上层社会流动的阶梯。

2. 失业率居高不下

据统计，截至2018年，西方国家的失业率由低到高依次是德国3.4%、美国3.9%、法国9.2%、意大利11.0%和西班牙16.1%，普遍高于世界平均水平5.4%。[②] 西方这种高失业率与失业人群家庭收入密不可分，印度经济学家阿马蒂亚·森曾指出，在富裕社会里，贫困本身就是由于种种原因而导致的能力残缺。在收入域里之相对剥夺可产生能力域中之绝对剥夺(阿马蒂亚·森，2016a)。富裕家庭孩子能读更多书，他们的家庭有条件让他们去丰富阅历。而普通家庭孩子则面临诸多困境：如没有大学文凭，注定前途渺茫；即便拥有文凭，也多半会被卷入失业潮。况且今日劳动力市场上仅凭大学文凭也不足以找到工作，有些雇佣单位甚至需要应聘者有研究生学历或者名企实习经历。同时，在雇佣这个竞技场上，顶层人群可凭财富获得愈加宽广的就业渠道，而底层人群却机会难求。这种不平等的就业机会造成的高失业率会带来巨大的经济代价，有史为鉴，美国大萧条时期失业率升至18.2%，带来的GDP损失是其总额的30%(保罗·萨缪尔森、威廉·诺德豪斯，2012)。持续的高失业率使工人精神涣散，家庭关系紧张，经济社会冲突动荡。

(二)收入不平等带来结果不平等

收入不平等源于收入分配的有失公正，区别于公平分配强调的按劳分配，公正分配更注重分配后结果趋同。由此带来的结果不平等凸显为富人能享受更优质的医疗和生活环境，而低收入群体生病无钱就医且生活在嘈杂混乱的环境中，无暇顾及维持生计以外的内心修养提升等。如以美国为代表的部分西方国家未实行全民医保，其医疗保障体系覆盖率和质量可谓双低。这致使不同收入水平的人享有的医疗保障相差悬殊，富人享有高质量医疗设施和药品，穷人却鲜有机会接受定期体检和预防药物。因为制药公司、医疗设备公司和保险商人为了获取垄断利润合力拉高药品价格，畸高的医疗费用使普通民众放弃定期体检和求医治病。此外，贫困人口生活在较差的生活环境中，其下一代将难以接受良好人文环境的熏陶，他们的世界观人生观与富人子女迥异，成年后的他们更容易步入歧途，走向违法犯罪，这种结果上的不平等也将伴随他们一生。

---

① World Bank，Poverty headcount ratio at ＄1.90 a day (2011 PPP) (% of population)－World，https://data.worldbank.org，2020年5月15日。

② OECD，Data for Unemployment-Rate，http://www.oecd.org，2018年5月15日。

经济学家阿兰·克鲁格曾说:机会结果的不平等相互催化并且最终导致经济疲软。反过来,如果政府为穷人提供更公平的教育机会,将为国家建设培养更多的精英;向失业群体提供更公平的就业机会,增加的劳动报酬会创造额外税收;为穷人提供更好的医疗保障体系,劳动产出比会更高;为低收入群体提供更好的居住环境,将有益于降低犯罪率。不难看出,平等的机会才会带来发展的机遇,平等的结果才能助推社会的繁荣。

(三)收入不平等引发信任危机

收入不平等危害中最难以弥合的是它给西方带来的严重信任危机。如近日德国大众汽车被曝光的排放丑闻并非源于汽车质量本身,而是企业伦理与道德出现问题,使整个德国严谨、诚实的国家和企业形象都受到严重伤害。[①]其结果导致大众公司丧失了公众对其品牌的信任,而信任危机将使其品牌汽车销量持续降低,公司利润因此长期受损。无独有偶,经济传统有史以来一直忽视信任的分量意义,亚当·斯密曾说,我们更应该去相信追求个人私利的人而不是追求集体利益的善心。但完全的利己行为会导致信任缺失,如果信任荡然无存,契约社会将无法运转,经济体和政治体将土崩瓦解。经济社会良好运转的条件是成员相信其运转机制是公平合理的:当底层人们知道商业贷款人推销给他们的金融产品不过是榨干他们血汗钱丰实自己腰包的利器,认识到银行高管滥用信任进行欺诈和操纵市场的恶行,看到国家对富人征税比对自己征税还要少,获悉富人可以将巨额财富移至海外甚至不用交税时,他们会觉得自己被欺骗了。他们会看清金融界的游戏规则和法律制度的有偏性,他们会选择不再相信政府和国家。故而足见收入层面的不平等催生了富人群体的垄断和特权,这种特权的滥用使经济社会人人自危。

(四)收入不平等背后的道德危机

高盛公司首席执行官劳埃德·布兰科菲恩曾公开声明:那些购买了银行产品的人都是有独立行为能力的成年人,他们应当知道高盛有办法也有动机设计出一些有可能会失败的产品,他们也应当知道高盛有手段也有理由制造信息不对称。布兰科菲恩作为银行高管,代表的不仅是国家精英,亦是高收入群体,他却能语出惊人,堂而皇之地享受从底层民众"剥削"来的高薪不说,还如此"义正言辞"。国家以优质教育资源培育精英,赋予他们高薪和特权,旨在让他们以其聪明才智和卓越能力来治理国家,提升全民收入水平与生活质量,全民共享国家发展硕果。然而这些国家的宠儿学有所成后却违背良心,为了私利而向低收入群体推销掠夺性贷款,致使广大底层民众丧失仅有的住房而无家可归。这让我们看到了高收入群体背后的道德缺失,不得不说这是隐藏

---

① 《大众汽车可能因排放问题面临更多汽车召回》,百家号,https://baijiahao.baidu.com/s?id=1622663068845695268&wfr=spider&for=pc,2019 年 1 月 15 日。

在收入不平等背后的一场道德危机。

二、西方发达国家收入不平等之根源探析

我们已从不同维度分述了收入不平等带来的危机问题，如果说危机问题是西方收入不平等现象之“病灶”，那么，资本主义的惯性缺陷则是其体系内真正的“病理”。接下来我们将从政府、市场和教育理念上的缺陷探析收入不平等的根源性危机。

(一)政府失灵

一个国家底层民众对政府怀有天然而深厚的信赖，然而西方国家政府在诸多民生问题上却没有发挥应有效力，因而政府失灵造成了收入不平等的重重危机，这也折射出西方国家制度和法治上的缺陷问题。

1. 经济制度缺陷

西方国家收入不平等并非源于经济规律，而是经济制度缺陷所致。一是税收政策偏向富人。目前西方国家税收政策偏袒富人，他们的收入所得税税率低于贫民。此外，富人主要收入来源是资本利得，近年来政府部门进一步降低了该项税率，变相增加了富人收入。政府表面是通过减税来弥补市场对收入分配的“失灵”，实则加深了穷人的比较劣势，如果政府没有很好地发挥税收对平衡社会财富的再分配作用，放任不平等继续恶化，那么危机将继续扩散。二是实体经济逐渐萎缩。近年来，西方国家产业集中度大幅增加，实体经济日渐萎靡，金融业欣欣向荣，经济出现结构失衡。大量资本从制造业流入金融业，使实体经济缺少了领先优势。此外，金融创新产生的利润无非是虚拟泡沫，制造业创新才是国家经济走高之真实动力和重要推手。工厂中实现的产品和技术创新，不仅能提高生产率，带动宏观经济增长，而且能降低失业率，帮助低收入群体致富，为平等社会的建立带来机遇。如果实体经济萎靡，经济会缺少创新活力和发展机遇，危机会初露端倪，繁荣将行之不远。

2. 政治制度缺陷

经济制度缺陷的根源是政治制度的腐败。近年来西方国家上流社会已经形成了一个利益团体，它使政治跨边界向经济延伸。利益团体使政府那只“看不见的手”超出弥补市场失灵和纠正经济失衡的边界，操纵着货币、财政和监管政策。它使本应增加公共资源投资的政策变成了减税和股份激励，本该振兴实体经济创造更多就业的政策变成了金融业的放松管制。政府要员接受来自企业、工会和商人的捐助，随时听命于他们的私人利益诉求，企业家则用金钱购买政策。集团内部相互保护包庇，对外部人则嗤之以鼻。对内，只有内部成员才能成为下一届政府议员候选人或商业合作伙伴；对外，他们建立起的坚实壁垒增加了底层民众和草根企业家创新创业的艰难程度。财富带来权力，

权力能攫取更多的财富,这是利益团体的存在初衷,亦是收入不平等的政治根源。

3. 法治乏力

法治一向被认为是文明社会的标识,它本应保护弱者维护社会公平,但西方国家法治的制度化缺陷和有偏使收入不平等螺旋升级。以美国次贷危机为例,首先,《格拉斯—斯蒂格尔法案》的废除使高风险从投资银行转移到商业银行体系,而后者是应被隔离于高风险资产的,因为它的资金储备来自中低产阶级的血汗钱。其次,反垄断法没有发挥效力,银行与信用评级机构相互勾结形成了一种垄断力量,而法律却对此无视。最后,减税和降低银行利率政策鼓励民众放弃储蓄,用房产抵押换取风险系数未知的金融衍生品,该掠夺性行为最应受到法律的惩罚,却没有一项法律指向这种罪行。综上,法治在各个环节的乏力使社会不平等螺旋升级。

重重危机让我们看到,收入不平等背后的腐败正在扭曲发达国家的政治逻辑,当制度给权贵特权时,却很少有人会因此恶行而付出代价,富人因此更妄为地剥削穷人。经济、政治和法律的不平等环环演进,使危机扩散得更快、更深、更广。

(二)市场失灵

政府失灵产生的前提是市场存在失灵,如果市场机制完美无缺,那么政策制度的存在无异于画蛇添足。市场失灵其一源于其自身机制缺陷,其二来自新兴技术带来的劳动力市场价值贬损。

1. 市场机制缺陷造成的信息不对称

第一,透明度的匮乏。市场透明度高能使资源得到合理化配置,经济运行更有效。但资本市场的逐利性使它尽可能限制自身的透明化。逐利性使上市公司高管不惜歪曲数据来提高股价获取激励分红,使信用评级公司通过内部运作将低评级粉饰成高评级,这种数字造假增加了信息的不透明性。第二,监管机构的失效。新自由主义认为没有国家管制的市场会更有效率,然而他们忽略了一个重要的事实:没有管制的市场非常容易发生危机。没有国家严格监管的金融市场是非常不稳定的(大卫·科茨,2008)。美联储作为中央银行,承担监管经济的职责,它的放松管制为富人操纵游戏规则,牟取暴利提供了更广阔的空间。无数事实表明银行等金融机构需要更严格的监管,因为它们素来喜欢通过内幕交易和掠夺性贷款等手段剥削他人,市场的自由化暴露其机制缺陷,带来的是不平等的危机和繁荣的坠落。

2. 高科技带来的达尔文法则

高科技会使低技能劳动力市场价值积弱,加速收入不平等危机的扩张。达沃斯论坛上的机器人发展前景研究指出,2020 年前,高度自动化将导致全球 15 个主要工业国家的 510 万个就业岗位流失,其中成本低、劳动力密集型岗位居多。据普华永道预计，至 2030 年将有 30%多的英国岗位可能被机器人替换，美国和德国的数据分别为 38%和 35%。高端现代化科技的风起云涌催使商人们将更多资本投入资本密集型市场而非劳动力密集型市场，因为在前者中，以机器替代人工将大幅降低生产成本，这使企业对中产阶级和蓝领的需求越来越少。这是一场高科技带来的达尔文法则：优胜劣汰，物竞天择。科技的迅速发展使大量低技能人员被市场淘汰出局，给传统劳动力市场价值带来巨大冲击。当资本在追求规模经营时，将淘汰大量低技能劳动力，失业作为市场自由化的后果，暴露出市场机制缺陷，说明市场失灵也是收入不平等危机的根源之一。

(三)教育理念缺陷

相比政府和市场失灵，教育理念缺陷乃收入不平等危机的深层诱因。教育是一个国家的灵魂，是抚育人才的土壤，国家的教育理念对人才有着不可忽视的启蒙和价值导向意义。一国的教育理念只有倡导一种不患寡而患不均的利他思想，才能实现国家与人民的共同繁荣与长足稳健发展。然而近年来西方国家由于教育理念的缺陷，使其社会上充斥着狂热的拜金文化与自利心理，这是引发收入不平等产生并持续恶化的根源。

1. 拜金文化加速不平等

20 世纪 80 年代法国总统夫人丹尼埃尔·密特朗在接受采访时批评了法国的拜金文化，她说："今天的制度建立在金钱的基础之上。金钱是导师，金钱决定着一切。"[①]可以说资本主义国家的运转是靠金钱驱动的，该拜金驱动的社会文化源于教育理念中只注重指引莘莘学子向成功迈进而缺乏对其树立奉献精神的倡导。这致使时下越来越多的人才在就业时受"拜金"文化的驱使，选择高回报的金融业，放弃真正创造国民财富的制造业。而作为精英，应该首先追求国家和集体利益，牺牲小我实现大我，而非追求个人私利和皈依拜金文化。正是追求私利缺失奉献精神的短视思维催生寻租行为，使不平等现象在"拜金"文化的温床里迅速扩散，染指教育和医疗等领域，形成一种恶性循环，该拜金文化作为教育理念缺陷的产物堪称收入不平等危机的始作俑者。

2. 自利心理导致无视不平等

近几十年来西方社会泛起以自我为中心的文化风尚，十几岁的孩子时刻强调自己的重要性，学校教育培养出的学生的言行无不出于一种自利心理，这源于西方国家教育理念倡导的精英意识。遵循这种"精英"逻辑，学校产出的是在方方面面追求第一的精英"产品"，导致他们缺失了团结友爱的美好本性。这是西方文化教育理念的缺陷，亦是教育对学生道德层面引导的匮乏。当这

① 埃蒙德·费尔普斯，2013，《大繁荣：大众创新如何带来国家繁荣》，余江译，北京：中信出版社，第 254—255 页。

样的“尖子生”走向社会成为治理国家的“精英”时，秉承唯我独尊的惯性思维，做出唯利是图的寻租行为，对底层民众的水深火热无动于衷也就不足为奇了。足见教育理念内生的缺陷性实乃收入不平等演进的原初动因。

三、重构西方平等繁荣社会的路径探索

以“穷人的经济学家”著称的诺贝尔经济学奖获得者阿马蒂亚·森曾说：“要使社会安排具有合理性，就伦理要求而言，须在某个极为重要的层面对所有人给予起码的平等考量。”①(阿马蒂亚·森，2016)平等能够助力社会安定乃至国家繁荣稳定，当一个国家采取了公平的政策制度时，它实现繁荣崛起就不是难事；反之，当这些政策制度有偏时，就会产生不平等的分化，引发底层民众的不满，导致社会动荡不安，经济陷入漫长危机。因此西方亟待构建一个平等的社会，因为不平等危机的化解是实现繁荣的前提。前文我们揭示出收入不平等表层危机乃至惯性缺陷深层危机，下面我们将拨开层层的不平等危机探寻西方平等繁荣社会的重构之路。

对于收入不平等危机，西方政府近年来已实施一些针对性举措。以美国为例，特朗普的税收改革方案对不平等现象做出了一些积极贡献，税改旨在激发经济活力，降低失业率。改革使个人所得税由七级缩减至三级，高、中、低档税率分别为35%、25%、10%。税改后将翻倍工资标准扣除金额，同时政府为有抚养和赡养开支的家庭减免税收。维持住房、慈善捐款的税务扣除。② 此项改革使复杂税法透明易懂，减轻了不少美国低收入家庭的经济压力，尤其是中低产家庭，改革为西方发达国家解决收入不平等危机问题提供了借鉴意义。但美国新税改中的废除遗产税，却不尽如人意，改革前每人享受543万美元免征额，超出部分根据遗产价值的多少按18%～48%减轻税负。取缔遗产税将使财富代代相传，不断积聚富裕家庭，富人愈富、穷人愈穷，深化社会不平等危机，贫富分化裂痕持续加剧，其鸿沟弥合机会愈加微小。

同时美国具有贸易保护主义倾向，掀起逆全球化高潮，引发美国与其他国家的贸易战。这种逆全球化的做法，并不会给美国民众带来长久实惠，就业增加和经济增长虽能弱化收入不平等程度，但仅为短期繁荣，其脆弱性犹在。解决就业促进经济增长应建立长效机制，只有政府做到有为，发力抑制收入差距扩大，才能增加就业、增进人民福祉乃至推动经济增长、消减不平等危机。以上为美国政府为推动平等社会构建的举措实施，下文将针对不平等危机根源，

---

① 阿马蒂亚·森指出，所谓“平等”往往是通过对比两个人在某个方面是否具备相同特征(如收入、财富、幸福、自由、机会、权利、或需求的实现程度等)来判定的。

② 《特朗普政府公布力度美历史罕见的减税方案》，人民网国际，http://world.people.com.cn/n1/2017/0427/c1002-29239548.html，2017年4月27日。

进一步提出一些倡议措施以重构一个平等、国民共享、蒸蒸日上的西方繁荣世界。

(一)有为政府构筑平等繁荣之路的基石

政府的主干职能作用于管理社会公共事务、弥补市场失灵和制定宏观经济政策三个维度,它通过“看不见的手”把握着国家发展命脉。一个有为的政府是重建平等繁荣社会的基石,凯恩斯主义经济学家说,对教育、技术和基础设施这些美国迫切需要的领域投资才能振兴经济,告别衰退迈向持久增长。因此,有为政府需实现如下三层目标:有为管理社会公共事务、有效制定经济政策以及营造公平市场环境。

1. 有为管理社会公共事务

首先,有为管理要求均衡分配教育资源。教育给青年人带来机会,是打破阶层固化的重要桥梁。针对受教育机会不平等现象,政府可以从如下几方面着手:一是高校招生程序透明化,实现全程公开。二是招生政策应杜绝凭关系“走后门”,同时避免性别和种族歧视等现象;三是实现社会全面监督。其次,有为管理要建立全民医疗保障体系。医疗资源的分配最应实现公平,因为看病就医是一项基本人权,生命权不应该与支付能力挂钩。目前西方上层群体享用优质医疗资源,而底层民众却负担不起基本医疗费用。对此,政府可加大对医疗机构的投入,实现医疗保障全覆盖。最后,有为管理可以通过培训帮助就业。政府在降低失业率方面也可以很有作为,如增加对员工的职业技术培训或在高校引入学徒制,这可以有效帮助就业。综上,政府的有为管理有助于消减不平等的危害,为平等繁荣奠定基石。

2. 制定有效的经济政策

大多数关于收入不平等的议题都着眼于再分配问题。征收遗产税将有助于再分配公平,避免财阀统治的形成。20世纪60年代至今,经合组织国家遗产税收入与政府总收入比呈现大幅下降态势。然而鉴于西方不平等危机的演进,这种趋势应当被及时叫停。因为巨额财富的获得要么得益于运气,要么动用垄断力量,况且大多数富豪的子孙后代几乎毫无应得巨额财富的作为。就像美国总统西奥多·罗斯福所说,让巨额财富世代相传“是对整个社会巨大且真正的伤害”。此外,应提高资本利得税,因为税收应该鼓励辛勤工作,反对投机与寻租。设置金融资产税也不失为良策,因为富人财富更多地集中在股票等金融资产。种种经济政策都有益于促进社会平等,而平等的阳光可以穿透危机的阴霾带来繁荣和美好。

3. 营造公平竞争的市场环境

首先,限制金融业行为与规模。对金融业“去监管化”导致的寻租行为是收入不平等危机的罪魁祸首,故而加强监管金融业应该作为营造公平竞争市场环境的着力点。政府可以从如下几方面着手:第一,应该切断政府对金融机构的慷慨援助,限制其举债经营规模;第二,限制银行业务范围,实现透明化管理,使低收入群体远离高风险产品;第三,对金融机构重新布局,将其重组为规模更小、业务更简单的单元,使其专注于对中小企业的融资;第四,进一步健全全球化监管机构,避免富人转移资产进行偷税避税。其次,有效执法。司法体系应维持公平伸张正义,法官需要遵循法律准绳,做到执法必严。但当前仍部分存在法官以钱权为准绳执法的现象。对此,一要做到司法程序简单透明化;二要保证司法公正,严惩利益团体买通法官的行为,杜绝司法腐败;三要拓宽诉讼渠道,保证底层民众能够实现法律诉求和援助。以有效执法来杜绝腐败、伸张正义、为经济社会创造公平市场环境。

虽然市场机制缺陷会产生收入不平等,但市场力量可以由政治力量来重塑,尽管我们永远无法根除不平等现象,但我们可以制定更加有效的政策来弥补市场失灵,为公众提供更多平等,因为平等和谐的社会远比两极分化要更加健康、持久和繁荣。

(二)美德助推危机向平等繁荣的跨越

美国哈佛大学政治学博士弗朗西斯·福山说:"社会资本的获取需要适应一个共同体的道德准则,并且在这一共同体情境中培养各种美德。"(弗朗西斯·福山,2017a)足见美德对社会进步的推动作用。在迈向繁荣的道路上,有效的政策制度体现为一种强制力,而美德则是社会治理廉价而有效的软实力。美德的缺失是不平等日益扩大的根源,美德的普及能填平贫富差距的裂痕,促进平等社会的构建。因此,附加了"美德的繁荣"才是平等社会构建之精髓。

1. 重建信任的美德

离开信任,经济活动和政治行为将无法有序运转。信任是合同和交易的基础,由选举至立法,它为人类彼此沟通与协作搭建桥梁,构成了支撑共同体的基础和共识,它促进了民主进步,维系了社会稳定。当信任的地基不牢时,经济活动的大厦将濒临坍塌,社会纷争和矛盾也会自发而生。因为一旦将国家各个部分联系起来的信任纽带土崩瓦解,就很容易产生整体的分崩离析。收入不平等导致出现信任危机,而这种危机加速社会两极分化就是最好写照。弗朗西斯·福山说:"人类必须学会如何相互协作,之后才能创造财富。"(弗朗西斯·福山,2017b)金融危机令民众对金融业等信托服务行业的信任丧失殆尽,所以它们急需用行动重建信任的美德,这或许是西方国家走出信任困境的唯一出路,也是人类社会的希望所在,是重构平等繁荣社会的"粘合剂"。

2. 灌输储蓄的美德

在加尔文学说里,一个人积累的财富数量是上帝眷顾的标志。储蓄是一种美德,它能以节约财富的形式帮我们维持生存的基本保障,助我们走出财富不平等危机。根据国际货币基金组织的统计数据,2018 年中国居民储蓄率为 36.8%,世界平均储蓄率 21.5%,而美国经济分析局公布的数据显示,2018 年底，美国居民储蓄率为7.6%。低储蓄率加重美国两极分化、扩大其贫富差距，延缓其经济发展步伐。在2008年金融危机浪潮下，正是储蓄的美德让中国免受危机的侵袭，而借贷消费的观念使美国乃至整个欧洲陷入了长期经济低迷。在今年新冠疫情冲击下，截至四月，美国失业率高达14.7%[①]，大规模的停工停产使得很多人面临着严重的生存问题，失业金的领取进一步加重政府财政负担。因此，如果西方国家想要恢复经济运行，可以把储蓄利率提升到合理水平，提高居民储蓄意愿，缩小财富差距才是走出不平等危机的长久之计，它虽以短期阵痛为代价，却能带来持久繁荣。

信任和储蓄这两种美德通过推动观念进阶，使社会精英关注并致力于社会平等，使穷人注重财富积累，将缝合收入不平等裂痕，助力人类社会完善经济和制度文化、实现美好生活和环境。

(三)解决西方发达国家不平等问题之中国方案借鉴

中国如今乃是世界第二大经济体，经济蓬勃发展，人民生活欣然富足，中国的成功经验亦可以为西方社会走出不平等危机，实现平等繁荣提供一种借鉴选择。

1. 创建人类命运共同体促成平等繁荣

前文指出西方国家收入不平等危机正在日益扩大，权势贵族和精英人士通过各种手段牺牲多数人的利益为自己“敛财”，导致社会两极分化严重。事实表明，完全的利己行为终会导致矛盾与冲突，滋生腐败和不平等危机，阻碍经济发展，破坏社会和谐。人类社会是一个共同体，富人与贫民唇齿相依，休戚与共。习近平总书记近年来提出的人类命运共同体理念告诉我们，要摒弃零和博弈，坚持同舟共济、互信互利，打造利益共同体、责任共同体和命运共同体(习近平，2017)。因为共同体才是人类社会的最好归宿，共同繁荣才能从根源上消弭西方社会不平等的裂痕。

2. 大众创业、万众创新拓宽平等繁荣道路

2015年李克强总理于政府工作报告里开创性地指出：“大众创业，万众创新”。这项鼓励创业创新的政策面向全体大众，足以见得中国政府对草根阶层力量的高度重视，其原因有三：一是草根阶层可以通过创业创新实现自身的脱贫致富、增长收入；二是这将有利于打破阶层壁垒；三是创业创新还可以提升经济增长率，较高的经济增长率将反助于平等社会的构建。因为增长率的长期低迷、经济活力和工作满意度的降低多半都是创新率下降的“产物”，长期下去会导致经济衰落，甚至政府运作效率低下，不平等危机恶化。该创新激励政

① 2020年5月8日，美国劳工部公布了4月份失业数据，今年4月美国的失业率为14.7%，4月季调后非农就业人口减少2 050万人，创纪录最大降幅，前值减少70.1万人。非农就业人数就是非农业就业人数，是美国经济状况的一个重要指标，非农数据的好坏反映了美国的就业以及宏观经济状况，数据的好坏对资本市场产生比较大的影响。

策在增加创新数量的同时激发创新潜力，向创业的草根阶层供应优越政策环境，该项政策创新亦可为西方国家从不平等迈向平等繁荣社会拓宽渠道。

中国政府秉承着同呼吸、共命运的理念，通过制度改革进行民生建设，带动中国经济迅猛发展的同时，缩小了居民收入差距，实现了国民共进。可见很多时候不平等是一种政治选择，并不是必然的结果。

四、结　语

本文首先从收入不平等现状出发，发掘了收入不平等带来的机会、结果不平等以及由此引发的信任和道德危机；进而本文基于面向收入不平等引发对危机问题的根源剖析，指出它们产生的原因在于西方国家的政府和市场发生了双重失灵，同时也指出这种危机的更深层根源在于西方国家教育理念的缺陷。而后经过对危机根源的剖析，本文为构建平等繁荣社会进行了道路探索，提出了可以从政府有为、美德助推以及中国方案借鉴三个维度共同发力来缓解这场潜在的深层危机。

对于当前的西方国家，目前这些政策建议依旧存在着一些执行的难点，首先表现在监督难，如在目前的体制下高收入人群对于其财产的转移是很难被察觉到的，其次表现在一些政策的落实会触碰到既得利益群体，如美国前总统奥巴马推行的医改制度之所以失败，主要原因并不是他设计的制度方案存在缺陷，而是因为这种医改体制一旦实施，将严重损害美国上层社会的既得利益。面对这些难题，西方一些研究不平等问题的专家为我们提出了若干发人深省的良策，比如曾任世界银行首席经济学家的布兰科·米拉诺维奇认为，收入不平等现状可以通过提高税收，增加社会转移支付，对高技能劳动者相对多付出的部分进行再分配来实现。美国经济学家约瑟夫·斯蒂格利茨也在新书《改写美国经济规则》中点明，只有收紧对美国最上层 1%的人群的政策照顾，削弱金权政治，重新给予中产阶级财产安全和就业机会，才能真正为美国锁定更强劲的增长。① 法国经济学家托马斯·皮凯蒂于《漫长的危机》一书中提到，20 世纪 80 年代至今，税收体制的累进特征被大大降低，最高薪酬人群税率大幅下调，针对低薪酬人群的间接税却一直在上涨（托马斯·皮凯蒂，2018a）。唯一的解决办法是采取完全透明的税率表，建议降低个人月收入 7 000 欧元以下的税负，并有限度地增加月总收入超过 8 000 欧元人群的税赋（托马斯·皮凯蒂，2018b）。他同时指出，困住欧洲手脚最关键的因素是缺乏对未来的投资，欧洲现在正是需要大规模投资创新、投资青年项目和大学的关

① 《米拉诺维奇：好的全球化是全世界的中低收入阶层过得更好》，中研网，http://www.chinairn.com/scfx/20160914/114111875.shtml，2016 年 9 月 14 日。

键时候(托马斯·皮凯蒂,2018c)。曾经的哈佛大学哲学教授约翰·罗尔斯在他“作为公平的正义”理论里运用“基本善”的概念作为他的“差别原则”的立论基础。罗尔斯强调,有影响的管理者需经公开竞争选拔制度实现公平和公正。足见公开税率表和公开选拔等办法能够为目前的执行难问题带来一定的缓解和效用。此外,中国政府在习近平主席的带领下实施的一些措施也可以供西方国家参考。比如大力完善监督制度,鼓励普通民众对于身边发生的收入不平等现象予以举报。中国目前的反腐力度可以说是空前绝后,如果西方政府敢于拿出中国政府的魄力,将极大缓解西方收入不平等的危机。

西方收入不平等的危机现状,足令万千有识之士察觉中国当前经济发展潜在的危机,故而,我国于现代化建设前进路上也应时刻警惕这些潜在的问题。比如由收入不平等引发的医疗和教育领域的不平等,对广袤而贫瘠的乡土中国而言,农村人口无缘于城市先进的医疗和优质的教育,很难得到定期的医疗检查和良好的教育。若政府无视这两个重要领域的不平等现状,没有采取针对性措施对农村低收入人群给予政策照顾,将可能延缓中国梦的实现进程。

以上我们简要介绍了诸位权威学者对西方不平等危机问题的看法、解决意见与对中国的启示。诸多学者对不平等危机问题的关注和调研值得我国政府部门加强对收入不平等问题的重视。对不平等危机的深刻认知将是构建全新经济体系的机遇,西方收入不平等危机源自政策制度、市场机制以及教育理念的惯性缺陷,有鉴于此,可借助有为政府和重建美德等方法缓解这场危机,同时,中国的相关政策经验和命运共同体的理念,也为西方发达国家缓解不平等危机提供了有益借鉴。不平等危机的化解不仅会带来平等公正,还会促进效率的提高,当社会从不平等走向平等时,更易跨越危机阴霾迈向繁荣美好。

参考文献

[1]阿马蒂亚·森,2016a,《再论不平等》,王利文、于占杰译,北京:中国人民大学出版社,第133页。

[2]阿马蒂亚·森,2016b,《再论不平等》,王利文、于占杰译,北京:中国人民大学出版社,第3页。

[3]安东尼·阿特金森,2016,《不平等,我们能做什么》,王海昉等译,北京:中信出版社,第16页。

[4]保罗·萨缪尔森、威廉·诺德豪斯,2012,《萨缪尔森谈失业与通货膨胀》,萧琛译,北京:商务印书馆,第84页。

[5]大卫·科茨,2008,美国此次金融危机的根本原因是新自由主义的资本主义,《红旗文稿》,第13期,第32—34页。

[6]弗朗西斯·福山,2017a,《信任:社会美德与创造经济繁荣》,郭华译,桂林:广西师范大学出版社,第26页。

[7]弗朗西斯·福山,2017b,《信任:社会美德与创造经济繁荣》,郭华译,桂林:广西师范大学出版社,第7页。

[8]国际劳工组织,2018,《2016—2017年全球工资报告:工作中的工资不平等》,北京:中国财政经济出版社,第22页。

[9]李奇泽、黄平,2017,经济全球化与发达国家收入不平等,《红旗文稿》,第11期,第16—19页。

[10]托马斯·皮凯蒂,2014,《21世纪资本论》,巴曙松等译,北京:中信出版社,第25页。

[11]托马斯·皮凯蒂,2018a,《漫长的危机:欧洲的衰退与复兴》,洪晖、张琛琦译,北京:中信出版社,第112页。

[12]托马斯·皮凯蒂,2018b,《漫长的危机:欧洲的衰退与复兴》,洪晖、张琛琦译,北京:中信出版社,第167页。

[13]托马斯·皮凯蒂,2018c,《漫长的危机:欧洲的衰退与复兴》,洪晖、张琛琦译,北京:中信出版社,第113页。

[14]习近平,2017,《习近平谈治国理政》第2卷,北京:外文出版社,第502页。

Crisis and Prosperity: The Crisis and Roots of Western Income Inequality and the Way to Reconstruct An Equal and Prosperous Society

Lyu Mingjie

Abstract The global financial crisis in 2008 caused the collective introspection of economists. In the crisis, the market did not show effectiveness, efficiency or stability, and the government did not correct market failure in time, even the economic system and the starting point of the government were unfair. Today, the crisis has subsided on the surface, but the capitalist inertia flaws hidden behind it still exist. Under the phenomenon of income inequality between the top and bottom of the wealth pyramid of Western society, the deep crisis of market failure, government failure and weak supervision are reflected, exposing many shortcomings of the Western economic and political systems, and demonstrating the harmfulness of rent-seeking predatory behaviors and the vulnerability of prosperity. Such extreme inequality urgently needs our attention and actions. Only an equal society can show harmony and great prosperity. Therefore, we can try to reconstruct an equal and prosperous western society from three perspectives: policy, system and culture.

Key words Government failure Market failure Crisis inequality

全球价值链视角下我国制造业优化升级战略研究

——以合肥市制造业发展为例

王　岩　许彩俊

内容提要　近年来,我国制造业在全球价值链中的地位不断提升,但由于发达国家的技术垄断和竞争压力,我国制造业的产业升级面临许多问题和挑战。本文以我国制造业发达的长三角区域中心城市之一的合肥为例,深度分析合肥制造业在全球价值链中所处的位置,合肥制造业发展现状以及其在规模、效益、资金、研发、人才、要素、能耗等方面存在的问题,提出在制造业优化升级上可以实施创新驱动型、智能制造型、融合发展型、产融结合型、绿色发展型"五个转型"战略,以此给我国制造业的整体规划和发展战略带来启示。

关键词　全球价值链　制造业　优化升级　合肥

中图分类号　F276

20 世纪 90 年代,随着经济全球化的发展,国际经济学者陆续提出全球价值链概念。2002 年全球价值链概念被联合国在产业发展中首次定义使用,由于发达国家对技术、资金、人才等的控制处于全球价值链的顶端,而广大发展中国家,由于资金、技术、人才的劣势,处于全球价值链的中低端环节。为了抢占全球价值链的领导地位,世界各国都很重视制造业的产业优化升级,中、德、美、日等制造业大国都制定了工业 4.0 战略。习近平总书记指出:"要以智能制造为主攻方向推动产业技术变革和优化升级,推动制造业产业模式和企业形态根本性转变,以'鼎新'带动'革故',以增量带动存量,促进我国产业迈向全球价值链中高端。"[①] 处于长三角核心区域位置的合肥市提出"制造强市"战略,按照"国际先进、全国一流、区域引领"目标,以全新的发展模式引领新型工业化道路,促进战略性新兴产业集群发展和传统产业转型升级,推动资源要素

收稿日期:2020—07—04

作者简介:王岩,上海财经大学马克思主义学院博士后;许彩俊,上海交通大学中国城市治理研究院特邀研究员、合肥市统计协会常务理事、合肥市新站高新区经济运行监测中心主任。

基金项目:本文系教育部人文社会科学研究青年基金项目"习近平文化软实力思想研究"(17YJC710090)和合肥市 2019 年哲学社会科学规划应用对策项目(HFskyy201934)的阶段性研究成果。

① 习近平,在中国科学院第十九次院士大会、中国工程院第十四次院士大会上的讲话,新华网,http://www.xinhuanet.com/politics/leaders/2018-05/28/c_1122901308.htm,2018 年 5 月 28 日。

向制造业集聚、政策向实体经济倾斜，形成以战略性新兴产业为先导、高新技术产业和传统优势产业为主导的先进制造业体系。本文拟通过对合肥制造业的现状、问题以及优化升级战略的分析，来透视我国制造业整体现状以及发展战略。

一、全球价值链视角下合肥制造业现状分析

(一)全球价值链理论及其机遇与挑战

1. 全球价值链理论

20 世纪 90 年代，随着经济全球化的发展，国际经济学者陆续提出全球价值链概念。波特提出的价值链构成了价值链理论的基础，其理论不仅涵盖企业价值链与供方价值链、买方价值链共同组成的外部价值链，也包括了企业自身创造价值的内部价值链，该理论说明了价值链的竞争至关重要，决定了企业的竞争力。2002 年全球价值链概念被联合国在产业发展中首次定义，是指跨国公司在全球范围内开展协调生产、销售与回置处理，在这一过程中实现商品的价值或服务的价值组织网络，它涵盖了这一过程所有关联方的组织、价值和利益分配等。根据动力根源、核心能力、进入障碍、产业分类等不同，全球价值链分为生产者驱动和采购者驱动两种模式(见表 1)。二者的主要区别在于前者是产业资本驱动，后者是商业资本驱动；前者核心能力是研发与生产，后者核心能力是设计和市场销售。

表 1　全球价值链中生产者驱动模式和采购者驱动模式的比较

项　目	生产者驱动的全球价值链	采购者驱动的全球价值链
动力根源	产业资本	商业资本
核心能力	研究与发展和生产能力	设计、市场销售
进入障碍	规模经济	范围经济
产业分类	耐用消费品、中间商品、资本商品	非耐用消费品
典型产业部门	汽车、计算机、航空器	服装、鞋、玩具
制造企业的业主	跨国企业、主要位于发达国家	地方企业，主要在发展中国家
主要产业联系	以投资为主线	以贸易为主线
主导产业结构	垂直一体化	水平一体化
辅助支持体系	重硬环境轻软环境	重软环境轻硬环境
典型案例	波音、丰田、海尔、格兰仕等	沃尔玛、国美、耐克等

资料来源：Gereffi，G.，1999，International Trade and Industrial Upgrading in the Apparel Commodity Chain，*Journal of International Economic*，48(1)，pp. 37—70。

所谓制造业，指的是制造包括能源、设备、工具、技术等在内的资源，根据市场的相关规定，借助制造这一过程，将资源转化成大型工具、工业品、生活消费产品的行业。按照生产过程中物质形态的不同，可以把制造业分成离散型和流程型。制造业中有产品制造、产品设计、采购原料、运输配送、处理订单、批发、零售等环节。目前世界各国都很重视制造业的发展，中、德、美、日等制造业大国都制定了工业4.0战略(见表2)，德国规划了工业4.0，美国重视互联网工业，日本关注人工智能，而我国青睐新型显示、生物医药、高端装备与新能源产业。

表2　　中、德、美、日四国工业4.0战略规划比较

国家	政府规划	战略重点
中国	中德合作行动纲要	两化融合，制造强国
	《中国制造业发展纲要(2015—2025)》	大力推进新型显示、生物医药、高端装备与新能源产业
德国	《高技术战略2020》	工业4.0
		供应新式工业生产技术，成为主导市场
美国	《重振美国制造业框架》《先进制造伙伴计划》《先进制造业国家战略计划》	实现再工业化、工业互联网
		对“软”服务更为注重，使用互联网这一工具重新赋予传统工业活力，获得更大竞争力
日本	以3D技术为核心的产品制造革命	人工智能
		智能化生产及3D造型技术

资料来源：陈潭，《工业4.0：智能制造与治理革命》，北京：中国社会科学出版社，2016年。

2. 全球价值链的动态组合更新为发展中国家产业升级带来机遇

随着全球化和信息化的发展，全球价值链也呈现动态组合更新特征，处于价值链低端的企业有可能随竞争优势的确立跃升到价值链高端，而原来处于价值链高端的企业也有可能丧失原有优势，下滑至价值链低端，这也为发展中国家在全球价值链中的产业升级带来了机遇。目前全球价值链产业升级有4种模式，分别是流程升级模式、产品升级模式、功能升级模式和链条升级模式。这四种升级模式的区别见表3。我国由于各地产业集群及其配套发展程度和种类差异较大，因此可以因地制宜选择产业升级的模式，比如处在长三角龙头地位的上海，可以选择链条升级模式；处于长三角次中心地位的合肥，可以选择功能升级模式。而我国全面深化改革的推进，也为制造业产业升级带来新的机遇。新产业革命可以引领发展新方向，多重国家战略可以拓展地方产业发展新空间，各地政府新的发展战略定位可以提供多个发展新平台，深化改革可以增添产业发展新活力。特别是一些区域性改革试验区、开发区的推进建设，不断破除了制约经济发展的制度性和政策性障碍，将为我国制造业发展增添新的动力。

表 3　全球价值链下产业升级的四种模式

升级模式	定义	优化升级方法	升级表现
流程升级	重新组织生产系统或引进先进技术，提高价值链某环节内的效率	对员工进行技术培训、更新换代原有设备、提高生产效率	生产过程更有效率、成本降低、组织方式更新，从而获取的利润更多
产品升级	对关键核心技术的掌握以及对高附加值环节的占有	引进新产品或改进已有产品，引进更先进的生产线，以新产品、新品牌提高销售	产品研发速度快、市场份额提升、从而获取的利润更多
功能升级	嵌入价值链高端环节，改变产品内价值链分工的相对地位	依托自主品牌或重新寻找合作企业，重构价值链，争取价值链领导地位	在价值链中的位置发生改变，专注于附加值高的环节，外包附加值低的环节，从而获取的利润更多
链条升级	整体附加值较低的价值链转向整体附加值较高的价值链	利用突破性技术进步，从一条产业链条转移到另一产业链条	移向新的、价值高的价值链，从而获取的利润更多

3. 全球价值链产业国际化竞争加剧为发展中国家产业升级带来挑战

在全球价值链中，发达国家在资本和技术上有着绝对优势，他们往往利用掌控的资本和技术，来掌控新产品的研发和设计，在终端市场上获取超额的销售利润。而发展中国家限于自身资本和技术实力以及全球价值链高端环节的壁垒封锁，只能根据自身比较优势积极主动地嵌入全球价值链的低端环节，如组装、加工、简单制造等环节，获取较低的产品附加值。从国际来看，世界经济结构深度调整，经济增长速度趋缓，产业国际化竞争加剧，工业加速国际化和提升竞争力面临的外部压力更大。从国内看，我国资源环境刚性约束增强，产业转型升级压力加大，制造业优化升级在生产要素供给、资源和能源平衡、环境承载能力提升等方面，面临更多制约因素。

(二)全球价值链视角下合肥制造业发展现状

近年来，合肥以产城融合发展的新模式，坚持走新型工业化道路，促进战略性新兴产业集群发展和传统产业转型升级，以先进制造业为重点，把资源要素向制造业集聚、政策向实体经济倾斜，形成了以战略性新兴产业为先导、高新技术产业和传统优势产业为主导的先进制造业体系，在全球价值链动态组合更新中实现了功能升级，在新一轮的产业国际化竞争中抢占了先机。尤其是制造业快速发展，对经济的转型升级起到了非常关键的作用。2018 年，全市规模以上工业企业 2 287 家，其中制造业企业 2 231 家，约占规模以上工业比重的98%。年平均从业人员达48.45万人，共涉及31个行业，3 000余种产品门类，上万个产品品种。全市GDP总量为7 822.9亿元，制造业主营业收入6 859亿元，占GDP总量近88%；全市制造业企业完成工业投资同比增长17.5%，占全市全社会固定资产投资比重达25%；全市规模以上制造业完成应缴增值税146亿元，其中利润330亿元，上缴税收超过229亿元，是合肥市财政收入的重要来源。从发展质量上来看，每百元主营业务收入中的成本85.22元，增幅与去年持平。每百元资产实现的主营业务收入164.8元，与去年同期相比下滑22.5%。从推动就业上来看，占全市所有行业新增就业机会的50%，对GDP增长贡献大。由表4可以看出，从2013年到2018年，合肥市制造业企业单位数、资产总额、从业人员平均数等方面均呈现持续增加和利润平稳下滑的趋势。表5还可以看出，合肥制造企业在全球价值链嵌入地位中，尚处于全球价值链中低端位置，在美日德韩等工业发达国家的产业下游。

表4　　2013—2018年合肥市制造业发展总体状况

年份	从业人员平均数（人）	企业单位数（个）	资产总额（亿元）	利润总额（亿元）	每百元主营业务收入（元）
2013	520 492	2 283	1 359.24	472.76	86.23
2014	573 358	2 368	5 538.02	445.62	86.26
2015	586 233	2 422	6 179.45	468.69	86.68
2016	584 440	2 479	6 969.13	519.18	86.76
2017	558 370	2 257	7 277.10	398.69	86.12
2018	484 502	2 231	8 325.47	330.76	85.22

资料来源：2014—2019年合肥市统计年鉴。

表5　　合肥部分制造企业全球价值链嵌入地位状况

全球价值链产品或者产业	战略环节	战略环节控制者或者企业	领导企业所在母国	中国企业占据环节
汽车	研发、模具、成套装备制造	通用、大众、本田、丰田	美国、日本、德国等	通用零配件、整车组装
计算机	研发、核心原件、制造、软件设计	英特尔、惠普、微软、戴尔等	美国、日本	一般原件生产及组装
集成电路	IC设计和供应、前沿技术研发与生产	英特尔、三星	美国、韩国	低端制造与封装设计
家电	研发与核心原件	西门子、海尔、三星	日本、德国、韩国	一般原件及成品组装

（三）全球价值链视角下合肥制造业发展特征

1. 制造业综合规模不断扩大，优势行业持续发展截至2018年底，合肥制造业实现产值近7 300亿元，制造业从业人员平均484 502人，充分发挥了制造业带动就业的能力，企业单位数增加到2 231家，制造业资产总额高达8 325.47亿元。从2013年到2018年的数据来看，2016年制造业增加值占规模以上工业的64.9%，2018年6大主导产业增加值比上年增长15.6%，占规模以上工业的64.4%，比上年提高0.8个百分点；其中平板显示及电子信息产业增长31.4%，家用电器制造业增长19.0%(见图1)。

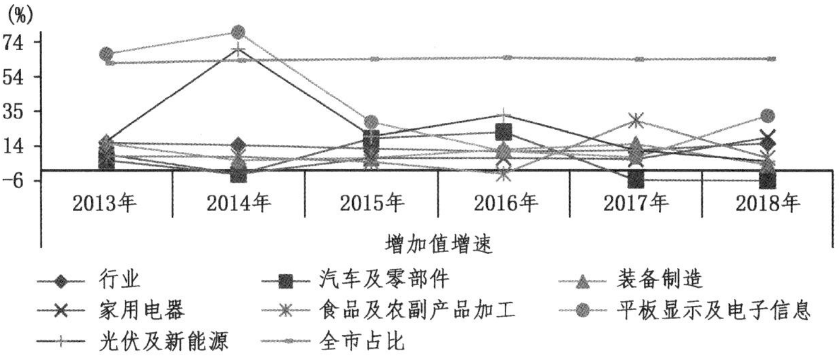

图1　2013—2018年合肥六大主导制造业增加值增速

资料来源：2014—2019年合肥市统计年鉴。

2. 利润总量持续增加，经济效益表现良好

由于大力发展科技含量制造企业，合肥制造业利润总额体现了制造业经济效益良好的特点，从2013年的472.76亿元增加至2016年的519.18亿元，对地方经济的贡献率也在不断上升。规模以上工业统计的主要产品产量中，彩色电视机、家用电冰箱利润额分别比上年增长68.6%和6.4%，太阳能电池增长17.9%，微型计算机设备增长28.4%，液晶显示屏增长2.4%，挖掘机增长15.1%，新能源汽车增长107.3%。

3. 研发投入持续加大，科研实力不断提升

2018年全市规模以上工业企业研发投入形势向好，研发经费投入达137.1亿元，研发投入强度达1.97%。全市工业企业共申请专利17 845件，比上年增加277件，其中发明专利8 072件，比上年增加211件，发明专利申请占申请专利的比重为46.4%。有效发明专利数20 021件，增长14.2%。大型企业2018年申请专利8 930件，发明专利3 952件，发明专利申请占申请专利的比重为44.2%，规模以上工业企业新产品产值达到3 256.6亿。其中大型企业产品产值2 380.8亿元。

4. 中小企业贡献突出，经济效益明显

如表6所示，2018年全市规模以上工业企业总数为2 231家，小型企业

1 922家,中型企业233家,大型企业76家。在产出方面,中小型企业占比超过全市规模以上工业的50%。工业小型企业具有劳动密集型特征,其资本密集程度大大低于大中型企业,中小型企业利税及利润均高于大型企业,因此也要充分重视中小企业在经济中的重要作用。

表6　2014—2018年合肥市大中小型规模以上企业部分指标比较

类型	指标	2014年	2015年	2016年	2017年	2018年
小型企业	企业个数(个)	2 089	2 133	2 189	1 928	1 922
	主营业收入(亿元)	2 445	2 706	2 975	2 506	1 612
	利润总额(亿元)	162	253	184	142	92
	应缴增值税(亿元)	58	63	59	48	45
	平均用工人数(人)	216 584	227 810	197 679	227 810	171 060
中型企业	企业个数(个)	245	260	268	253	233
	主营业收入(亿元)	1 537	1 787	1 953	1 578	1 311
	利润总额(亿元)	95	163	113	99	78
	应缴增值税(亿元)	47	48	45	40	35
	平均用工人数(人)	129 954	137 313	128 219	137 313	121 161
大型企业	企业个数(个)	85	81	78	76	76
	主营业收入(亿元)	4 212	4 437	4 590	4 606	4 149
	利润总额(亿元)	213	392	242	252	182
	应缴增值税(亿元)	97	98	113	90	90
	平均用工人数(人)	249 456	246 038	232 472	246 038	230 904

资料来源:2014—2019年合肥市统计年鉴。

5. 工业发展较快,重工业占比较高

合肥制造业起步晚,发展快,特别是20世纪50年代从上海转入的56家私营和公私合营企业,对合肥的制造业发展具有重要影响,改变了合肥制造业技术、资金、管理经验、供需渠道等方面的问题。1957年,合肥的工业产值开始迈入亿元时代,工业企业378家,工业总产值16 685万元,比1949年增长了16.92倍,初步形成了机械、轻纺、食品、化工的雏形,合肥开始由消费城市转为具备生产能力的城市。1958年至1965年,合肥被确定为建成以机械工业为中心的重工业城市。在重工业投资和重工业企业数上,1958年比1957年增加21倍。1969年至1973年,合肥工业产值跨过10亿元门槛。1991年合肥的工业总产值突破百亿元。2005年7月,合肥市委做出了实施“工业立市”的重大决策,把工业发展放在更加重要的位置。

6. 战略性新兴产业发展较快，综合规模不断扩大

合肥市战略性新兴产业不断发展，战略性新兴产业动力强劲，逐步成为引领经济增长的新引擎。如图2所示，2018年，全市战略性新兴产业产值占全市工业的45.0%，同比提高1.6个百分点；产值增长13.1%，高于全市工业4个百分点。战略性新兴产业增加值增长19.1%，较2017年提高2.7个百分点，高出全市工业7.8个百分点；对全市工业增长贡献率为76.9%，较2017年提高23.5个百分点。其中，新一代信息技术、节能环保分别增长33.3%和12.8%。从产品产量看，新能源汽车增长1.1倍，智能电视增长30.0%，太阳能电池增长17.9%。全年战略新兴型产业PMI均值55.8%，高于去年均值1.9个百分点，比制造业总体PMI均值高出2.8个百分点。坚持"龙头企业—大项目—产业链—产业集群—产业基地"发展思路，新型显示、太阳能光伏、新能源汽车、公共安全等新兴产业在全国确立先发优势。家电、装备制造、平板显示及电子信息、汽车及零部件等4个产业产值相继突破千亿。2018年，全市战略性新兴产业、高新技术产业占工业比重分别为17.9%和36.2%。

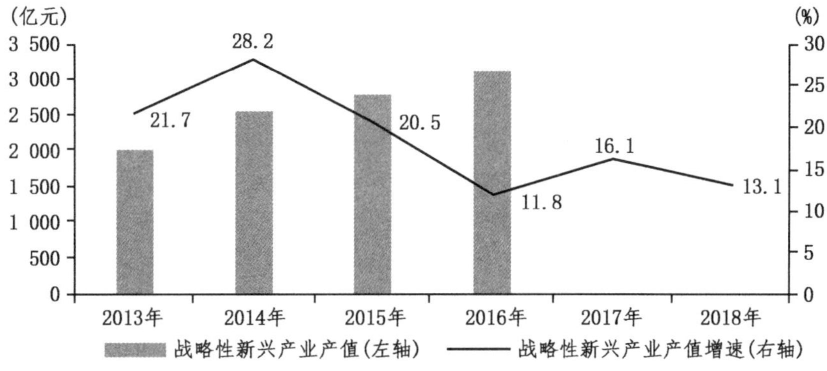

图2　合肥战略性新兴产业产值及增速[①]

资料来源：2013—2019年合肥市统计年鉴。

7. 创新引领产业发展，提升技术驱动能力

高新技术产业是衡量一个区域核心竞争力与发展潜力的决定性因素。2018年，合肥市高新技术制造业占制造业企业总数比重大，对制造业的带动力强。如图3所示，从增加值增速来看，从2014年的17.5%到2018年的14.7%；从产值总量来看，2016年产值达到5 673.77亿元，创造了将近60%的总产值；从资产总额来看，各个行业的总产值均在不断增加。其中，电气机械和器材制造业总产值从2014年开始处于领先地位，在制造业中所占比重也一直

① 作者按，本表中的数据来源于合肥市统计年鉴，由于合肥市自2018年开始，统计年鉴中不再公布战略性新兴产业和高新技术产业产值，因此图表中没有2017年和2018年的具体数值。

最大,2016年占比呈现逐年下降的趋势;其次分别是计算机、通信和其他电子设备制造业产值规模不断增加。

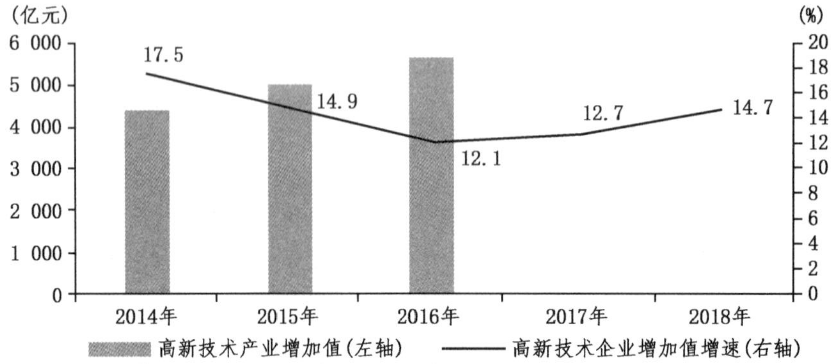

图3 合肥高新技术产业增加值及增速

资料来源:2014—2019年合肥市统计年鉴。①

二、全球价值链视角下合肥制造业升级问题分析

(一)制造业总体规模不大,制造业结构布局不平衡

由图4可见,2018年,无论是生产总值、规模以上增加值,还是出口总额,在长三角经济较发达的7个城市中,合肥都处在垫底水平,全市规模以上工业企业数只有2 231家,远远落后于上海、杭州、无锡等城市。从大中型企业数来看,合肥规模以上工业企业中大型企业数和大中型企业数最少,大型企业数接近宁波、杭州和无锡,而中型企业数远远落后于其他6个城市。从工业规模上看,合肥与其他长三角副中心城市尚有差距。与安徽省经济较发达的4个城市比较来看,在制造业投资领域,合肥占安徽省比重较高,但在工业投资增长、战略性新兴产值增长速度上,远远落后于芜湖、滁州、马鞍山(见表7)。从制造业结构布局来看,2018年合肥高新技术制造业产值近6 300亿元,处在长三角7城的末位,其产业主要集中在计算机、通讯和其他设备电子制造业,而医药制造业、仪器仪表制造业等其他行业发展很不充分,产值总额较小。从全球价值链体系配套来看,高技术制造业还是发展的薄弱环节,与区域地位和产业发展定位都不相适应。

① 作者按,本表中的数据来源于合肥市统计年鉴,由于合肥市自2018年开始,统计年鉴中不再公布战略性新兴产业和高新技术产业产值,因此图表中没有2017年和2018年的具体数值。

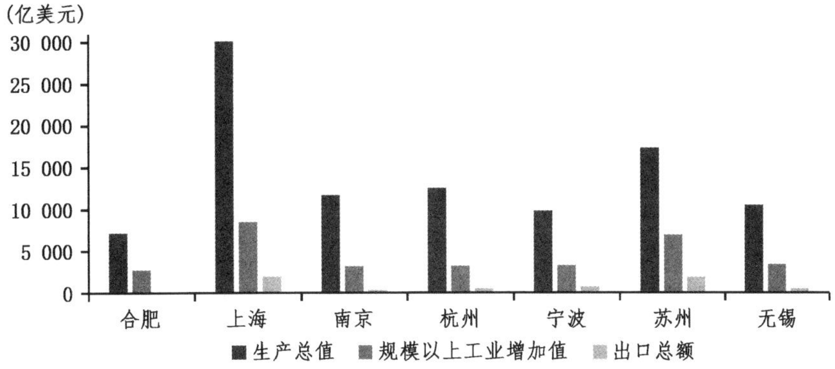

图 4　2018 年长三角地区发达城市数据比较

资料来源:2018 年安徽省统计年鉴、2018 年江苏省统计年鉴、2018 年上海市统计年鉴。

表 7　安徽省发达城市数据比较

地区	工业投资增长(%)	规模以上工业增加值(%)	战略性新兴产值增长(%)
合肥	17.5	11.3	13.1
芜湖	20.1	8.8	15.4
滁州	36.6	11.4	17.7
马鞍山	46	9.1	19.2

资料来源:2019 年安徽省统计年鉴。

(二)制造业整体经营效益不高,区域竞争优势不明显

工业经济发展的水平不仅体现在规模总量上,还体现在结构和效益上。如图 5 所示,从 2010 年至 2017 年的数据来看,合肥市规模以上工业企业成本费用利用率和总资产贡献率都呈稳定下降趋势,资产负债率、流动资产周转率、产品销售率则保持稳定水平。如图 6 所示,与其他城市相比,合肥市制造业总资产、利润总额和每百元资产实现的收入都有一定的差距。合肥市制造业主营业务收入 2018 年较 2017 年仅增长 6.69%,主营业务利润率为 12.13%。2018 年,合肥市规模以上工业企业实现利润 346.50 亿元,同比下降 6.5%,低于全国 16.8 百分点,低于全省 34.3 个百分点;亏损企业亏损额 67.53 亿元,增长了 143.5%。与南京、杭州、武汉等其他省会城市相比,合肥制造业整体效益还需要进一步提高。

(三)科研投入结构不合理,创新成果转化能力偏低

2018 年统计显示,合肥市科研经费内部支出合计 152.96 亿元,其中政府资金 8 亿元,企业资金 143.58 亿元。总体上看,工业企业产学研需求增强、出

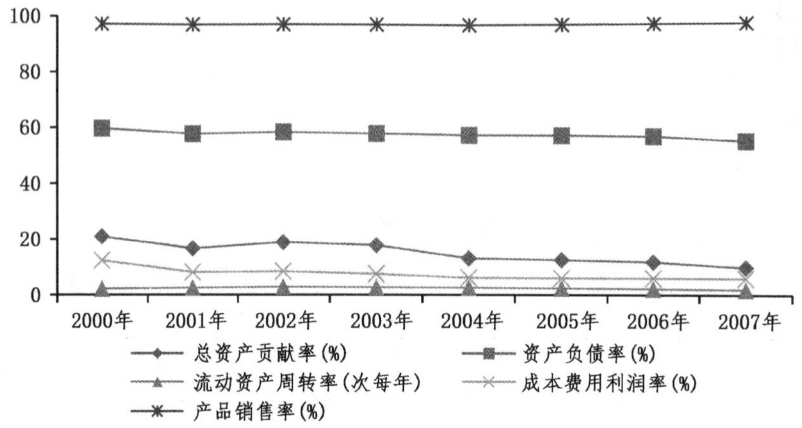

图 5 合肥市规模以上工业企业主要经济效益指标

资料来源:2018 年安徽省统计公报。

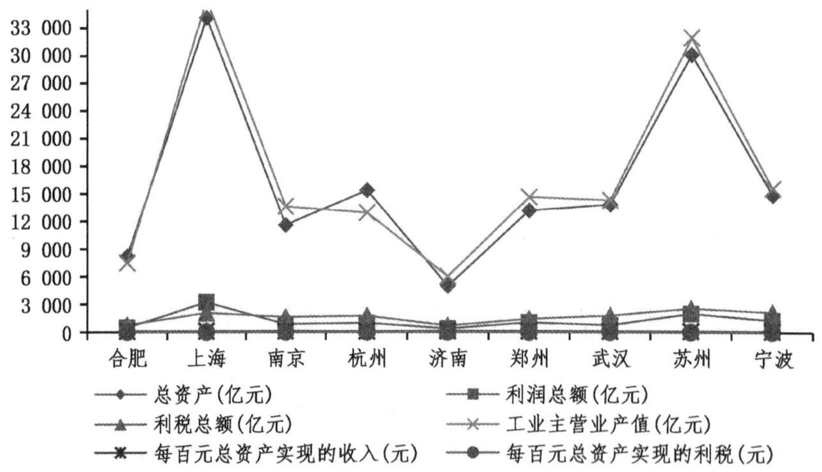

图 6 2018 年部分城市规模以上工业企业效益

资料来源:2018 年合肥市统计年鉴、2018 年济南市统计年鉴、2018 年武汉市统计年鉴、2018 年江苏省统计年鉴、2018 年浙江省统计年鉴。

现紧密合作趋势,但境内校企合作还不够密切。此外,汽车制造、通用设备制造等行业实现工艺创新的企业占全部企业的比例较低,食品制造业有产品或工业创新的企业占全部企业的比重不高。实现产品创新的企业占全部企业的比重需要提高,表明创新成果转化需要进一步提高。此外,从各县(市、区)工业企业研发经费情况来看,研发经费、投入强度呈现不均衡状态。2018 年全市工业企业有效发明专利已被实施 8 283 件,有近五成的有效发明专利没有被实施转化，工业企业成果转化能力还有待进一步提高。

(四)利用外资规模不大，外贸出口的结构性矛盾依然存在

对外贸易依存度反映的是一地区对国际市场的依赖程度，通常用来衡量一地区对外开放的程度。2019 年 1 月至 5 月，安凯汽车、阳光电源、京东方光电、鑫晟光电、江淮汽车、联宝电子等企业开拓国际市场成效显著，6 家企业共实现出口 19.93 亿美元，同比下降 6.3%，占合肥市属企业出口总量的 29.9%；京东方显示、合肥晶合、康宁显示 3 家企业累计进口 1.246 亿美元，占到合肥市属企业进口总量的 30.2%，这些高质量的制造业企业，为合肥进出口做出了巨大贡献。但合肥总体出口型制造业企业仍然数量不多、规模不大，尽管 2018 年全年出口总额 182.46 亿美元，比上年增长 25.3%，但与长三角发达城市相比，合肥市在出口总额、利用外资企业数、新批合同外资、实际利用外资等方面存在较大差距。2018 年合肥的进出口总额为 308.13 亿美元，不到南京的二分之一，略超杭州的三分之一，不到宁波的四分之一，不到上海的十分之一。

(五)人才吸引力相对不足，高精尖人才缺乏

制造业特别是高新技术制造业，对一个地区的发展至关重要，从 2013 年到 2018 年的统计数据来看，合肥制造业研发人员投入逐年增加，但是高层次研发人员投入比较低，高层次人才流失率也比较高，这主要是由于发展前景、薪酬福利、发展平台等原因导致的。从全市层面看，人才工作效能不高，同时高房价也透支了区域未来的发展潜力，对人才引进带来一定的影响。相比较南京、杭州、宁波、苏州这些长三角发达城市，合肥的人才吸引力相对不足，人才引进通道不够通畅，人才服务合力尚未完全形成，这将进一步制约合肥制造业的高质量发展。

(六)能耗需求扩大，控制能耗形势日益严峻

2018 年，全市工业能耗 920.97 万吨标准煤，同比增加 27.17 万吨标准煤，增长 3.04%，低于工业增加值增速 8.06 个百分点，低于全社会能耗增幅 1.16 个百分点；占全市总能耗的 39.87%，同比下降 0.45 个百分点；单位工业增加值能耗同比下降 6.98%，降幅高于单位 GDP 能耗 2.98 个百分点；工业节能总计 49.18 万吨标准煤，占全社会节能总量的 51.2%。所以整体工业能耗呈稳定下降态势。相比而言，制造业综合能耗 460.14 万吨标准煤，增长 2.9%，增幅较上年扩大 2.6 个百分点。其中，计算机、通信和其他电子设备制造业综合能耗 39.51 万吨标准煤，增长 57.1%，增幅较上年扩大 51.3 个百分点；非金属矿物制品业综合能耗 176.99 万吨标准煤，增长 4.0%。可见，制造业能耗，特别是合肥支柱制造产业能耗增幅较大，需求增长较快，给节能工作带来较大压力。2018 年，合肥 6 大高耗能行业综合能耗 603.39 万吨标煤，占规模以上工业能耗的 76.5%，比 2017 年下降 0.8 个百分点；同比减少能耗

0.92万吨标准煤，下降0.2%，比规模以上工业能耗增幅低1.3个百分点。2018年，规模以上工业企业能耗788.37万吨标准煤，同比增长3.54%，增速比上年提高2.66个百分点。其中：以京东方10.5代线等为代表的显示行业3个新投产项目，能耗净增32.06万吨标准煤，拉动规模以上工业能耗增长4.21个百分点，拉动全社会能耗增长1.45个百分点。未来新型显示、集成电路这些合肥的主要制造业支柱都是高耗能行业，所以控制能耗是关键。

(七)要素保障不够，服务型制造不匹配

制造业要想转型升级就必须有相应的支撑体系，其支撑体系包括人才、政策、技术、基础设施和资金等。就现阶段合肥制造业发展的情况来看，制造业支撑体系跟制造业发展不相匹配，制造服务业发展不充分制约了制造业发展。近年来合肥市重视战略性新兴产业，其他的新兴服务业也迅速发展，如软件信息、电子商务、商务咨询等，大力培育生产性服务业市场主体，加快研发设计、融资租赁、检验检测认证、服务外包等重点领域的发展，进一步强化生产性服务业在制造业提质增效方面的推动作用。但是，由于资金、劳动力、原材料等瓶颈问题的制约也直接影响了制造业的进一步发展。如图7所示，2018年通过对合肥企业问卷调查得出制造业企业目前存在的困境有：劳动力成本上涨、原料价格上涨、资金紧张、需求减少、运输成本上涨等。

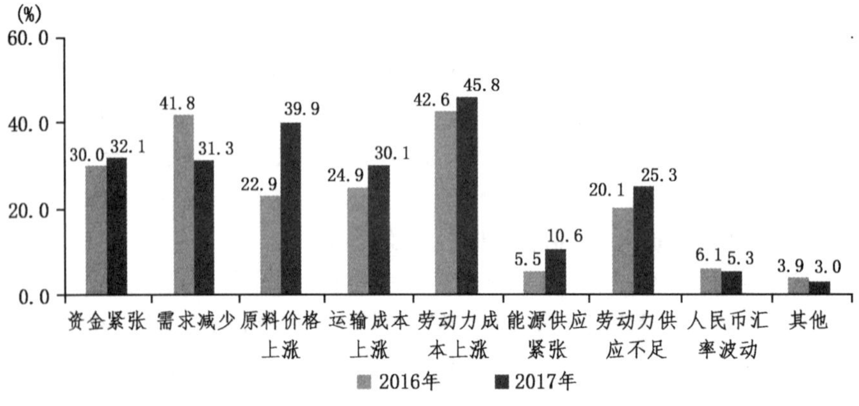

图7 制造业企业反映主要问题占比

资料来源：合肥统计局调查队调查资料。

(八)淘汰落后产能，盘活闲置土地

近年来，合肥的快速发展也带来了传统产业急需转型升级的问题，如合肥的经开区、庐阳区的经开区、新站高新区瑶海工业园，这些地区大量的工业厂房没有用来生产，而是用于仓储、物流，不仅影响了文明创建，同时还带来了安全隐患，更主要的是影响合肥制造业高质量发展。因此，合肥市需要全面实施“总量锁定、增量递减、存量优化、流量增效、质量提高”基本策略，充分挖掘存量建设用地资源，坚持内涵式集约发展，注重发挥市场机制作用，进一步完善城市功能，优化城市空间，提升城市品质，强化土地全生命周期管理，提高土地节约集约利用水平。

三、全球价值链下合肥制造业优化升级战略分析

从上述合肥制造业发展现状以及存在的问题可知，合肥市在制造业总体规模、经营效益、利用外资、人才、资金、土地、要素、能耗等方面竞争优势不够，制造业整体水平仍处于全球价值链中低端水平，制造业优化升级任务紧迫，需要制定科学的目标战略和可行性措施。

(一)目标与战略

合肥制造业需要抓住国内市场规模持续扩大的机遇，通过激励有条件的制造业企业加大创新力度，发展自主创新技术和自主品牌。通过建设世界级城市，打造吸收全球先进生产要素的平台，促进产业迈向中高端领域。面向国际市场，开发具有自主知识产权和自主品牌的产品，建设“以我为主”的全球价值链。为实现上述目标，合肥市在制造业升级战略上可以实施“五个转型”战略。

1. 创新驱动型

由“要素驱动”转向“创新驱动”。党的十九大报告中指出了创新是引领发展的第一动力，是建设现代化经济体系的战略支撑，从目前合肥制造业面临的阶段性困境来看，原有的主要依靠投资拉动的增长方式已难以为继，经济增长的传统动力正逐步降低，经济发展迫切需要由“要素驱动”向“创新驱动”转变。

2. 智能制造型

把智能制造作为优化升级的重要方向，围绕产业链的重点领域和关键环节，谋划一批市场前景好，带动能力强的项目。推广应用工业机器人，加快食品、家电、汽车等重点行业生产设备的智能化改造，培育智能工厂、数字化车间，探索建立智能制造示范区。

3. 融合发展型

推动互联网、大数据、人工智能和制造业深度融合，推行“互联网＋制造”模式；推动先进制造业和现代服务业深度融合，推行“制造＋服务”模式；大力发展个性化定制、网络化协同、智能化生产、服务型延伸等新模式，推动产学研深度融合，强化企业家是创新的主帅、科学家是创新的主力、企业是创新的主体、政府是创新生态的主责意识。

4. 产融结合型

产融结合是指产业资本与金融资本的融合，由于制造业优化升级离不开金融行业的支撑，良好的投融资环境能够为制造业优化升级提供巨大的支持，

因此通过产融结合可以有效地支撑制造业优化升级。

5. 绿色发展型

推行“节约增效+循环再制造”模式，大力发展绿色制造。抓住绿色消费、健康消费、时尚消费、品质消费成为经济增长的“新蓝海”的时机。加快绿色产品、绿色工厂、绿色园区、绿色供应链、腾笼换鸟等试点建设，大力推行土地集约利用、废弃物交换利用、能量阶梯利用、废水循环利用等制造业循环发展模式。

(二)可行性措施①

1. 坚持高端产业引领，提高全球价值链中附加值比例

系统推进《中国制造2025》试点示范城市建设，积极争创《中国制造2025》国家级示范区。聚焦重点产业、重点领域、关键核心技术，以智能语音、新型平板显示为核心，依托“屏一芯一声一端”细分产业支撑，构建“智慧+”产业链条；以新能源汽车为核心，依托“设计一材料一制造一产品一应用”等领域支撑，构建“绿色+”产业链条。全方位营造产业链、创新链、人才链、政策链衔接贯通的生态环境，培育1～2个世界一流的先进制造业产业集群，力争在更高层次参与全球创新与产业竞争合作。

2. 打造开放性平台，开拓国外市场，加速产业国际化进程

打造对外开放平台，重点围绕“合新欧”国际货运班列，建立出口加工区、保税区、自贸区、空港示范区、跨境电子商务港等对外开放平台，加强与上海自贸区的合作，搭建对外开放平台；加强共建“一带一路”同长江经济带发展、粤港澳大湾区建设、京津冀协同发展等国家战略的对接，支持优势企业通过新建、参股、并购等多种方式，深入实施走出去战略；建立海外研发中心、境外产业基地；加大引进来力度，加强国际产能合作，围绕重点产业开展精准招商；重点拓展产业、贸易、科技、人才、金融领域的合作。加强合肥市制造业在全球分工合作中的地位，增强集聚全球人才、资源、要素、产业的能力。

3. 加大科研投入能力，推动产学研深度融合的技术创新体系

以制造业优化升级、培育经济增长点为需求导向，汇聚政府、企业、高校、科研院所、行业组织等各方面创新资源，大力推进制造业创新中心建设，推动企业、创客、高校院所、服务机构“四方”协同，促进创新链、资金链、产业链、政策链“四链”联动，加快建立以企业为主体、市场为导向、产学研深度融合的技术创新体系。以“政产学研用金”相结合的协同创新作为研发的主要模式，通过开展基础共性技术研究、建设公共创新平台、协同产品研发、联合加快重大科研成果转化，推动新产品研发、高新技术改造、科研成果产业化和两化深度融合，实现创新驱动。营造良好的营商环境，精准制定制造业优化升级扶持政

① 许彩俊，以全球价值链视角，优化升级合肥制造业，《合肥晚报》第3版，2019年9月11日。

策。政府部门要担当作为、主动作为、创新作为，切实发挥好政策行家的引领作用、业务专家的指导作用、企业的服务作用。行家引领要有“实”的作为，加强政策研究，推动产业政策更加精准、更加有效、更易操作。特别是要针对当前经济运行中出现的新情况、新问题，加强预测研判，针对不同行业、不同企业，一企一策、一业一方，分类指导、精准施策，不断提高业务指导的针对性、及时性。全面实施“降成本”行动，深化政府效能革命，实现简政放权、正税清费，为制造业发展提供全方位的优质、高效服务。

4. 实施“腾笼换鸟”战略，加快推进新动能转换步伐

实施“腾笼换鸟”是合肥市制造业下一步优化升级的重要战略，应该积极研究和探索、制定和完善相关的引导激励机制。从招商层面来看，选择与国家政策相符的高新技术企业，有针对性地招商引资，在战略性新兴产业抢占制高点；强化城区工业园区产业转型“辐射源”作用，加快“退二进三”，通过异地搬迁、建设标准化厂房、升级改造等方式，盘活存量建设用地，促进要素流动，降低商务成本；制定出台“腾笼换鸟”政策，加强制造业发展的各类要素保障机制，提升要素集聚能力，推进资源配置持续优化。

5. 建设多层人才队伍，重视高端人才引进与培养

推进高端人才引进和培养。要营造鼓励创新、容忍失败的社会环境，尊重和发扬企业家精神，充分激发企业家的积极性和创造性，使其才华得到充分利用。努力营造尊重工匠精神和精益求精的社会氛围，针对人才政策政出多门，人才管理分散的现实情况，参照外地经验成立招才局，整合部门职能，形成强大工作合力。针对制造业中的特殊行业，出台专门的人才政策方案，扩大政策覆盖面，激励更多的优秀人才留在合肥。大力表彰和建设多层次人才，强化职业教育，开展校企合作的培养模式，利用合肥职教城的优势，建设一批技能型紧缺人才培养基地和实训基地。

6. 扶持龙头企业，发挥中小企业主体地位和企业家精神

坚持“龙头企业—大项目—产业链—产业集群—产业基地”的发展思路，把握战略性新兴产业发展的重点和方向，加大对龙头企业的支持力度。加大对重大产业项目、产业创新平台项目、产业链关键环节项目的支持力度，在金融、土地、人才、市场环境等方面给予倾斜。要研究制定“单打冠军”企业培育认定标准，建立成长型小微企业项目库，培育“专精特新”中小企业、成长型小微企业，打造一批细分市场“排头兵”“单打冠军”“行业小巨人”。同时，鼓励中小企业参与关键技术的推广应用，推广新产品首次示范应用，努力让“创新之花”结出“产业之果”，不断提升企业科技创新能力和综合竞争力。

7. 打造国际知名品牌，提升制造业核心竞争力

提升制造业核心竞争力，建立自主品牌，坚持精品路线，在品质品牌塑造上出实招。按照“品质品牌＋终端延伸”模式，大力发展精品制造。深入实施

提高工业产品竞争力的“三品”战略，大力建设企业技术中心、工业设计中心等各类创新平台，培育遴选一批“制造业单项冠军”企业和“工业精品”，积极开发更多面向消费者的个性化终端产品，通过产业链的延长实现价值链的提升。

8. 坚持生态理念，在绿色制造体系上探新路

加快构建绿色工厂、绿色产品、绿色园区、绿色供应链“四位一体”的绿色制造体系，创建培育绿色工厂，力争节能环保产业产值增长30%以上。开展节能诊断及节能服务进企业、进园区等活动，强化节能监察，加强能耗管理，将能耗工作当作经济运行工作的重点。培育行业能效领跑者，推进新能源汽车动力蓄电池回收利用试点。抓住绿色消费、健康消费、时尚消费、品质消费成为经济增长的“新蓝海”的时机，建议政府加快引进和培育绿色工业，实现合肥制造业的可持续发展。

9. 打造产融结合典范，助力合肥由制造大市迈向制造强市

合肥制造业的优化升级离不开金融的支持。合肥应该利用长三角一体化战略规划的大好时机，主动学习上海等发达城市金融支持企业的发展经验，谋划合肥金融业发展目标和举措，利用中国科学技术大学国际金融研究院，更高标准推动打造长三角区域性金融中心。围绕主板(中小板)、创业板、新三板、科创板、省股交中心、私募股权投资6大板块，培育本土优质制造业做大做强，减轻企业融资负担，形成全链条的“金融+资本”创新体系，覆盖制造业发展全过程。

四、结　语

合肥作为我国制造业最发达区域的核心城市之一，其产业水平只处在全球价值链的中低端水平，这反映出我国整体工业水平仍处在全球价值链的中低端水平。由于发达国家对技术、资金和人才的垄断，我国制造业的优化升级工作面临的外部国际环境压力较大。在参与经济全球化竞争的同时，我国还需要投入更多的资金、人才，完善扶持政策，进行产业扶持、自主创新、产业链整体配套建设，挖掘国内市场需求潜力，进行区域联动和完整的产业体系建设。通过政府引导和企业自身努力，力争爬升至全球价值链顶端，立于工业发展竞争不败之地。

参考文献

[1]王恩奉，2012，转型经济期安徽制造业发展路径及对策研究，《经济研究参考》，第47期，第77—80页。

[2]邵安菊，2017，互联网与制造业融合发展的几个关键问题，《经济纵横》，第1期，第74—77页。

[3]刘志彪,2017,“一带一路”倡议下全球价值链重构与中国制造业振兴,《中国工业经济》,第6期,第35—40页。

[4]刘志迎,2019,《中国创新50人笔谈》,合肥:中国科学技术大学出版社,第30—40页。

[5]杨蕙馨、高新焱,2019,中国制造业融入垂直专业化分工全球价值链研究述评,《经济与管理评论》,第1期,第34—41页。

[6]张晓莹,2015,环境规制对中国污染产业贸易竞争力影响机理研究,《经济与管理评论》,第3期,第38—45页。

[7]张杰、刘志彪,2009,全球化背景下国家价值链的构建与中国企业升级,《经济管理》,第2期,第21—25页。

[8]程大中,2015,中国参与全球价值链分工的程度及演变趋势——基于跨国投入—产出分析,《经济研究》,第9期,第4—16页。

[9]李跟强、潘文卿,2016,国内价值链如何嵌入全球价值链:增加值的视角,《管理世界》,第7期,第10—22页。

[10]戴翔、张为付,2017,全球价值链、供给侧结构性改革与外贸发展方式转变,《经济学家》,第1期,第39—46页。

Research on Optimization and Upgrading Strategy of My Country's Manufacturing Industry from the Perspective of Global Value Chain

—Taking the Development of Manufacturing Industry in Hefei as An Example

Wang Yan　Xu Caijun

Abstract　In recent years, the status of our country's manufacturing industry in the global value chain has been continuously improved. Due to the technological monopoly and competitive pressure of developed countries, the industrial upgrading of our country's manufacturing industry is facing many problems and challenges. This article takes Hefei, one of the central cities in the Yangtze River Delta region where the manufacturing industry is developed, as an example, and deeply analyzes the position of Hefei's manufacturing industry in the global value chain, the status quo of Hefei's manufacturing industry, and its scale, efficiency, capital, R&D, talent, factors, energy consumption and other aspects of the problem. Then this article puts forward that the optimization and upgrading of the manufacturing industry can be implemented in the innovation-driven, intelligent manufacturing, integrated development, industry-finance integration, green development "five transformation" strategy, which can bring enlightenment for China's overall planning and development strategy of the manufacturing industry.

Key words Global value chain Manufacturing industry Optimization and upgrading Hefei

国防科技基金设计依据与设计策略研究

徐 宁 陈硕颖 杨 扬

内容提要 建设由国防科技创新体系引领的国家高质量创新体系,需要创新资本运作体系,引导带动不同层次的高质量创新。设立国防科技基金是创新资本运作体系的重要抓手。国防科技基金的设立依据包括:应用基础研究的缺失割断了科研创新链条的问题在当前的科研资助框架下难以解决;单一的国防科技金融资源配置方式和封闭的军工研发体系导致国家财政之外的金融力量缺乏与国防科研生产体系对接的接口;现存各类基金只关注军方界面、军民融合界面和市场界面这三个界面中某个单一界面的科研创新环节。基于上述依据,国防科技基金的设计目标是建立贯穿高质量创新全过程的全链条资本体系。为了实现这个目标,国防科技基金发起机构首先需要建立国防科技创新信息交互平台,帮助衔接军政产学研各相关主体,然后注重在"投资和管理"流程上进行突破创新,而非按照市场主流的"募投管退"流程来运行国防科技基金。

关键词 国防科技基金 高质量创新 应用基础研究

中图分类号 G322

自 2018 年 4 月以来,美国向中国发起了打压中国高科技发展的贸易战。美国对中国的技术封锁从通过巴黎统筹委员会和《瓦森纳协议》对军用领域的出口限制,扩展至对华为、中兴等民用领域整机企业进行断供威胁。可以预见,到新科技革命引发新一轮经济景气周期之前,世界各国将对经济存量展开激烈的争夺,中美竞争常态化,中国国内经济增长模式也将从倚重增量转为挖掘存量,国内外背景都倒逼中国加紧建设国家创新体系,发展以原始自主型创新为主的高质量创新,突破"卡脖子技术"对中国高质量发展的制约。目前,一方面,支撑中国国民经济未来高质量发展的产业前沿已经迈入自然属性超过一个企业或一地政府支持能力,需要整合各方力量掌握核心技术的发展阶段(陈硕颖、杨扬,2018);另一方面,由于国外的技术封锁,军用研发体系在国民经济亟待突破的核心技术领域一直坚持自主研发,具有持续的技术积累。因此,国防科技创新体系是国家高质量创新体系的核心所在,是引领国家高质量

收稿日期:2020—07—20

作者简介:徐宁,南京理工大学材料科学与工程学院副院长;陈硕颖,中国社会科学院马克思主义研究院副研究员;杨扬,苏州赛迪公司数字经济研究中心副总经理。

创新体系建设的主要力量。

金融是现代经济的血液，建设由国防科技创新体系引领的国家高质量创新体系，需要通过创新资本运作体系来引导带动不同区域、不同层次的高质量创新。新中国成立以来，国防建设的投入主要依靠国家财政支出，尽管近20年来国防建设也有寻求其他金融支持方式，但这些支持方式都只起了辅助与补充作用。仅靠某几家基金零散地支持创新流程中的某些环节无法推动高质量创新，必须在财政与金融协同作用下，打造贯穿高质量创新全过程的资本全链条创新体系。而设立国防科技基金，就是打造贯穿高质量创新全过程的资本全链条创新体系的重要环节。本文首先研究了国防科技基金的设计依据——中国科技创新面临的瓶颈、国防科技金融和研发资源配置现状，以及与国防科技基金相关的各类基金的发展现状。然后，针对这些现状，提出要建立由国防科技基金引领支持的高质量创新资本体系，并初步探讨国防科技基金的设立策略。

2020年4月27日中央全面深化改革委员会第十三次会议指出，要从体制机制上增强科技创新和应急应变能力，加快构建关键核心技术攻关新型举国体制，补短板、强弱项、堵漏洞，提升科技创新体系化能力。要创新科技成果转化机制，打通产学研创新链、产业链、价值链。要抓好落实科研经费管理、科研评价、科技伦理、作风学风建设等基础性制度，激发创新创造活力。由国防科技基金引领的支持高质量创新的资本体系是构建关键核心技术、攻关新型举国体制的重要环节。建立由国防科技基金引领的支持高质量创新的资本体系有助于打通产学研创新链、产业链、价值链，提升科技创新体系化能力。

一、中国科技创新面临的瓶颈——应用基础研究缺失割断了科研创新链条

科研创新链条一般可分为基础研究、应用基础研究和应用开发研究三个阶段。其中，基础研究是原理性的研究，为解决科学技术中的一系列实际问题提供理论指导；应用基础研究探讨基础研究的原理性成果在实际运用中的可能性，它注重科研成果的实用性，一般是指在实验阶段上创造和研制新产品、新品种、新技术、新工艺等；应用开发研究则是在前两者的基础上，为了将科研成果应用于生产而进行的研究。

在科研成果转化过程中，研究者的作用由强到弱，企业的作用由弱到强，中间的薄弱地带，就是所谓的“科研死谷”。应用基础研究恰恰处于“科研死谷”，在西方创新研究中被称为“巴斯德型研究”(斯托克斯，1999)，在国内创新研究中被称为“产业驱动型基础研究”(柳卸林、何郁冰等，2014)。这个阶段的

研究投资较大，产出成果属于中间品[①]，直接影响力低，还需要继续转化，社会轰动效应也没有另外两种研究活动大，各类资本参与支持应用基础研究阶段科研活动的积极性不高。

我国目前科研和产业脱节严重、科技创新亟待突破的原因就在于科研体系中应用基础研究的缺失，这主要是由两方面的原因造成的。其一，历史上承担应用基础研究的部委专业研究所转变为国有企业后减少了在应用基础研究领域的投入。我国科研体系是沿袭苏联模式转化形成的，由高校、科学院、各部委专业研究所三类科研主体从事科研活动。其中，高校科研从无到有发展迅速，其主要集中于基础研究，成果以论文为主。科学院聚焦于前沿基础领域，曾占据学术研究主导地位，如今则与高校重叠较多。之前隶属于各部委的专业研究所长期从事应用基础研究，这些研究所不追求论文发表、利润转化，专门对介于基础研究和应用开发研究之间的应用基础研究进行攻关(储涛，2018)。在中核工业、航天科工等类似的机构未改组转企之前，我国有一批这样的专业研究所。经过多年的研究沉淀，这些研究所产出了一大批独有的专利技术和核心知识产权。近20年来，各部委研究所演变成国企，其主要任务逐渐脱离科研，转向产品和市场，开始追求产品利润和产品销售，而不能直接形成产值的应用基础研究部分则越来越薄弱。其二，目前的科研评价导向在客观上不支持甚至抑制了应用基础研究的发展。首先，基础研究、应用基础研究、应用开发研究均被放在同一个体系内进行评价，话语权基本上被占据论文和理论优势的基础研究人员独占，这导致我国应用基础研究获得的实际支持严重不足，经费多数被投向基础研究领域。其次，现有科研评价局限于考核发表论文或者创造产值，甚至直接考核经费额度，这种简单粗放的评价体系严重打击了科研人员从事应用基础研究的积极性。

二、国防科技金融资源和国防科技研发资源的配置现状

(一)国防科技金融资源配置方式单一

对标美国的国防科技金融支持体系可以发现，美国国防科技金融资源的配置一直都是“两条腿”走路，制造军事装备的美国军工企业依靠股市融资，负责更基础和更通用的国防科技研发的美国国防高级研究计划局(Defense Advanced Research Projects Agency，以下简称DARPA)等行政机构则依靠预研基金，而中国国防科技金融资源基本来源于财政拨款性质的军费。这是因为美国和中国的军工企业是从两个相反的起点上发展起来的，美国军工企业在

---

① 包括高质量创新涉及的关键共性技术、前沿引领技术、现代工程技术、颠覆性技术的产业应用前景的研究。

起步时就是市场化的私人作坊，中国的军工企业则是国有官办的计划经济产物(吴献东，2013)。中国国防科研生产体系相对封闭，多年来形成了一条包揽从原材料到系统总成的垂直军工产业链，主要由军队科研单位、军工集团、中科研、中物院、部分高校等系统内科研单位，通过科研项目、型号任务、采购订单等方式承担研究和生产任务，经费主要来源于军费。虽然我国国防支出近年来呈增长趋势，总额仅次于美国，但国防支出占GDP的比重一直在1.3%左右，每年用于国防科研的资金仅占国防经费3%左右，而美国大约是10%，德国大约是8.6%，英国大约是11%(范肇臻，2008)。由于资金渠道单一，所以中国政府投入资金的规模制约着国防科技工业的资金规模。

进入21世纪，中国开始积极探索军工企业的资本化运作路径。中国军工领域的资产证券化率近10年来快速提高，从2010年的22.6%上升到2019年3月的48.01%，目前A股有110家军工上市公司。不过，第一，这些军工上市公司的市值为1.75万亿，相对于40万亿的A股市值，占比并不高，还有较大的增长空间。第二，上市军工央企还没有达到很高的资产证券化水平，中国重工、中航飞机等已经实现了整体上市，而有一些上市军工央企的主体装备还没有进入上市公司。第三，还有一些上市军工企业以民品业务为主，其业务比较小、比较散，市值也就几十亿。第四，军工上市募集资金投资军工项目的比例小，仅为14%。第五，目前在军工领域还未出现批量的、通过上市或被并购实现大幅增值的投资案例(国防军工上市公司座谈会全文纪要，2019)。由此可见，虽然中国在配置国防科技金融资源方面已经迈开了“两条腿”，但是中国军事公有资本的实现形式仍旧过于单一，仅表现为军工企业上市，而且军工企业上市“这条腿”行进时要既快又稳，同时还受制于整个资本市场制度改革的进度，未充分体现军事公有资本在支持高质量创新上的优越性。军事公有资本这一范畴，是笔者在中国人民大学杨志教授关于公有资本研究成果——《论资本的二重性——兼论公有资本的本质》(杨志，2014)的基础上提出来的重大理论创新，是指由军事公有资产转化而来的公有资本。军事公有资产包括但不限于以下有形资产——土地、存量物业、重点实验室(设备耗材)等，以及无形资产——国防科研人才、国防知识产权等。军事公有资本统领军事、科技、资本三大要素，是建设国家高质量创新体系的主体。

(二)国防科技研发资源配置的低效

与国防科技金融资源配置效率较低相对应的，是国防科技研发资源配置的低效。这一低效表现在以下几个方面。

(1)就军事科技和军品本身的研发而言，国防科技创新体系的现状是：多主体并存，涉及军政产学研等各种类型的机构；不同机构之间信息流动不畅，缺乏合作；资源重复投入，转化成功率不高。目前围绕武器装备列装的预研主要由中央军委装备发展部负责，军工研发体系表现为各军种装备研发的垂直分工,研发体系的封闭性强。比如海军舰载炮与陆军地射炮都属于炮类武器,存在共性技术,但前者完全在海军装备体系中研制,后者完全在陆军装备体系中研制。甚至同一个军种内不同研发单位之间相互封闭的垂直分工都有大量重复建设。比如"沈飞"有沈阳飞机设计研究所跟它配套,"西飞"有第一飞机研究院跟它配套,"成飞"有成都飞机研究所跟它配套。飞机、发动机、机载各业务板块都是这样的布局(李平、仇方迎、吴献东,2013)。

(2)就军民融合科技的研发而言,中国国防科技创新体系的封闭性使得中国创新体系的军民融合程度低于美国,中国还未建立起军民两大领域高效融通的国家创新体系。由于美国军工企业的出身就是以盈利为目标的民间企业,再加上美国军工企业由金融资本控制,金融资本有很强的获利动机,所以美国军工企业比中国军工企业更加注重科技的商业化成功。美国军工企业能够在军事领域取得技术成功的同时,迅速将这些科技应用于民用产业,实现商业成功后又"反哺"军工产业,如此形成良性循环。

三、各类基金发展现状及其与国防科技基金的相关性

(一)与国防科技基金相关的各类基金发展现状

1. 市场化私募股权基金

市场化私募股权基金仅以盈利为目标,追求复利增长的投资回报。这类市场化直接股权投资基金的主流形态是投资于纯信息类的互联网领域的风险投资基金,通常投资期限较短,在投资三五年内就通过市场、并购等方式套现盈利。美国互联网产业是资本投机性运作逻辑的集大成者,互联网公司在美国资本市场上享有亏损也能上市的特权,整个美国军工产业的市值还不如谷歌一家公司(吴献东,2013)。

2. 军民融合基金

军民融合基金是产业投资基金的一个子类型。在中国,产业投资基金的范畴与政府引导基金基本是重合的,因为产业投资基金在设立过程中通常都有政府不同程度的参与。军民融合基金近两年来发展势头迅猛,市场上已经有三个中央级军民融合基金和十余个地方级军民融合基金。科工局和财政部发起的国家军民融合产业投资基金是目前规模最大,参与各方层级最高的军民融合基金。该基金的投资方向分成三大块:10%用于创业投资,致力于扶持民用领域为国防服务的高技术企业;50%左右用于涉及院所转制、混合所有制改革、军工债转股、军工整合等方面的股权投资;40%用于设立子基金。①

① 《国防军工上市公司座谈会全文纪要》,搜狐网,http://www.sohu.com/a/303934625_100252478,2019 年 3 月 26 日。

（二）国防科技基金与现存各类基金的相关性

1. 国防科技基金与市场化私募股权基金的目标之间的鸿沟决定了二者的运行模式存在巨大差异

近年来纯信息类“互联网＋”领域吸引了绝大部分市场化资金，使投机性基金成为国内外一级市场基金的主流形态，主流的基金管理模式也是围绕这类旨在短期内套现的投机性基金设计的。由于国防科技基金的目标与这类投机性基金的目标相去甚远，所以国防科技基金的资本来源、资本属性、资本注入方式、投资方向、考核管理模式必然与目前成熟的主流模式存在较大差异。

在资本来源方面，国防科技基金主要来源于依托军队资产的军事公有资本，资本金充足且稳定，无须像市场化基金那样把许多精力放在募资环节上，比如以各种方式加杠杆。

在资本属性方面，国防科技基金是公有资本的实现形式和公有资本在国防科技领域的具体应用，而市场化基金则是各种来源的基金的集合，由某只基金中占据主导力量的资金背后的资本属性决定该基金的资本属性。鉴于目前主流的“互联网＋”投资基金主要来源于海外，退出渠道也以境外上市为主，因此可以说目前国内主流的市场化私募基金的资本属性是纯逐利性质的国际游资。

在资本注入方式方面，由于纯信息类互联网领域的行业技术门槛不高，成功的关键是看谁先发现点子然后依靠风投迅速铺开，商业模式是靠“烧钱式”营销在市场竞争中占得先机，所以市场化私募股权基金的资本注入方式一般为现金注入。相较之下，国防科技基金的资本注入方式更加多元和灵活，除了现金（军费等财政性质拨款、国有金融机构配套资金支持）之外，还包括但不限于资本（国有资本、市场资本）、土地、存量物业、国防知识产权等。

在投资方向方面，市场化私募基金集中于能够在短期内带来现金回报的信息领域的应用层面。国防科技基金则需要基于国防科技创新信息交互平台，整合相关信息之后综合判断投资标的。

在考核管理模式方面，市场化私募股权基金以投资收益作为主要的考核指标，在相同风险下，收益越高越好。国防科技基金不谋求直接投资回报，而是设定考核目标，通过扶持各个子基金来引导国家高质量创新体系的发展，支持地方产业转型升级。

2. 军民融合基金的发起层次决定了军民融合基金尚不能发挥引领高质量创新的功能

现有的军民融合基金主要由中央部委和军工企业联合发起，投资领域集中在军工企业相关业务，基金的主要目标之一是为军工企业资产上市做准备。比如国家军民融合产业投资基金的一半用于院所转制、混合所有制改革、军工债转股、军工整合等这些军工企业资产上市的前期准备工作（国防军工上市公司座谈会全文纪要,2019)。国华基金的主要投资方向与国家军民融合产业投资基金类似,也包括军工企事业单位改制、军工装备、军工资产证券化、军民融合技术、军工国企改革。

然而,军工企业上市只能解决一部分国防科技创新体系内部的信息孤岛问题。因为按板块实施专业化整合、厂所融合等上市准备措施只能部分突破军工企业内部研发体系的封闭性,离通过建设开放的国防科技创新体系来提炼各个军种之间的关键共性技术以及军民融合领域的关键共性技术,仍然有较远的距离。此外,军工企业上市也无法填补原部委研究所转制企业后在应用基础研究领域留下的空白。因此,由军工企业为主体发起的军民融合基金尚不能发挥建设开放式国防科技创新体系,带动国防科技创新体系引领高质量创新的功能。能够引领高质量创新的国防科技基金必须由更高层次的发起主体发起,因为只有更高层次的发起主体才能搭建起跨军种、跨军民两大领域的信息交互支撑系统。

四、国防科技基金的设计目标

国防科技基金的设计目标在于针对上述现状,建立联结军方界面、军民融合界面和市场界面这三个界面的,跨越应用基础研究领域代表的“科研死谷”,贯穿高质量创新全过程的全链条资本体系。由国防科技基金引领,贯穿高质量创新全过程的全链条资本体系如下图所示。

支持基础研究和应用基础研究阶段的资本需要具备如下特点:投资周期长,逐利性弱,资本投资的目标主要不是为了获利,而是生产能够驱动创新网络的知识基础。显然,以逐利作为唯一目标的市场化金融资本是不愿意介入这两个阶段的,国内外的实践都表明,由国家信用支撑的资本是支持基础研究和应用基础研究的主要资本形态。

国防科技基金作为军事公有资本,属于由党和国家信用支撑的资本形态,与由财政资助的国防专项基金并列,都是支持基础研究的资金主力(资本Ⅰ)。在实践中,国家财政对基础研究阶段的支持力度并不弱,但中国目前缺乏鼓励直觉突破式创新的制度生态,导致中国在基础研究方面的成果以验证国外直觉突破式创新结果为主。因此,国防科技基金在投资基础研究项目时的目标重点不在于提供资金,而在于通过专业的管理运作营造鼓励直觉突破式创新的制度生态。

根据前述,国防科技基金(资本Ⅱ)的一个重大使命就是设法跨越“科研死谷”,有效衔接基础研究和应用开发研究。因此,国防科技基金应该把应用基础研究领域作为投资重点,在原各部委研究所的应用基础研究成果的基础上,探索深化这些研究成果的机制体制。第一步工作是“摸清家底”,也即借助国

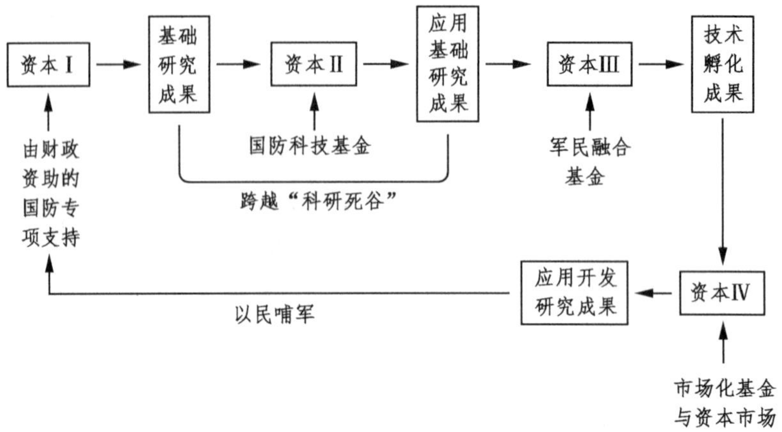

图1 由国防科技基金引领的全链条资本体系示意图

注:资本Ⅰ、资本Ⅱ、资本Ⅲ和资本Ⅳ是军事公有资本在国防科技创新不同阶段的不同实现形式,这四类资本共同构成广义的国防科技基金。狭义的国防科技基金是指重点支持国防科技创新应用基础研究阶段的基金。

防科技创新信息交互平台,收集梳理原各部委研究所的应用基础研究成果,形成应用基础研究成果数据库。第二步工作是吸纳专业项目管理人员,借鉴DARPA的项目管理制,以项目管理的方式重新组织应用基础研究活动,填补原部委研究所转制导致应用基础研究弱化之后留下的职能空白。同时,借鉴日本国家产业技术综合研究所的项目成果评估方法,采用技术转化率之类能够更加体现应用基础研究绩效的指标来评价项目成果。

应用基础研究在实验阶段上创造和研制出新产品、新品种、新技术、新工艺之后,这些科研成果需要被进一步孵化,研究这些成果应该如何被应用于量化生产。支撑应用基础研究成果孵化的资本形态是以军民融合基金(资本Ⅲ)为代表的政府引导基金。由于此时创新活动已经接近市场,所以孵化的应用基础研究成果应该侧重于军民两用型技术。作为支持军民两用型技术的主要资本形态,军民融合基金是军民两用型应用基础研究成果的买方。因此,国防科技基金在设计之初,就要基于对军民两用型技术产业集群内在机理的理解,设计军民融合基金提前介入的机制安排。

应用基础研究成果完成孵化之后,创新循环就将进入应用开发研究阶段。进入这个阶段之后,市场化基金与资本市场(资本Ⅳ)就可以介入支持了。应用开发研究成果产出之后,再通过以民哺军的方式反哺国防科技创新体系的基础研究阶段,从市场需求端入手去引导科研方向,如此形成资本支持高质量创新的循环。

在更具体的层面上,这四类资本的资助方向和策略可以归纳为:

资本Ⅰ支持军方界面中宏观战略的前瞻科研规划，在军事公有资本架构下，借助区块链在现代人力资源管理领域的应用，通过高效链接，形成更广阔的创新底层智力网络。

资本Ⅱ支持军方界面中微观项目的申报科研活动，通过国防科技基金的运行，深化改革科研管理体制，提供更符合科研规律的资助方式，促使科研人员内生驱动力的生成。

资本Ⅲ支持军民融合界面中军民两用技术应用基础研究实验室的重点建设，调动科技公共服务资源，扶持更多承担军民两用技术转移转化的优秀科技中介服务机构。

资本Ⅳ支持市场界面中具备国家战略价值科技创新成果的高效转化，并将市场成熟的技术再转移转化到军方界面需要的应用中去，其中，从事军民两用技术应用基础研究的重点实验室以及科技中介服务机构起到了关键作用。

五、国防科技基金的设立策略

(一)信息支撑系统是建设以国防科技基金为载体的开放式国防科技创新体系的前提

为了培育由军事公有资本统领与引导的开放式国防科技创新体系，国防科技基金的第一大设立策略就是构建军民融通的信息支撑系统。

(1)将国防科技创新信息交互平台(以下简称“平台”)作为基金设立的重要制度保障纳入工作规划，一方面提供国防科技创新的最新外界动态与计划(作为基金的投资参考方向)，另一方面提供国防科技创新的最终应用场景(作为基金的投资成果与检验)。

(2)依托国防科技创新信息交互平台，以高科技投资为方向、以规则制定为手段，通过设置国防科研系统与政府部门、科研院所和市场机构之间的信息与资源交互接口，高效衔接军政产学研各相关主体。

(3)借助区块链的技术支持，向各行各业从业者中的爱国军迷群体征集课题，由国防科技基金专家理事会秘书处负责初步筛选，形成颠覆性课题储备。这种从爱国军迷中征集课题的做法既可以弥补军事战略知识盲区，又可以储备国防发展战略人才。①

(4)基于国防科技创新信息交互平台，开展基金投资平台和基金管理平台建设。投资平台基于国防科技创新信息交互平台的信息流，解决投什么、何时投的问题，尤其是前瞻性、关键性技术以及延伸基础科学研究的中长期投资。

① 例如美国有一款知名的电竞游戏——星际争霸。由于游戏角色分为人族、虫族、神族，分别隐喻了欧美发达国家、东亚后发经济体、伊斯兰国家。所以这款游戏的骨灰级玩家可能具有成为军事战略研究人员尤其是多兵种一体化研究人员的潜质。

管理平台解决谁来投、谁来具体管理的问题。管理平台的建设运营可以借鉴美国DARPA项目的经理负责制，形成符合中国国情的机构准入以及人才培养与认证的国防科技创新项目管理体系。

(二)投资管理系统是建设以国防科技基金为载体的开放式国防科技创新体系的主体

为了培育由军事公有资本统领与引导的开放式国防科技创新体系，国防科技基金的第二大设立策略就是构建军民融通的投资管理系统。从基金运行的流程来看，鉴于国防科技基金与市场化私募股权基金之间的巨大差异，国防科技基金采用的不是市场主流的"募投管退"流程，而是侧重在"投资和管理"流程上进行突破创新。

(1)邀请十大军工集团总工担任基金专家委员会委员，按照不同行业分门别类进行技术需求研判。将国防科技基金培育为一个制度化平台，采取谁提需求谁负责技术场景的方法，并使奖惩跟进。项目选取时适当注意与国家军民融合产业投资基金和国华军民融合产业投资基金所投项目之间的合理分布。例如科工局发起的国家军民融合基金优先投给工信部资助项目的成果转化，航天投资发起的国华军民融合基金优先投给军工央企项目的成果转化，军委科技委发起的国防科技基金可以在规则上设定优先投给中央军委科技委资助项目的成果转化。除极少数前沿基础科学研究外，其他研究中取消固定成员专家组进行立项决策的传统做法，国防科技基金项目立项主要交由市场、用户决定，在科研产业链上建立由下游决定上游的合理秩序，即基础研究由应用基础研究下课题，应用基础研究由应用开发研究设项目，而应用开发研究由企业和市场提指标。

(2)国防科技基金应借鉴西方共同基金的操作，不谋求直接投资回报，而是设定考核目标，通过扶持各个子基金来发展国防科技创新。国防科技基金管理人的知识背景及能力要求的核心不是金融投资，而是要熟悉国防项目管理体系。考核体系的模块包括：①国内外基金评价体系，尤其是母基金对子基金评价体系的方法、指标；②国防科技基金扶持新技术的产业目录；③符合中国国情的国防科技基金管理人准入体系；④基金管理人动态考核管理机制以及"白名单"。对白名单实施动态管理，让基金管理人与专家理事会、资助池中的科研团队合作，建立支撑科研成果在不同界面高效转移转化的融通机制。

六、结语：对国防科技基金未来发展方向的构想

中共中央政治局于10月24日就区块链技术进行了第十八次集体学习。区块链技术的集成应用不仅在新的技术革新和产业变革中起着重要作用，同时也是国防科技基金支持高质量创新的技术基石。如果缺少联盟区块链技

术，那么支撑国防科技基金运行的信息系统难以与军方外部的信息系统形成有效对接，而有了联盟区块链底层技术架构，国家就可以基于国防科研创新链发行爱国币，并以爱国币为载体搭建智力网络，通过爱国币实现国防科研人员的价值评估。国防科技基金运行成熟之后，国家还可以基于国防科技创新内容为金融市场提供面向大众的合规金融产品，让人民分享国防科技创新红利。鉴于国防科研本身的属性，基于国防科技创新内容的金融产品是在目前金融市场上属于稀少的能够带来中长期稳定回报的金融产品。

参考文献

[1]陈硕颖、杨扬，2018，我国基础软硬件产业的“生态”瓶颈及突破，《经济纵横》，第 11 期，第 103—110 页。

[2]储涛，“死谷”的警示：创新链条从中间断裂，《中国科学报》，2018 年 4 月 26 日，第 5 版。

[3]范肇臻，2008，国防科技工业金融支持的国际借鉴，《经济研究参考》，第 20 期，第 33—37 页。

[4]李平、仇方迎、吴献东，2013，《大国之翼：中国航空工业战略转型与资本化运作》，北京：中信出版社，第 80—90 页。

[5]司托克斯，1999，《基础科学与技术创新：巴斯德象限》，北京：科学出版社，第 65 页。

[6]吴献东，2013，《军工企业与资本市场和政府的关系——从白宫为什么能“hold 住”华尔街上的军工巨头说起》，北京：航空工业出版社，第 173 页。

[7]杨志，2014，《论资本的二重性——兼论公有资本的本质》，北京：中国人民大学出版社。

[8]柳卸林、何郁冰等，2014，《从科技投入到产业创新》，北京：科学出版社，第 8 页。

Research on the Basis and Strategy for Designing the National Defense Science and Technology Fund

Xu Ning　Chen Shuoying　Yang Yang

Abstract　To build a national high-quality innovation system led by the national defense science and technology innovation system, we need to guide and drive different levels of high-quality innovation through the innovation in capital system. The establishment of national defense science and technology fund is an important starting point of innovative in capital operation system. The basis for the establishment of national defense science and technology fund includes: the breaking of the chain of scientific research and innovation due to the lack of applied basic research is difficult to solve in the current scientific research funding framework; the single allocation mode of financial resources for national defense science and technology and the closed military R & D system lead to the lack of interface between the research and production system of national defense and the financial resources outside of the national finance system; all kinds of existing funds only focus on a certain innovation link of one of the three interfaces, namely, the military interface, the integrated interface between military sector and civil sector; the market interface. Therefore, the design goal of national defense science and technology fund is to establish a whole chain capital system throughout the whole process of high-quality innovation. In order to achieve this goal, the national defense science and technology fund first needs to sponsor the establishment of an information exchange platform for connecting the relevant subjects on the innovation chain. Then the fund needs to focus on the "investment and management" process of fund operation, rather than follow the usual process of fund operation, namely, "raising money, investing, managing and withdrawal".

Key words National defense science and technology fund High quality innovation Applied basic research

福建省"以人民为中心"发展评价体系的构建与测量分析

李立男

内容提要　党的十九大提出的"以人民为中心"的发展思想,是新时代发展的重要方向、实现途径和基本原则;"五大发展理念"则是从战略思维思考了一系列重大关系问题后形成的新的发展观。本文以"人民为中心"的发展思想为主旨,"五大发展理念"为目标,编制福建省经济社会发展评价体系——"人民发展指数"。在测量分析过程中,首先,进行数据标准化、确定各级指标权重和指数合成等统计学上的技术处理;其次,通过对福建省"人民发展指数"的实证分析,对福建省发展现状进行评估;最后,根据测量分析结果,有针对性地寻找提升福建省人民"人民发展指数"的对策。

关键词　以人民为中心　五大发展理念　人民发展指数　福建省

中图分类号　F0-0

"以人民为中心"的发展思想是对西方民本思想、中华优秀传统文化民本思想的批判继承,也是对"为人民服务"的群众观与群众路线的继承。"以人民为中心"的发展思想是当代中国软实力的重要内容(程恩富、李立男,2019),体现了"习近平新时代中国特色社会主义思想的哲学立场"(韩庆祥、杨建坡,2019),同时,也是新时代发展的重要方向与途径。将"以人民为中心"的发展思想做量化的指数处理,可以为实现路径的政策分析提供科学性指导。因此,我们参考国内对于指数化研究人类发展水平的成果,以十九大提出的"以人民为中心"的发展思想为主旨,"五大发展理念"为目标,编制"以人民为中心"发展评价体系——"人民发展指数"(People Development Index,以下简称PDI)。

一、"人民发展指数"(PDI)的编制

到目前为止,关于新发展理念指数编制的文献并不多,主要从以下几个方

收稿日期:2020－06－20

作者简介:李立男,厦门工学院马克思主义学院副院长、副教授。

基金项目:本文系2017年福建省高等学校新世纪优秀人才支持计划;2018年福建省高校专业学科带头人海外访学项目;2018年福建省社会科学规划马工程重点项目(FJ2018 MGCAO11)的阶段性研究成果。

面进行研究。第一,关于全国范围的“五大发展理念”评价体系的研究。上海社会科学院(2016)发布了2015年国家和省级区域“五大发展理念”(创新、协调、绿色、开放、共享)综合指数及5个分项指数①。第二,关于省级区域的比较研究。朱鹏华、李鹏(2016)通过对2007—2014年各省指标数据的搜集、整理和计算,测评出各省转变经济发展方式水平指数;“五大发展理念指标体系及省级区域评估报告”课题组(2017)根据2015年国家统计等部门公开发布的数据,对31个省市进行“五大发展理念”综合指数和分项指数进行测算,在进行排序的基础上做出评估分析。第三,关于区域性的研究。刘思宇(2018)以“五大发展理念”为视域,构建了皖江城市带经济社会发展评价体系;杜洪策、路鑫、邱昭睿(2017)在明确把握“五大发展理念”科学内涵的基础上,构建了滨海新区“五大发展理念”统计评价指标体系;杨新洪(2017)利用构建的“五大发展理念”指标体系,分析深圳经济社会的发展情况;倪方树等(2017)在明确“五大发展理念”对国家级新区的指导意义的基础上,构建了国家级新区评价指标体系。第四,关于研究方法。易昌良(2016)用标杆分析法编制“五大发展理念”评价体系,并形成发展指数报告。第五,王松(2017)从“以人民为中心”的发展思想出发,以马克思人的自由全面发展为目标,根据马克思主义自由时间理论,在分析自由时间与小康社会关系的基础上,构建引入自由时间的小康社会指标体系。

综上,我们发现,虽然对“五大发展理念”的指标评价体系已有不少研究,但是大多没有明确地从以“人民为中心”的发展思想出发,并把“以人民为中心”作为发展目标,也没有以“人民为中心”的发展思想与“五大发展理念”密切结合而形成的指标评价体系。本文在以往研究的基础上,把“以人民为中心”作为发展的主旨,以“五大发展理念”为视域,构建“以人民为中心”的发展评价体系。

(一)指标选取的理论依据

“‘五大发展理念’是以战略思维思考一系列重大关系问题而形成的新的发展观”(张希中,2016),直面中国经济社会发展现实问题,以强烈的问题意识,致力于破解发展难题、增强发展动力、厚植发展优势,形成互为一体、协同发力的总体发展理念,这是“五大发展理念”的根本价值和思想力量所在(顾海良,2016)。党的十八届五中全会提出了“五大发展理念”后,仍需弄清为什么人和依靠什么人的问题。因此,“以人民为中心”的发展思想为“五大发展理念”的实施提供了基本原则。其中,创新发展的主体是人民,协调发展旨在维护人民的根本利益,绿色发展是保障人民生存的根本问题,开放发展是为了构建命运共同体,共享发展是为了发展惠及人民。

① 《上海社科院发布五大理念发展指数》,新华网,http://www.sh.xinhuanet.com/2016-12/21/c_1 35923055.htm,2016年12月21日。

1.“以人民为中心”的发展思想是践行“五大发展理念”的基本原则

(1)创新发展——主体是人民

创新发展是引领经济发展的关键和核心,是经济结构战略性调整的主要动力。而马克思主义唯物史观指出,人民创造历史,是人民描绘着历史前进与发展的蓝图,创新发展的主体是人民。坚持“以人民为中心”的创新发展包括两个方面的内容:首先,人民是创新发展的主要参与者,是社会发展源源不竭的动力;其次,创新发展要以人民需求为发展导向,发展的重点要围绕与人民密切相关的问题,着力提升人民的幸福指数。在政策上要实施人才兴国战略,提升人才的总量。

(2)协调发展——目的是维护人民利益

协调发展是保障经济社会健康发展的要求,是建设惠及全体人民的小康社会的保证。目前,城乡、区域等存在着发展不平衡的现象,同时,物质文明与精神文明发展不同步。为了发展的整体性和全面性,实现“发展平衡性、包容性、可持续性”的小康社会的目标,让发展成果惠及全体人民,需要协调发展来“统筹全局动向、厘清重大关系、补齐发展短板、均衡资源配置”(王晶晶,2017)。

(3)绿色发展——是生存之本的必要条件

绿色发展为人民的生存发展提供必要的物质基础和生活保障,也是经济社会可持续发展的必然要求。随着中国经济社会的发展,生态恶化、资源枯竭等生态环境问题已经成为人民享有良好的生存环境、享受可持续发展成果的障碍,而绿色发展理念就是针对这些问题提出的解决方案。例如,在“十三五”规划中,一些生态制度的确立以及指导性的规范文件的颁布,都是将绿色发展理念以法律、制度等方式落实到具体的行动中,从而突破资源不足的发展局限。

(4)开放发展——目的是构建利益共同体

开放发展与合作共赢是国家发展的必要条件,也是人民利益得以保证的途径。正如习近平总书记强调的,“中国梦与世界各国人民的美好梦想相通”,“中国的梦想,不仅关乎中国的命运,也关系世界的命运”①。从新中国成立之初的国际交往开始,中国就不断地与各国分享发展机遇,并积极投身到发展第三世界国家的建设中。十八大以后,成立亚洲基础设施投资银行(Asian Infrastructure Investment Bank,简称亚投行,AIIB)、实施共建“一带一路”倡议等行为,都体现了新时代的开放发展理念,即在顺应时代发展潮流的同时,为符合中国和各国的发展利益做出努力。

(5)共享发展——让人民享有成果

我国在过去的发展进程中,由于历史、社会、文化等原因出现了诸如贫富

① 《习近平总书记系列重要讲话读本》,北京:学习出版社,2016 年,第 15 页。

差距等社会不和谐现象。恩格斯(2012)曾说,未来社会就是要“结束牺牲一些人的利益来满足另一些人需要的状况”,“彻底消灭阶级和阶级对立”,“所有人共同享有大家创造出来的福利”①。以习近平同志为核心的党中央高度秉持“平等”“共富”思想,而共享发展的目的与中国共产党为大多数人谋利益的奋斗目标是一致的。坚持共享发展,就是让人民共享国家政治、经济、文化、社会、生态各个领域所取得的发展成果,真正实现人人享有、各得其所、美美与共、天下大同(王晶晶,2017)。

2. 五大发展理念之间的关系

在“五大发展理念”中,“创新是引领发展的第一动力”(顾海良,2016)。因此,“创新发展理念”统领其他四个发展理念。“协调发展理念”在于把握经济社会发展的总体布局,正确处理发展过程中的一些关系,包括城乡、区域、产业等的协调发展,“从一定意义上讲,绿色、开放、共享发展理念是‘协调发展理念’的具体化”(张希中,2016)。坚持经济社会与生态、人与自然协调发展,就是要坚持“绿色发展”,而“绿色是永续发展的必要条件”(顾海良,2016);基于“人类命运共同体”的高度,处理好国内外的关系,借鉴国外的先进经验,就是坚持“开放发展理念”;共享是中国特色社会主义的本质要求。2015年8月21日在就中共中央关于制定国民经济和社会发展第十三个五年规划的建议听取各民主党派中央、全国工商联领导人和无党派人士的意见和建议时,习近平总书记强调:“我们追求的发展是造福人民的发展,我们追求的富裕是全体人民共同富裕。改革发展搞得成功不成功,最终的判断标准是人民是不是共同享受到了改革发展成果。”②而共享首先要解决贫富分化问题(程恩富,2016)。

(二)指标确定

在“人民发展指数”各级指标选取的过程中,“以人民为中心”为主旨,根据“五大发展理念”的内涵,立足于福建省发展的实际情况,结合“十三五”规划要求和现实发展基础,从结构调整、产业升级、科技进步、质量效益提升、民生福利改善、生态环境改善等方面构建统计评价指标体系,力求反映新发展理念的落实情况,并实现科学发展、有质量稳定增长和可持续全面发展的经济社会发展的思路模式。

首先,指标的选取力求系统、全面,同时具有高度代表性;其次,指标设计尽量充分考虑其可操作性,并紧密结合福建省政府工作报告、“十三五”规划纲要等内容,既与调控指标相衔接,又突出福建省特色,因此赋予创新、共享发展较高权重,以凸显创新主导战略、民生福利改善等发展目标。福建省的生态环境建设处于全国的前列,当前生态环境的任务重在维护和保持,故未将此赋予

① 《马克思恩格斯选集》第1卷,北京:人民出版社,2012年,第308页。

② 习近平,我们追求的富裕是全体人民共同富裕,人民网,http://js.people.com.cn/n/2015/1031/360300-26978499.html,2015年10月31日。

最高权重。最后，“人民发展指数”最终确定选取 5 个一级指标：“创新发展指数”(Innovation Development Index，IDI)、“协调发展指数”(Coordinated Development Index，CDI)、“绿色发展指数”(Green Development Index，GDI)、“开放发展指数”(Open Development Index，ODI)和“共享发展指数”(Sharing Development Index，SDI)；15 个二级指标和 30 个三级指标(见表 1)。

表 1　　人民发展指数(PDI)的各级指标

一级指标	二级指标	三级指标	指标
创新发展指数 IDI(Ⅰ)	创新投入(Ⅰ—Ⅰ)	(Ⅰ—Ⅰ—1)科技人员数量(万人)	正
		(Ⅰ—Ⅰ—2)R&D 经费支出占 GDP 比重(%)	正
	创新产出(Ⅰ—Ⅱ)	(Ⅰ—Ⅱ—1)每万人口专利拥有量(件)	正
		(Ⅰ—Ⅱ—2)技术市场的成交额(亿元)	正
	创新产业(Ⅰ—Ⅲ)	(Ⅰ—Ⅲ—1)科学研究和技术服务业占 GDP 比重(%)	正
		(Ⅰ—Ⅲ—2)高新技术产业增加值(亿元)	正
协调发展指数 CDI(Ⅱ)	产业协调(Ⅱ—Ⅰ)	(Ⅱ—Ⅰ—1)第三产业增加值占 GDP 比重(%)	正
		(Ⅱ—Ⅰ—2)第一产业结构偏离度(%)	负
	城乡协调(Ⅱ—Ⅱ)	(Ⅱ—Ⅱ—1)城乡人均可支配收入差值(万元)	负
		(Ⅱ—Ⅱ—2)城乡恩格尔系数差(%)	负
	消费协调(Ⅱ—Ⅲ)	(Ⅱ—Ⅲ—1)城乡人均消费支出差值(万元)	负
		(Ⅱ—Ⅲ—2)城镇居民人均消费支出占人均 GDP 比重(%)	负
绿色发展指数 GDI(Ⅲ)	绿色投资(Ⅲ—Ⅰ)	(Ⅲ—Ⅰ—1)水利、环境和基础设施管理 (亿元)	正
		(Ⅲ—Ⅰ—2)水利、环境和公共设施管理业投资占固定资产投资比例(%)	正
	绿色环境(Ⅲ—Ⅱ)	(Ⅲ—Ⅱ—1)建成区绿化覆盖率(%)	正
		(Ⅲ—Ⅱ—2)生活垃圾资源化处理率(%)	正
	绿色生产(Ⅲ—Ⅲ)	(Ⅲ—Ⅲ—1)万元 GDP 能耗升降情况(%)	负
		(Ⅲ—Ⅲ—2)能源消费总量(万吨标准煤)	负
开放发展指数 ODI(Ⅳ)	对外贸易(Ⅳ—Ⅰ)	(Ⅳ—Ⅰ—1)一般贸易出口额占出口总额比重(%)	正
		(Ⅳ—Ⅰ—2)进出口贸易顺差(亿元)	正
	开放环境(Ⅳ—Ⅱ)	(Ⅳ—Ⅱ—1)外商投资企业工商企业注册(个)	正
		(Ⅳ—Ⅱ—2)境外游客人数(万人次)	正
	开放程度(Ⅳ—Ⅲ)	(Ⅳ—Ⅲ—1)高技术产品出口比重(%)	正
		(Ⅳ—Ⅲ—2)对外承包工程营业额增长速度(%)	正

续表

一级指标	二级指标	三级指标	指标
共享发展指数 SDI（Ⅴ）	全民共享（Ⅴ—Ⅰ）	（Ⅴ—Ⅰ—1）居民人均可支配收入（万元）	正
		（Ⅴ—Ⅰ—2）人均 GDP（万元）	正
	全面共享（Ⅴ—Ⅱ）	（Ⅴ—Ⅱ—1）公共图书馆（座）	正
		（Ⅴ—Ⅱ—2）文化及相关产业增加值占 GDP 的比重（%）	正
	权益保障（Ⅴ—Ⅲ）	（Ⅴ—Ⅲ—1）亿元 GDP 生产安全事故死亡人数（人）	负
		（Ⅴ—Ⅲ—2）各级各类医疗卫生机构（个）	正

表2 “人民发展指数”指标数据库

三级指标	2011年	2012年	2013年	2014年	2015年	2016年	2017年
Ⅰ—Ⅰ—1	11.6	13.23	13.23	24.06	26.19	27.4	30.47
Ⅰ—Ⅰ—2	1.2	1.3	1.4	1.5	1.5	1.55	1.61
Ⅰ—Ⅱ—1	5.875 538	2.09	2.783	3.46	4.695	6.198	8.004
Ⅰ—Ⅱ—2	53.41	73.58	53.99	50.83	53.86	105.73	103.28
Ⅰ—Ⅲ—1	0.006 941	0.006 33	0.005 81	0.006 88	0.009 083	0.009 172	0.010 588
Ⅰ—Ⅲ—2	773.48	737.63	804.39	917.71	1 005.02	116.55	1 340.78
Ⅱ—Ⅰ—1	38.1	38.8	39.1	39.6	41	42.9	43.6
Ⅱ—Ⅰ—2	17.1	16	15.2	14.8	14.1	13.7	14.8
Ⅱ—Ⅱ—1	16 128	18 092	19 632	18 072	19 482	21 015	22 666
Ⅱ—Ⅱ—2	7.2	6.6	7.2	5	4.6	4.1	4
Ⅱ—Ⅲ—1	16 128	11 720	19 632	18 072	11 559	120 95	11 977
Ⅱ—Ⅲ—2	0.424 109	0.380 816	0.347 293	0.349 824	0.346 055	0.338 143	0.313 163
Ⅲ—Ⅰ—1	752.31	1 072.26	1 355.52	1 787.28	2 669.14	3 588.53	4 486.65
Ⅲ—Ⅰ—2	0.080 046	0.084 406	0.088 914	0.098 52	0.210 632	0.194 164	0.171 072
Ⅲ—Ⅱ—1	36.3	37.4	38.7	38.98	38.9	39	39.96
Ⅲ—Ⅱ—2	94	95.8	94	96	96.5	96.5	97.5
Ⅲ—Ⅲ—1	−3.29	−5.7	−3.76	−1.53	−7.7	−6.42	−3.5
Ⅲ—Ⅲ—2	9 980.23	10 479.44	11 189.91	12 109.72	12 179.97	12 357.75	12 889.97
Ⅳ—Ⅰ—1	68.1	69.1	70	71.5	73.1	73.5	72
Ⅳ—Ⅰ—2	421.527 9	397.275 9	436.27	3 035.53	3 515.48	3 326.18	2 637.38
Ⅳ—Ⅱ—1	17 830	17 954	23 546	24 322	25 895	28 351	28 264

续表

三级指标	2011 年	2012 年	2013 年	2014 年	2015 年	2016 年	2017 年
Ⅳ－Ⅱ－2	140.02	167.01	178.28	195.06	214.28	254.12	282.87
Ⅳ－Ⅲ－1	14.8	14.3	14.6	13.3	13	12	14
Ⅳ－Ⅲ－2	5.04	27.5	6.49	7.16	29.5	2.5	19.1
Ⅴ－Ⅰ－1	16 841	18 861	21 000	23 331	25 404	27 608	30 048
Ⅴ－Ⅰ－2	23 486	52 763	57 856	63 472	67 966	73 951	82 976
Ⅴ－Ⅱ－1	89	87	91	88	90	90	90
Ⅴ－Ⅱ－2	0.001 567	0.725 432	0.015 719	0.612 047	－0.009 33	0.001 265	0.005 143
Ⅴ－Ⅲ－1	1.36	0.13	0.115	0.098	0.085	0.041	0.032
Ⅴ－Ⅲ－2	7 285	7 584	7 672	27 913	27 921	27 658	27 217

资料来源:2013—2018 年福建省统计年鉴、2013—2018 年福建省统计局年度报告。

1. 创新发展指数(IDI)

创新发展指数中包含 3 个二级指标,其中,创新投入是创新产业建立和运行的基础,是创新产出的先行条件;创新产业是从事创新的重要载体;创新产出在一定程度上是创新的成果。(1)在创新投入中,科技人员数量是指一定时期内从事科学研究与试验人员的数量;R&D 经费支出占 GDP 比重是指一定时期内科学研究与试验发展(简称 R&D)经费支出占同期 GDP 比重。(2)在创新产出中,每万人发明专利拥有量指每万人拥有经国内知识产权部门授权且在有效期限内的发明专利件数;技术市场的成交额是指创新产业所能带来的经济产出。(3)在创新产业中,科学研究和技术服务业占 GDP 比重指在 GDP 中,科学研究和技术服务业所占比重。高新技术产业增加值则是高新技术产业在一定时期内单位产值的增加值。

2. 协调发展指数(CDI)

协调发展指数包含 3 个二级指标,其中,产业协调是发展协调的主要内容,产业协调发展与否是国家协调发展的重要衡量指标,只有形成各产业协调发展的国民经济体系才能保证国家经济的健康发展;虽然近些年城乡差距得到明显改善,但仍然未完全实现协调发展;消费协调与否,在一定程度上能够从整体上反映出不协调的程度和现状,因为产业协调、城乡协调都与消费有着或多或少的关联。(1)在产业协调发展中,第三产业增加值占 GDP 比重是指第三产业增加值在 GDP 中的占比;第一产业结构偏离度指第一产业的 GDP 结构与从业人员结构差距百分点的总和。(2)在城乡协调中,城乡人均可支配收入差值和城乡恩格尔系数差代表了城乡居民的收入及消费差距。(3)在消费协调中,城乡人均消费支出差值是城乡居民在人均消费方面的差距;城镇居民人均消费支出占人均 GDP 比重则体现了城镇中居民人均消费对 GDP 的影响。

3. 绿色发展指数(GDI)

绿色发展指数包含3个二级指标,其中,绿色投资是绿色发展相关事业的基础保障;绿色环境是绿色发展的目标和检验标准;绿色生产是绿色发展与经济发展的主要部门——生产部门在节能减排等绿色生产方面的表现。(1)在绿色投资中,水利、环境和基础设施管理,水利、环境和公共设施管理业投资占固定资产投资比例是指福建省在环境基础设施方面的投入。(2)在绿色环境中,建成区绿化覆盖率是关于建成区绿化面积的指标;生活垃圾资源化处理率是保证居民生活环境的重要指标。(3)在绿色生产中,万元GDP能耗升降情况是指在一定时期内,在生产过程中,每万元GDP消耗的能源数量的变化情况;能源消费总量是指一段时期内能源消耗的总量。

4. 开放发展指数(ODI)

开放发展指数包含3个二级指标,其中,对外贸易是开放在经济方面的表现;开放环境是对当前开放描述性的指标;开放程度是指在全球价值链中处于低端供给还是中高端供给的位置。(1)在对外贸易中,一般贸易出口额占出口总额比重指在对外贸易总额(包含服务贸易和货物贸易)中服务贸易进出口总值的占比;进出口贸易顺差则是指在对外出口贸易中所获得的利润。(2)在开放环境中,外商投资企业工商企业注册是指外商投资企业在福建的工商企业注册的数量;境外游客人数是指旅游游客中境外游客的数量。(3)在开放程度中,高技术产品出口比重反映在出口中,是高、中端商品占比较高还是低端商品占比较高反映在国际价值链中福建对外贸易所处的位置;对外承包工程营业额增长速度则反映以货币表现的本期内完成的对外承包工程工作量的增长速度。

5. 共享发展指数(SDI)

共享发展指数包含3个二级指标,其中,全民共享是从居民的角度来衡量共享;全面共享是从基础设施建设的角度来测量;而权益保障则是从居民人身安全保障的角度来衡量。(1)在全民共享中,居民人均可支配收入是指调查户在调查期内获得的、可用于最终消费支出和储蓄的总和,即调查户可以用来自由支配的收入;人均GDP是指按市场价格计算的一个国家(或地区)所有常住单位在一定时期内生产活动的最终成果的人均占有量。(2)在全面共享中,公共图书馆是指福建省公共图书馆的数量;文化及相关产业增加值占GDP的比重是指文化及相关产业在GDP中的占比。(3)在权益保障中,亿元GDP生产安全事故死亡人数是指报告期内生产安全事故死亡人数与GDP之比;各级各类医疗卫生机构是指全省医疗机构的总和。

(三)"人民发展指数"(PDI)的指数合成

由于以上指标(见表2)量纲的不一致,因此需要对数据进行无量纲化的标准化处理。在无量纲化上一般采用阈值确定方法,在全部历史数据中寻找真实的最大值和最小值作为上下阈值。

在权重的计算方法选择过程中，层次分析法(The Analytic Hierarchy Process，简称 AHP)、多层次赋权法可避免大量指标同时赋权的混乱和失误，从而提高预测和评价的简便性和准确性。AHP 权重的确定是在计算的过程中权衡各指标的重要性，而后形成固定的权重数值，这样就免去主成分分析法(Principal Component Analysis，简称 PCA)、因子分析法(Factor Analysis，简称 FA)确定权重的缺憾，即因为数据大小变化而变化的不稳定性，以及过于注重计算过程，而忽视指标的重要性。因此，在多指标评价体系中，权重的确定选用层次分析法具有合理性和方便性。

对于人民发展指数的权重，除了一级指标的权重我们用层次分析法进行确定，各二级指标按照 1/3 的权重进行计算，三级指标则按照 1/2 权重进行计算(见表 3)。

表 3　　各级指标权重

	创新发展	协调发展	绿色发展	开放发展	共享发展
一级指标权重	0.266 9	0.139 1	0.046 7	0.035 7	0.511 4
二级指标权重	0.088 9	0.046 4	0.015 6	0.011 9	0.170 5
三级指标权重	0.044 5	0.023 2	0.007 8	0.006 0	0.085 2

指数的合成是通过一定的算式将多个指标对事物不同方面的评价值综合在一起，以得到一个整体性的评价。可用的数学方法很多，其中，线性加权和合成法是多指标综合评价指数合成最常用的方法(见表 4)。

表 4　　各级指数

年份	2011 年	2012 年	2013 年	2014 年	2015 年	2016 年	2017 年
创新指数	0.043 8	0.038 0	0.038 3	0.095 6	0.139 4	0.213 2	0.265 0
协调指数	0.063 8	0.062 8	0.044 0	0.074 3	0.102 4	0.111 4	0.107 3
绿色指数	0.057 2	0.019 0	0.014 3	0.015 5	0.032 6	0.031 7	0.031 3
开放指数	0.049 0	0.012 8	0.013 5	0.018 7	0.027 4	0.022 4	0.028 6
共享指数	0.022 9	0.222 5	0.245 7	0.360 5	0.349 8	0.375 6	0.403 5
人民发展指数	0.236 7	0.355 2	0.355 8	0.564 5	0.651 6	0.754 3	0.835 7

二、福建省“人民发展指数”(PDI)的测量分析

从 2011 年到 2017 年，跨越了“十一五”和“十二五”两个发展规划时期，在此期间，习近平总书记多次就福建工作做出重要指示，亲临福建考察指导，提

出了“四个切实”的重要要求，殷切希望我们建设机制活、产业优、百姓富、生态美的新福建，中央做出支持福建加快发展的重大决策部署，支持建设海峡西岸经济区、21世纪海上丝绸之路核心区、生态文明先行示范区、中国(福建)自由贸易试验区、平潭综合实验区、海峡蓝色经济试验区、福州新区和福夏泉国家自主创新示范区，福建发展实现新的跨越。这些都为福建省的发展提供了契机。

(一)人民发展指数(PDI)总体趋势

根据图1与表5可知，福建省人民发展指数(People Development Index，PDI)从2011年到2017年呈稳步上升的趋势，从2011年的0.2367发展到2017年的0.8357，增长了近4倍。从数据分析的结果看，福建省在经济社会建设过程中，贯彻“以人民为中心”发展理念的成绩显著。

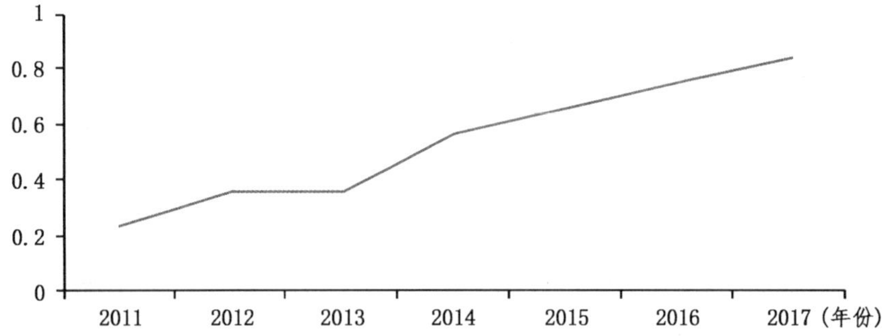

图1 福建省人民发展指数

资料来源：2013—2018年福建省统计年鉴、2013—2018年福建省统计局年度报告。

表5 福建省人民发展指数

年份	2011	2012	2013	2014	2015	2016	2017
人民发展指数	0.236 7	0.355 2	0.355 8	0.564 5	0.651 6	0.754 3	0.835 7

资料来源：2013—2018年福建省统计年鉴、2013—2018年福建省统计局年度报告。

(二)各一级指标发展趋势

从2011年到2017年，福建省人均GDP呈现显著上升趋势(见图3)，在这种情况下，各个一级指标呈现不同的发展趋势，总体上分为上升和下降趋势(见图2)。第一，上升趋势。共享发展指数(SDI)、创新发展指数(IDI)和协调发展指数(CDI)3个指数总体呈上升趋势，首先，按照增长速度从快到慢来看，依次是：共享发展指数(SDI)、创新发展指数(IDI)、协调发展指数(CDI)。其次，按照增长的幅度从大到小来看，依次是：共享发展指数(SDI)、创新发展指数(IDI)，而协调发展指数(CDI)在2012、2013年有小幅度回落后，一直呈现增长趋势。第二，下降趋势。绿色发展指数(GDI)和开放发展指数(ODI)分别呈现下降趋势，绿色发展指数下降1.82倍，开放发展指数下降1.71倍。

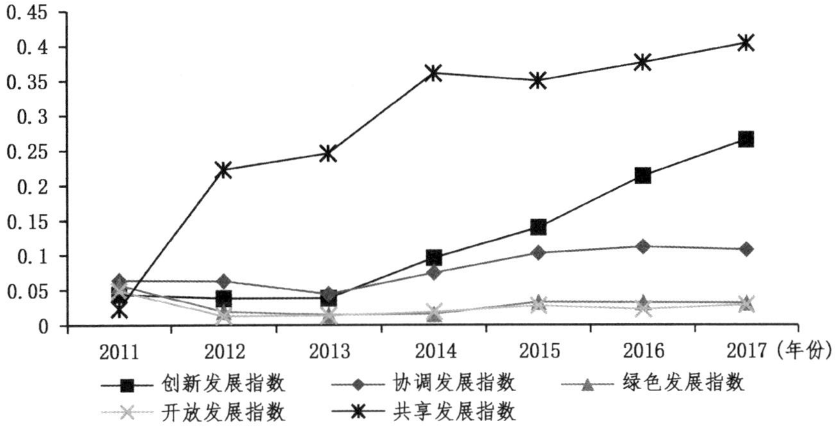

图 2　福建省人民发展指数的五个一级指数

资料来源:2013—2018 年福建省统计年鉴、2013—2018 年福建省统计局年度报告。

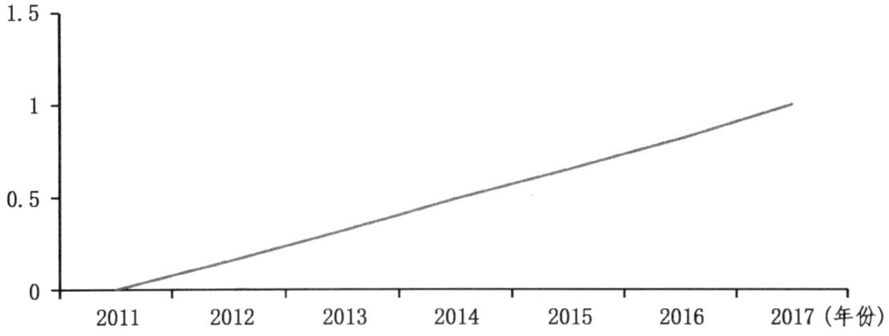

图 3　福建省人均 GDP 指数

资料来源:2013—2018 年福建省统计年鉴、2013—2018 年福建省统计局年度报告。

1. 呈上升趋势的一级指标

共享发展指数(SDI)是最能体现“以人民为中心”的发展思想落实的结果的,社会主义国家的发展出发点和目标都是人民。创新发展指数(IDI)作为引领经济发展的关键和核心、经济结构战略性调整的主要动力,对经济发展的作用举足轻重。协调发展指数(CDI)反映了经济社会是否健康,是否能保证发展惠及全体人民。福建省这三项指数的发展趋势说明了福建省政府在落实“以人民为中心”发展思想方面的成效。

(1)共享发展指数(SDI)

共享发展指数(SDI)是所有指数中发展最快,而且增幅也是最大的,增长了 17.6 倍(见图 4)。这与福建省政府坚持共享发展,着力增进人民福祉有密切关系。2019 年,福建省“在住房方面,完成棚户区改造 6.4 万套,新增供应租赁住房和共有产权房超过 1 万套;在医疗资源方面,2 家医院进入全国最佳医院百强,69 个县(市)医院综合能力进一步提升;在养老方面,城乡居民省级基础养老金最低标准提高到 123 元、高出国家标准 35 元;在教育方面,新建公办幼儿园 200 所、新增学位 6 万多个,'双一流'建设加快,教育发展主要指标居全国前列"①。

在共享发展指数(SDI)的 6 个三级指标中(见图 5 和表 6),除了文化及相关产业增加值占 GDP 的比重呈下降趋势,公共图书馆这一指标没有太大变化外,其他 4 个三级指标全部呈现上升趋势。

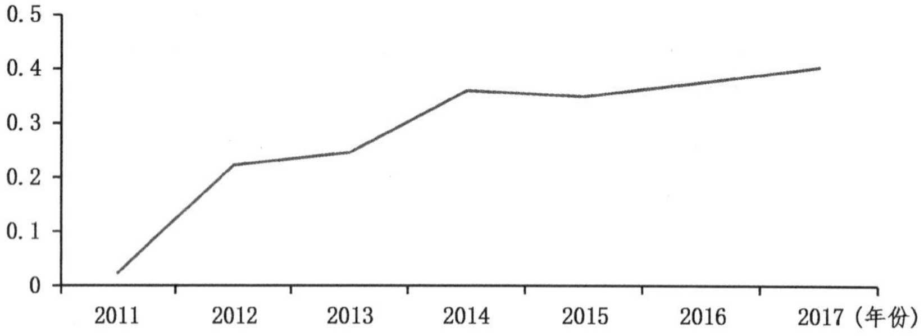

图 4 福建省共享发展指数

资料来源:2013—2018 年福建省统计年鉴、2013—2018 年福建省统计局年度报告。

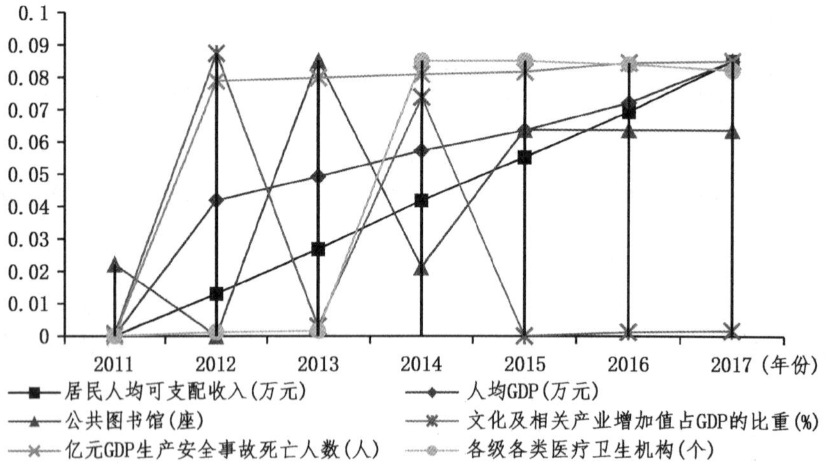

图 5 福建省共享发展指数各三级标准化指标

① 《2020 年福建将坚持共享发展 使改革发展成果更多更公平惠及全体人民》,人民网,http://fj.people.com.cn/n2/2020/0111/c181466-33708615.html,2020 年 1 月 11 日。

表 6　　福建省共享发展指数各三级指标

指标		年份						
二级	三级	2011	2012	2013	2014	2015	2016	2017
全民共享	居民人均可支配收入(万元)	16 841	18 861	21 000	23 331	25 404	27 608	30 048
	人均 GDP(万元)	23 486	52 763	57 856	63 472	67 966	73 951	82 976
全面共享	公共图书馆(座)	89	87	91	88	90	90	90
	文化及相关产业增加值占 GDP(%)	0.001 6	0.725	0.015 7	0.612 0	0.009	0.001	0.005
权益保障	亿元 GDP 生产事故死亡人数(人)	1.36	0.13	0.115	0.098	0.085	0.041	0.032
	各级各类医疗卫生机构(个)	7 285	7 584	7 672	27 913	27 921	27 658	27 217

资料来源:2013—2018 年福建省统计年鉴、2013—2018 年福建省统计局年度报告。

(2)创新发展指数(IDI)

创新发展指数 IDI 总体上呈现上升趋势(见图 6),是增长第二快的指数。虽然 2012 年、2013 年有短暂的、小幅度的回落,但是从 2014 年后创新发展指数(IDI)就大幅度提高,是 5 个二级指标中增长幅度第二大的指数,增长了 6 倍多。

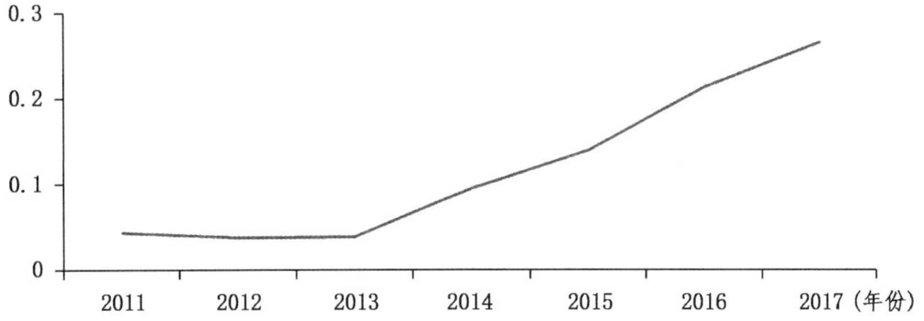

图 6　福建省创新发展指数

资料来源:2013—2018 年福建省统计年鉴、2013—2018 年福建省统计局年度报告。

这与政府的相关举措有着密切关系。从 2011 年至 2017 年,福建省实施了一系列有利于创新发展的举措。例如,围绕着创新型省份建设的目标,不断激发各类创新主体活力。2016 年福厦泉国家自主创新示范区获批、泉州获批“中国制造 2025”城市试点示范,并且研发经费投入增速高于全国平均水平。这些都为创新发展指数(IDI)的提升提供了保证。

2018 年又颁布了《福建省加快共享经济发展实施方案》,在方案中明确指出:全省创新创业态势良好。2016 年福建省信息化发展指数和数字经济发展指数位居全国第 6 位，共享经济呈现创新发展的势头。2016 年福建省举办首届互联网经济创业创新大赛，全省共有 1 236 个项目参加比赛，共享经济项目获团队组总决赛一等奖。

数据显示（见图 7、表 7），创新发展指数（IDI）的 6 个三级指标存在着两个趋势，第一，绝对上升趋势。科技人员数量、R&D 经费支出占 GDP 比重和高新技术产业增加值 3 个指标呈现绝对上升趋势，这说明从 2011 年到 2017 年，福建省相关部门高度重视科技创新投资，加大投资力度。因此，在高新技术产业的产出方面，福建省优势明显。第二，经过短暂的回落后呈现上升趋势。每万人口专利拥有量、技术市场的成交额和科学研究技术服务业占 GDP 3 个指标分别在 2012 年、2015 年和 2013 年经历回落后又重新呈现上升的趋势。

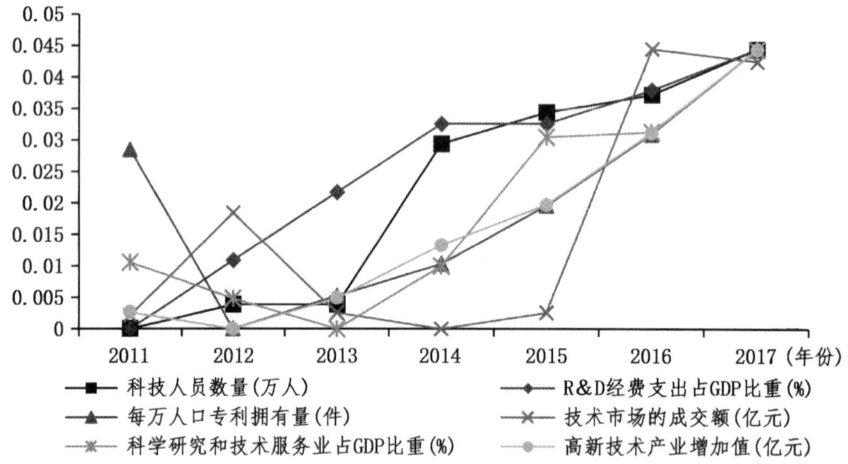

图 7 福建省创新发展指数各三级标准化指标

表 7 福建省创新发展指数各三级指标

指标		年份						
二级	三级	2011	2012	2013	2014	2015	2016	2017
创新投入	科技人员数量（万人）	11.6	13.23	13.23	24.06	26.19	27.4	30.47
	R&D 经费支出占 GDP 比重（%）	1.2	1.3	1.4	1.5	1.5	1.55	1.61
创新产出	每万人口专利拥有量（件）	5.876	2.09	2.783	3.46	4.695	6.198	8.004
	技术市场的成交额（亿元）	53.41	73.58	53.99	50.83	53.86	105.7	103.3

续表

指标		年份						
二级	三级	2011	2012	2013	2014	2015	2016	2017
创新产业	科学研究和技术服务业占GDP比重(%)	0.007	0.006	0.006	0.007	0.009	0.009	0.010
	高新技术产业增加值(亿元)	773.5	737.6	804.4	917.7	1 005	116.6	1 340

资料来源:2013—2018年福建省统计年鉴、2013—2018年福建省统计局年度报告。

(3)协调发展指数(CDI)

协调发展指数(CDI)总体上也是呈增长的趋势(见图8)。但是,在2013年有明显的回落后又持续上涨。在2017年又出现小幅度的回落。

福建省在2011年至2017年期间,产业转型升级明显加快;实施“中国制造2025”。“规上工业增加值从7 810.8亿元增加到12 146.8亿元,千亿产业集群从5个增加到11个。集成电路、新型显示等一批体量大、带动力强的项目落地建设,战略性新兴产业增加值年均增长15%”(唐登杰,2018)。

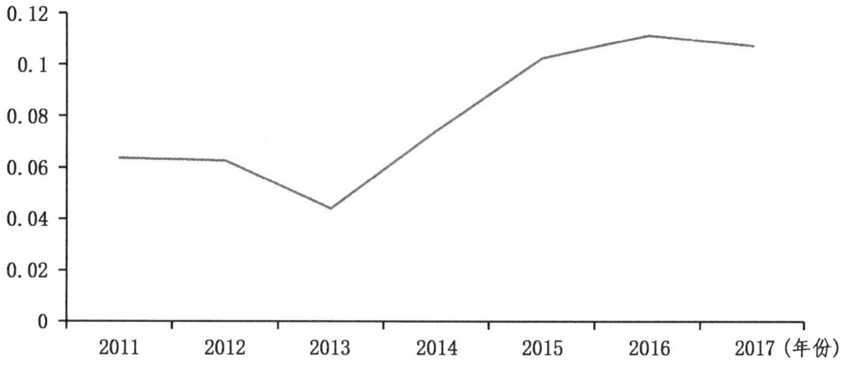

图8 福建省协调发展指数

资料来源:2013—2018年福建省统计年鉴、2013—2018年福建省统计局年度报告。

据图9、表8数据显示,在创新发展的6个三级指标中,下降幅度最明显的指标是第三产业占GDP的比重。另一个变化较为明显的指标是城乡人均消费支出差,该指标经过2013年的逆向发展后又成正向发展的趋势,说明城乡人均消费支出差在2013年呈扩大的趋势,但是,到2017年又基本上与2011年、2012年持平。

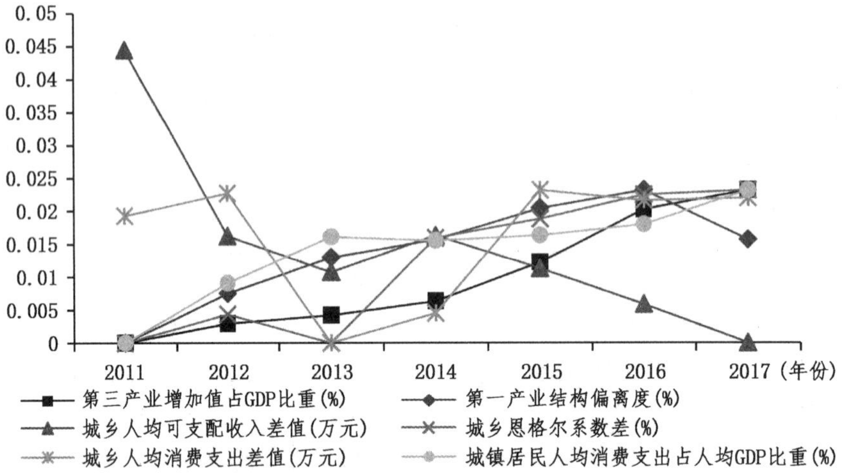

图9 福建省协调发展指数各三级标准化指标

表8 福建省协调发展指数各三级标准化指标

指标		年份						
二级	三级	2011	2012	2013	2014	2015	2016	2017
产业协调	第三产业增加值占GDP比重(%)	38.1	38.8	39.1	39.6	41	42.9	43.6
	第一产业结构偏离度(%)	17.1	16	15.2	14.8	14.1	13.7	14.8
城乡协调	城乡人均可支配收入差值(万元)	16 128	18 092	19 632	18 072	19 482	21 015	22 666
	城乡恩格尔系数差(%)	7.2	6.6	7.2	5	4.6	4.1	4
消费协调	城乡人均消费支出差值(万元)	16 128	11 720	19 632	18 072	11 559	12 095	11 977
	城镇居民人均消费支出占人均GDP比重(%)	0.424	0.381	0.347	0.349	0.346	0.338	0.313

资料来源:2013—2018年福建省统计年鉴、2013—2018年福建省统计局年度报告。

2. 呈下降趋势的一级指标

(1)绿色发展指数(GDI)

作为全国著名的生态省,福建省的生态环境状况在国内一直名列前茅,被誉为“清新福建”。2011年至2017年期间,福建省“成为第一个国家生态文明试验区,2016年度生态文明建设评价结果居全国第二”(唐登杰,2018)。福建省的森林覆盖率一直以超过60%的数值而列于全国之首,其中2017年为65.95%。9个设区城市空气质量优良天数比例达96.2%,高于全国平均水平18.2个百分点。5个县(区)成为第一批国家生态文明建设示范县(区),6个设区市成为国家森林城市,创森工作走在全国前列。同时,福建省“加大全流域生态补偿力度，生态环保目标责任制、厦门垃圾分类试点、武夷山国家公园体制试点、自然资源资产管理体制试点、环境权益交易等一批改革举措走在全国前列，生态文明制度体系加快形成"（唐登杰，2018）。

在实施绿色发展过程中，生态文明体制改革不断深化；水、大气、土壤污染防治行动计划有效实施；生态环境质量保持全优。鉴于良好的生态环境，保持是重点，政府的投资力度相对会减少。因此，以水利、环境和基础设施管理，水利、环境和公共设施管理业投资占固定资产投资比例，建成区绿化覆盖率，生活垃圾资源化处理率，万元 GDP 能耗升降情况和能源消费总量 6 个指标为三级指标的绿色发展指数从 2011 年至 2017 年呈现总体下降的趋势（见图 10、图 11，表 9），其中，下降幅度较为明显的是万元 GDP 能耗升降情况和能源消费总量这两个指标。

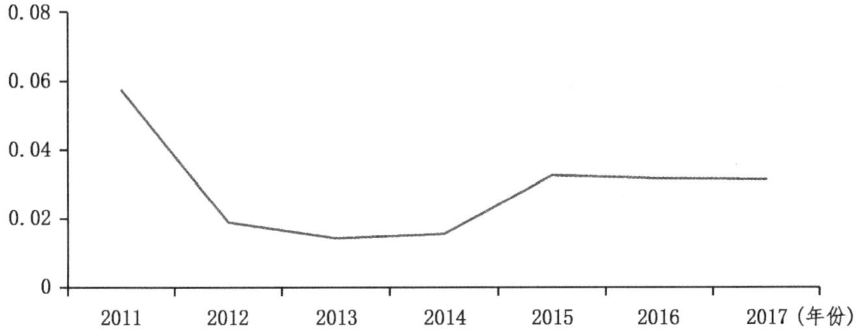

图 10　福建省绿色发展指数

资料来源：2013—2018 年福建省统计年鉴、2013—2018 年福建省统计局年度报告。

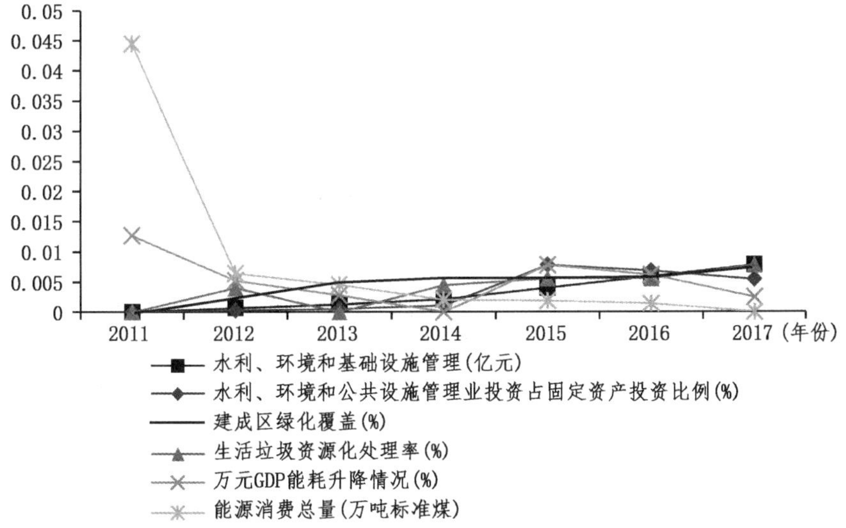

图 11　福建省绿色发展指数各三级标准化指标

表9 **福建省绿色发展指数各三级指标**

指标		年份						
二级	三级	2011	2012	2013	2014	2015	2016	2017
绿色投资	水利、环境和基础设施管理（亿元）	752.31	1 072.3	1 355.5	1 787.3	2 669.1	3 588.5	4 486.7
	水利、环境和公共设施管理业投资占固定资产投资比例(%)	0.080 0	0.084 4	0.088 9	0.098 5	0.210 6	0.194 2	0.171 1
绿色环境	建成区绿化覆盖率(%)	36.3	37.4	38.7	38.98	38.9	39	39.96
	生活垃圾资源化处理率(%)	94	95.8	94	96	96.5	96.5	97.5
绿色生产	万元GDP能耗升降情况(%)	−3.29	−5.7	−3.76	−1.53	−7.7	−6.42	−3.5
	能源消费总量(万吨标准煤)	9 980.2	10 479	11 189	12 109	12 179	12 357	12 889

资料来源：2013—2018年福建省统计年鉴、2013—2018年福建省统计局年度报告。

(2)开放发展指数(ODI)

数据显示(见图12)，开放发展指数从2011年到2017年呈下降的趋势。

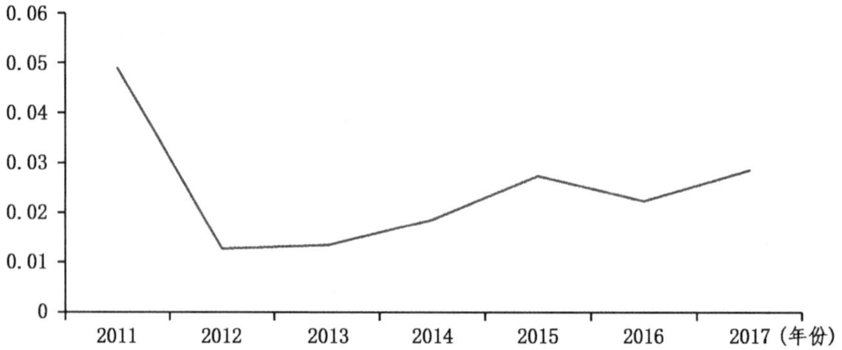

图12 福建省开放发展指数

资料来源：2013—2018年福建省统计年鉴、2013—2018年福建省统计局年度报告。

数据显示(见图13，表10)，下降最为明显的一级指标就是开放程度指标，其中，高新技术产品出口比重下降幅度最大，下降了近10.4倍；对外承包工程营业额增长速度也是起伏不定，最终下降了1倍多。而其他的二级指标对外贸易和开放环境都呈上升的趋势。

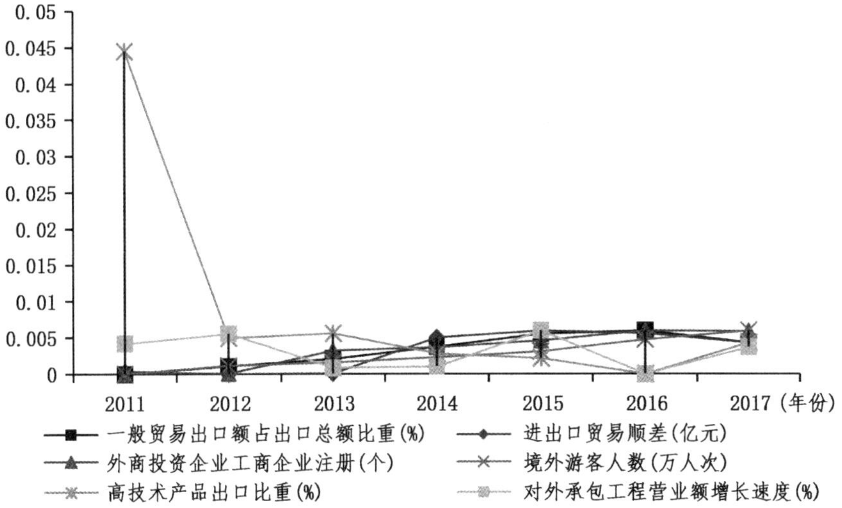

图 13　福建省开放发展指数各三级标准化指标

表 10　　福建省绿色发展指数各三级指标

指标		年份						
二级	三级	2011	2012	2013	2014	2015	2016	2017
对外贸易	一般贸易出口额占出口总额比重(%)	68.1	69.1	70	71.5	73.1	73.5	72
	进出口贸易顺差(亿元)	421.53	397.28	436.27	3 035.5	3 515.5	3 326.2	2 637.4
开放环境	外商投资企业工商企业注册(个)	17 830	17 954	23 546	24 322	25 895	28 351	28 264
	境外游客人数(万人次)	140.02	167.01	178.28	195.06	214.28	254.12	282.87
开放程度	高技术产品出口比重(%)	14.8	14.3	14.6	13.3	13	12	14
	对外承包工程营业额增长速度(%)	5.04	27.5	6.49	7.16	29.5	2.5	19.1

资料来源:2013—2018 年福建省统计年鉴、2013—2018 年福建省统计局年度报告。

三、提升福建省"人民发展指数"(PDI)的对策分析

从以上的测量分析可知,从 2011 年至 2017 年,福建省人民发展指数总体呈上升趋势,总体势头良好,"五大发展理念"贯彻实施都卓有成效。但是,一些指标的下降趋势我们也不能忽视。从一级指标发展的情况来看,只有创新发展指数的 6 个三级指标全部呈上升趋势,其他 4 个一级指标都有下降的三

级指标。其中，以绿色发展指数和开放发展指数下降趋势最为明显，绿色发展指数下降1.82倍，开放发展指数下降1.71倍。针对以上结果，提出如下对策。

（一）持续把创新发展作为发展的动力

全国经济经过几十年的发展后进入了新常态阶段，这一阶段经济进入中高速发展时期，并面临优化经济结构、转变经济发展方式的问题。同时，过去经济发展以资源要素和劳动力低成本作为动力，这种发展方式没有办法做到可持续，发展方式不科学。因此，需要变革经济增长的着力点，把创新发展放在社会经济发展的核心位置。

首先，从以上的测量分析看，创新发展势头总体良好，全省的发展抓住了创新发展这一核心。而在今后的实践中，需保持科技人员数量、R&D经费支出占GDP比重和高新技术产业增加值三个指标的绝对上升趋势，即保持创新投资以及高科技产业的增加势头。

其次，在测量分析过程中出现的问题同样不能忽视。在创新发展指数中，经过短暂的回落后呈现上升趋势的三级指标有：每万人口专利拥有量、技术市场的成交额和科学研究技术服务业占GDP 3个指标，分别在2012年、2013年和2015年经历回落后又重新呈现上升的趋势。因此，在具体的实践过程中，需要针对以上结果，解决如下问题：第一，要解决科研工作者的待遇、工作环境、工作平台问题，激发科研工作者投身到科研工作中的积极性和主动性，增加以专利权开发为代表的科研成果的产出；第二，建立加快科学技术转化为生产力的体制、机制，缩短科技转化为生产力的周期，让科学技术更好地服务于生产活动以及经济的发展；第三，为科学技术服务业提供发展、壮大的平台。

（二）保证经济社会整体的协调发展

协调发展是为了解决发展不平衡的问题。城乡、区域和行业等发展不协调问题严重阻碍了经济的发展，也妨碍着“以人民为中心”发展思想的贯彻执行。习近平总书记指出，城乡联系、区域联系、经济与社会的联系、人与自然的联系、国内发展与对外开放的联系，都是客观存在的。如果我们违背联系的普遍性和客观性，不注意协调好它们之间的关系，就会顾此失彼，导致发展失衡。

根据福建省协调发展指数的测量分析，我们发现：协调发展总体向好，但是问题仍然存在。其中，下降幅度最明显的指标是第三产业占GDP的比重；另一个变化较为明显的指标是城乡人均消费支出差，经过2013年的逆向发展后又成正向发展的趋势，说明城乡人均消费在2013年呈拉大的趋势，但是，到2017年基本上与2011年、2012年持平。根据以上分析可知，要想提升协调发展指数，保持福建省经济社会总体的协调发展，首先需要解决产业平衡和城乡平衡，具体包括：第三产业围绕第一、第二产业合理发展的问题；如何消除城乡生活水平存在的巨大差距；等等。

（三）推进资源节约的绿色发展

“绿色发展”致力于解决粗放型经济增长方式造成的人口与自然关系持续紧张的问题。绿色发展理念要求资源节约和保护环境并重，和生产发展、生活富裕、生态良好共同前行；要求推进绿色低碳循环发展产业体系建设、推进主体功能区建设；要求实行最严格的环境保护制度。绿色发展理念对于解决人与自然的矛盾、保障生态健康意义重大。

福建省在绿色生态建设方面居于全国的前列，当务之急是需要在保持原有优质生态环境的条件下，继续建设环境友好型和资源节约型社会。根据福建省绿色发展指数的测量分析发现，福建省绿色发展指数的 6 个三级指标——以水利、环境和基础设施管理，水利环境和公共设施管理业投资占固定资产投资比例，建成区绿化覆盖率，生活垃圾资源化处理率，万元 GDP 能耗升降情况和能源消费总量，从 2011 年至 2017 年全部呈现下降的趋势，其中，下降幅度较为明显的是万元 GDP 能耗升降情况和能源消费总量这两个指标。因此，需要注意生产过程中的能源消耗过大的问题。

（四）形成互利共赢的开放模式

开放发展主要是为了构建与国际社会的互利合作模式。在全球化的时代，几乎每个国家都是全球价值链中的一环，开放变成了发展不可或缺的条件。我们需要利用国外的投资、市场和技术优势。位于东南沿海、与台湾地区只有海峡相隔的福建省，具有得天独厚的地理优势，而合作对象主要是台湾地区。

根据福建省开放发展指数的数据分析和 6 个三级指标的测算结果，福建省开放指数总体呈下降趋势。其中，下降最为明显的二级指标是开放程度指标，其中，三级指标高新技术产品出口比重下降了近 10.4 倍；另外，对外承包工程营业额增长速度也是起伏不定，下降了 1 倍多。而其他的二级指标对外贸易和开放环境都呈上升的趋势。因此，需要开放程度因地适时地调整，在出口产品中，增加高、中端产品的出口量，对于出口型的高、中端企业，予以政策上的支持。

（五）完成发展惠及人民的体制模式

共享发展的目标是让发展的成果惠及全体人民，其目标是让人民群众过上小康生活，消除收入不平等等问题，实现共同富裕。这对于发展取向、发展战略的选择与确立意义重大。

根据福建省共享发展指数的数据显示，从 2011 年到 2017 年共享发展指数呈明显的上升趋势，是五个一级指标中上升幅度最大的。说明福建省在贯彻实施共享发展方面，成绩显著。在 6 个三级指标中，除了文化及相关产业增加值占 GDP 比重呈下降趋势外，其他 5 个三级指标全部呈现上升趋势。因此，针对唯一的略呈下降趋势的指标，需要在今后的工作中提高文化及相关产业的发展,让文化产业成为丰富人民精神文化生活、提高文化素质和弘扬社会主义核心价值观的重要载体。

参考文献

[1]程恩富,2016,论新常态下的五大发展理念,《南京财经大学学报》,第 1 期,第 1—7 页。

[2]程恩富、李立男,2019,马克思主义及其中国化理论是软实力的核心和灵魂,《马克思主义文化研究》,第 1 期,第 15—18 页。

[3]杜洪策、路鑫、邱昭睿,2017,滨海新区五大发展理念统计评价指标体系研究,《天津经济》,第 3 期,第 8—15 页。

[4]顾海良,2016,五大发展理念的"中国智慧",《前线》,第 1 期,第 17—19 页。

[5]韩庆祥、杨建坡,2019,习近平新时代中国特色社会主义思想的哲学基础,《山东社会科学》,第 7 期,第 5—13 页。

[6]刘思宇,2018,皖江城市带经济社会发展水平评价指标体系研究——基于五大发展理念的视角,《农村经济与科技》,第 1 期,第 212—213 页。

[7]倪方树、王家庭、曹清峰、毛文峰,2017,国家级新区评价指标体系构建及对河北雄安新区发展的启示——基于五大发展理念的视角,《城市》,第 6 期,第 3—8 页。

[8]唐登杰,2018,政府工作报告——2018 年 1 月 26 日在福建省第十三届人民代表大会第一次会议上,《福建省统计年鉴 2018 年》。

[9]王晶晶,2017,以人民为中心的发展思想:理论基础、主要内容和价值意蕴,《中共福建省委党校学报》,第 10 期,第 18—25 页。

[10]王松,2017,以人民为中心的小康社会指标体系及评价:基于马克思主义自由时间理论的分析,《改革与战略》,第 10 期,第 41—47 页。

[11]"五大发展理念指标体系及省级区域评估报告"课题组,2017,五大发展理念省级区域评估研究,《上海经济》,第 3 期,第 5—13 页。

[12]杨新洪,2017,"五大发展理念"统计评价指标体系构建——以深圳市为例,《调研世界》,第 7 期,第 3—7 页。

[13]易昌良,2016,《2015 中国发展指数报告——"创新 协调 绿色 开放 共享"新理念、新发展》,北京:经济科学出版社出版,第 3 页。

[14]张希中,2016,关于五大发展理念的哲学思考,《中共石家庄市委党校学报》,第 2 期,第 15—17 页。

[15]朱鹏华、李鹏,2016,五大发展理念导引的经济转型测度:自指标体系生发,《改革》,第 8 期,第 120—134 页。

Fujian Province the"People Centered" Development of the Construction of Evaluation System and Measurement Analysis

Li Linan

Abstract The development thought of the"People Centered" was put forward on the 19th CPC National Congress, and it is the important direction of the development, realizing method and basic principle of a new era; from thinking a series of major strategic relationship problem, "five vision for development" formed a new concept of development. This paper regards the "people centered" philosophy of development as purpose and "five vision for development" as the target and constructs the evaluation system of economic and social development of Fujian province——"People's Development Index". In the process of measurement and analysis, first of all, I finish statistical techniques such as standardizing the data, determining the index weight of all levels and synthesis index; Second, through the empirical analysis of the "People's Development Index" of Fujian province, I evaluate the current situation of the development of Fujian province; Finally, in terms of the results of the survey and analysis, I target countermeasures for ascending PDI of Fujian.

Key words　The "People Centered"　Five vision for development　People's development index　Fujian province

中国传统治国智慧：女性、市场和相权

——基于国家治理的视角

冯道杰　王　蔚

内容提要　治理转型大国有必要吸取传统大国的治理经验。如何规范好情场、商场、官场，调适好色欲、物欲、权力欲，处理好女性的地位，规制好市场和相权，事关家庭的荣辱兴衰、社会的稳定和谐、国家的繁荣强盛。在五千年的中华文明发展史中较好地处理了社会治理、市场治理和政府治理的三个关键性要素：女性、市场和相权。引导人性向善，追求合于义的利，合于道的术，合于人民利益的权，推动社会和谐、持续、健康发展，对于现阶段推进国家治理体系和治理能力现代化具有重大借鉴意义。

关键词　女性　市场　相权　国家治理

中图分类号　G03

一、引　言

习近平同志指出，"对绵延五千多年的中华文明，我们应该多一份尊重，多一份思考。对古代的成功经验，我们要本着择其善者而从之、其不善者而去之的科学态度，牢记历史经验、牢记历史教训、牢记历史警示，为推进国家治理体系和治理能力现代化提供有益借鉴"①。他强调，"历史是最好的老师。在漫长的历史进程中，中华民族创造了独树一帜的灿烂文化，积累了丰富的治国理政经验"，"治理国家和社会，今天遇到的很多事情都可以在历史上找到影子，历史上发生过的很多事情也都可以作为今天的镜鉴。中国的今天是从中国的昨天和前天发展而来的。要治理好今天的中国，需要对我国历史和传统文化有深入了解，也需要对我国古代治国理政的探索和智慧进行积极总结"②。

然而，长期以来，一提到中国古代社会，人们想到的往往是落后、愚昧和专

收稿日期：2020—06—18

作者简介：冯道杰，南京信息工程大学马克思主义学院教授；王蔚，南京信息工程大学马克思主义学院讲师。

基金项目：本文系国家社会科学基金项目"民生导向型乡村基层自治研究"(20BKS191)的阶段性研究成果。

①② 习近平，牢记历史经验历史教训历史警示，为国家治理能力现代化提供有益借鉴，新华网，http://news.xinhuanet.com/politics/2014—10/13/c_1112807191.htm，2014年10月13日。

制；说起中国古代的女性、市场和相权，摧残女人、压制商人、君主集权往往成为第一印象，却很少有人论证中国在漫长历史长河中加强中央集权和政府对市场的管控，以及加强女子教育的合理性。一提到西方资本主义社会，人们往往想到的是自由、民主、人权和法制，常常引用西方的人性、市场、民主理论对中国传统文化大加挞伐，进而逐步摧毁我们的文化自信、文化自觉，乃至民族自信、民族自觉的根基，就如同把婴儿连同洗澡水一起倒掉，中国社会日益陷入全盘西化和民族虚无主义的陷阱。

治理转型大国有必要吸取传统大国的治理经验。女性、市场和相权事关家庭的荣辱兴衰、社会的稳定和谐、国家的繁荣强盛。不能调整好女性在家庭中的地位和作用，家庭乱；管不好市场，社会乱；制衡不了相权，国家乱。五千年的中华文明发展史较好地处理了社会治理和国家治理的三个关键性要素：女性、市场和相权，传统大国对此三大要素合理规制、调适和约束的经验，对于现阶段推进国家治理体系和治理能力现代化具有重大借鉴意义。

二、女性、市场和相权在国家治理中的内在逻辑关联和治理伦理

从中国历代治乱兴衰的历史看，在古代的政府治理、市场治理和社会治理中，相权、市场、女性是三个关键性要素，具有相类似的重要性、功能和地位，彼此有着密切相通的内在逻辑和治理伦理。女性、市场和相权都可以引发和放大人的欲望，刺激人的欲望膨胀。女性会刺激人的感官欲望，让人色欲膨胀，色胆包天；市场会刺激人的物质欲望，让人唯利是图，金钱至上；相权会刺激人的权力欲望，让人权欲熏心，不择手段。如何正确对待美色、金钱、权力，规范名利场，其关键是如何正确认识和平衡女性、市场、相权。

情场、商场、官场都充满争斗，必须要有一定的规则、道德、制度、文化传统等加以规范和约束。一个国家和社会，如果任凭色欲、物欲、权力欲放纵泛滥，就家难齐、国难治，社会乱象层出不穷。如何才能处理好社会中男人与女人、经济中政府与市场、政治中政权与相权的关系？如何持续培育优秀的女性、运行良好的市场、选拔尽责尽职的官员，较好地发挥三者的积极作用，限制和削弱其负面影响？这些问题从古至今都是人们探讨的重要问题、难点问题和敏感问题。毋庸置疑，在处理这些关系方面，中国古代的确存在着夫权至上、过度抑制商人、君权至上等弊端，致使封建社会的中后期，特别是近代以来，腐朽的封建制度严重阻碍了社会进步，但去其糟粕取其精华，我们可以发现其中也不乏一些值得现代借鉴的思想和做法。

中国传统文化具有东方文明的大智慧，很早就认识到不能放纵色欲、物欲和权力欲的泛滥。中国古代的传统文化认为，一个好女人、一位贤妻良母对于

家庭兴旺、宗族繁衍、社会和谐具有重要作用，但是，如果缺乏必要的女子教育，则可能引发家庭生活的不和谐；一个运行良好的市场，可以刺激竞争，活跃经济，有效调节余缺，满足社会多样化需求，使人们更好地发展生产和安排生活，同时，过度强调和依赖市场，会刺激人唯利是图，导致物欲横流，贫富两极分化，各种社会乱象和矛盾丛生；一位尽职尽责有担当的官员，可以鞠躬尽瘁，为国分忧，为民谋利，但是，如果任凭官权泛滥，权力无限扩张，则会引发奸臣当道、政权短命、朝政不稳。

三、关爱女性，平衡男女关系：中国古代治家之道

《周易》：家人，女正位乎内，男正位乎外，男女正，天地之大义也。家人存严君焉，父母之谓也。父父，子子，兄兄，弟弟，夫夫，妇妇，而家道正；正家而天下定矣。[①] 家庭是社会的基本细胞，担负着不可忽视的微观社会教育功能。国治要先家齐。家庭和谐是社会和谐的基础，其关键是处理好家庭伦理关系，即家庭内部男女老少的关系，也就是男人与女人、长辈与晚辈的伦理关系。中国古代很早就认识到女子对家庭和社会的巨大作用，中国的传统文化中认为，女子担当着女儿、妻子、母亲、教师等多种角色，维系着人种的优化、家庭的幸福、社会的进步，影响着子孙后代的健康成长。出嫁前做个好女儿，出嫁后做个好妻子、好儿媳、好母亲，关系着家庭的和谐、社会的稳定、民族的强盛与壮大。母亲又是子女最早、最亲密的老师之一，对子女的成人成才有着至关重要的影响。所以，古代中国一直强调女子妇道妇德教育的重要性。重视女子教育，是处理好家庭伦理关系，实现家庭和谐、社会安定的关键。

古代女子的妇道教育，主要是指“三从”，出自《礼记・丧服・子夏传》，即未嫁从父、既嫁从夫、夫死从子，做到为女孝，为妻贤，为母良。“三从”在某些方面和具体做法上有其过激和极端之处，应当予以纠正。但是，从另一个角度来看，它在特定社会背景下对家庭关系的稳固、家庭秩序的维护起了正面作用，孝顺父母、勇于担负起家庭责任也是中国文化对贤人的要求，也有其合理的一面。

古代女子的妇德教育，主要是指“四德”，出自《周礼・天官・九嫔》，即妇德、妇言、妇容、妇功，主要是妇女的品德、仪表、言辞、才能修养。妇德，是指女子的品行和道德修养，特别是对女子孝敬、贤良、慈爱、仁义等人格和美德的教育。妇言是指女子各种场合的言辞礼节教育，要说话得体，谦恭有礼，矜持有度，而不能伶牙俐齿、挑拨离间、巧言令色、张狂蛮横等。妇容是指妇女仪容形

① 黄寿祺，张善文译注，2007，《周易译注》(上)，上海：上海古籍出版社，第216页。

象教育，要重质朴去修饰，而不是"冶容诲淫"[①]。妇功是指自然经济条件下妇女生产生活的技能和才能教育，主要是维持生活的采桑养蚕、纺绩织作等。

妇道妇德教育最初是宫廷妇女必备的培训和修养，后来扩展到上层家庭和寻常百姓，被广为接纳。许多成功女性并没有把女子教育看作是对女性的歧视，反而在成功之后，进一步著书立说，强调女子教育。也有众多名士对女儿进行良好的妇道妇德教育，成就了女儿的一生。如蔡邕著有《女训》，对女儿蔡文姬进行严格的教育。从整体上来看，我们在批判封建教育对女性束缚的同时，也应看到它一定的功用性：从出发点来说是为了维护当时家庭和社会的稳定，从客观结果上讲，也对女子这一群体优秀品质的养成起到了一定的正面作用。

妇道和妇德教育，除去其极端偏激以及束缚女性身心健康的糟粕之处，留给我们的是对女子素质教育和男女家庭关系的思考。引导女性学会正确认知自身的特征和特长，明白为人处世之道、治家之道，包括人格品德、形象礼仪、才能技能等，并依据自身禀赋不断提升自身素养。这不仅是女性自我认知、自我改造、自我判断、自我发展的基础和根本，同时也是建立和睦家庭关系的重要因素。

男子和女子在家庭和社会中的地位和作用是由社会生产力的发展水平、社会分工、自然禀性、性格特征等因素决定的，男女在家庭和社会中扮演着不同的角色。男女平等，并不意味关着排斥男女分工协作的合理性。相反，正是男女的差别互补、协作分工、优势互补，才是男女彼此吸引、相互需要、组建家庭的内在根源。

中国古代把男女比作阴阳、乾坤，女性的优势和特长是温柔、细腻、善良，心性如大地，生养万物，厚德载物，安忍不动，谦卑柔顺。男性的优势在于勇敢、有力、果决、坚毅。作为男性，爱护自己的妻女、家人，使她们免于在外受到伤害，实质上是尽自己作为男人的职责，是对妻女的关爱和保护。反之，如果没有男女合作、分工，让柔弱的女性承担繁重劳动，做不应该做的事情，才是对女性的歧视，不尊重，甚至是摧残。男女有别，这是与生俱来的差异，应当根据自身特点和优势寻找适合自己的位置，各美其美，美美与共。反过来，男性娘化，女性汉子化，这是混淆社会角色差别、忽视社会分工的反映，是社会乱象和伦理乱象的重要表现，有违自然天性和人性。

中国古代对妇女的要求和规范是在特定时代背景下、出于某种社会分工和社会需要而形成的一套礼法，并且随着社会的变化而变化。随着社会的进步和生产力的发展，女子在家庭和社会中的地位和作用已经发生了巨大变化，

---

① 出自《周易·系辞上》："慢藏诲盗，冶容诲淫。"冶容诲淫指女子装饰妖艳，容易招致奸淫的事。冶容：打扮得容貌妖艳；诲：诱导，招致；淫：淫邪。

中国古代女子教育和管理中的许多具体做法和规定已经不适应当今时代要求了，需要反思和否定，特别是要坚决反对性别歧视，充分尊重和保护妇女权益。

伴随着社会的发展和封建制度日趋腐朽，一些封建礼教被统治者用来欺骗和愚弄人民，诸如缠足、从一而终等对女性具有摧残性、禁锢性的许多做法，是对女子的歧视、愚弄和摧残。据考证，缠足始于北宋后期，兴起于南宋，元代的缠足继续向纤小的方向发展，明代的缠足之风进入兴盛时期，出现了“三寸金莲”之说，到了清代，缠足之风蔓延至社会各阶层的女子，无论贫富贵贱，纷纷缠足，严重摧残了女性的身心健康（高洪兴，1995）。可见，中华传统文化中阻碍社会发展的糟粕部分，是随着封建统治的腐朽没落而逐渐显现的，传统文化中的腐朽因素被统治者和御用文人不断放大，封建礼教演化成为欺骗和统治人民的“吃人”工具。我们坚决批判和反对这些歧视女性、损害女性身心健康的做法，也必须确保这些思想不再荼毒现代女性，但我们不能因噎废食，把中国传统社会和传统文化中的有益做法全盘否定，而应看到尊重性别差异、重视女性教育、平衡家庭关系、分担家庭责任等对现代社会的借鉴意义。

四、发展商业，规制商人：中国古代治市之道

市场治理的关键是规范商人的经营行为。中国几千年来一直重农抑商，注重对商人的管制和道德教化，历代统治者并非没有认识到商业对活跃经济的刺激作用，并非不知道经商致富的道理，但历代统治者大多选择从维护社会健康发展的角度出发，削弱市场机制的负面影响。正是中国古代这种基于国家和社会长远利益的有限制、有调节的市场经济，既能够利用市场刺激生产，丰富生活，又能够抑制市场的负面作用，实现较长时期内社会的和谐稳定和持续繁荣。

早在上古时期，中国市场经济和手工制造业就非常发达。《易经·系辞下》记载：包牺氏没，神农氏作，斫木为耜，揉木为耒，耒耨之利，以教天下，盖取诸《益》。日中为市，致天下之民，聚天下之货，交易而退，各得其所，盖取诸《噬嗑》。[①] 商朝有“殷人重商”的传统，比较正式的商业也已经开始兴盛，并以“商”来作为部落和朝代的名称。《商书·盘庚》中说的“贝、玉”也就是所谓的“货宝”，大概都是交易得来的，而且，可能已经成为了原始的货币。商代的“经商之人”已经把生意做到了海边，甚至海外，因此，有人认为“商人”的“商”即是“商代”的“商”。《周礼·司市》记载：大市，日昃而市，百族为主；朝市，朝时而市，商贾为主；夕市，夕时而市，贩夫贩妇为主。[②] 春秋战国时期更是成为中国

① 黄寿祺，张善文译注，2007，《周易译注》（下），上海：上海古籍出版社，第402页。
② 崔高维校点，2000，《周礼·仪礼》，沈阳：辽宁教育出版社，第30—31页。

历史上商业活动的黄金时期，涌现出了诸如范蠡、子贡、郭纵、白圭等一批历史上极为有名的大商人。

远早于亚当·斯密写就《国富论》和《道德情操论》的时间，中国人就认识到给市场注入道德血液的必要性。《吕氏春秋·上农》指出："舍本而事末则不令，不令则不可以守，不可以战。民舍本而事末则其产约，其产约则轻迁徙，轻迁徙，则国家有患，皆有远志，无有居心。民舍本而事末则好智，好智则多诈，多诈则巧法令，以是为非，以非为是。"①大意是说"事末"之人的财产多，容易迁移到别处，一旦国家有难，他们就会想要逃跑，不会对国家尽忠；"事末"之人多讲究灵活，越来越狡诈奸伪，不愿遵从国家法令，钻国家法律的漏洞。

市场是调节经济、发展生产的手段，不是目的，这个手段的优缺点都很明显。适度的市场是个好东西，不加节制的市场则是坏东西。缺乏道德和规范的市场经济会不断放大人性自私自利的一面，使人心日益奸诈，使得人与人之间的伦理亲情和关爱变成赤裸裸的金钱利益关系，导致社会物欲横流，道德沦丧，信仰缺失，是非不分，黑白颠倒，笑贫不笑娼，拜金主义、享乐主义、极端个人主义盛行。故自古有"无商不奸"之说。

市场遵循弱肉强食的法则，强者愈强，弱者愈弱，必定引发两极分化，激化社会矛盾。市场竞争充满斗争和较量，"商场如战场"。在残酷的市场竞争中，大家相互比较的不是关爱和互助，而是比凶斗狠，比奸斗诈。商人唯利是图的本性，使得他们可能为逐利而不择手段，囤积居奇，假冒伪劣等行为会引发市场甚至社会的混乱。政府必须采用行政、经济、道义等各种途径和渠道，限制市场的负面作用，做好宏观调控，以保证市场经济的健康运行。

农业是国民经济的基础，农业的发展可使国库粮仓充盈，使人民安居乐业，人丁兴旺，内无粮荒、动乱之虞，外无侵扰之虑。民以食为天。农业人口与商业人口必须保持一定的比例，保证国家根基稳固，保证稳定的兵源和战略物资储备。商业本身不创造财富，却能够比财富的生产者攫取更多的利益，这是社会分工造成的财富分配不公。农业文明时代，商品经济的发展意味着愈来愈多的人口同农业分离，民争趋利，就会导致大量农民从农业中游离出来，危及衣食之本，危及国家和社会安定的根基。

《史记·货殖列传》说："用贫求富，农不如工，工不如商"，商人作为社会中最有活力的成员，具有积聚社会财富的强大力量。一些事业上取得成功的商人，获得了法律所没有给予的社会声望与地位，如徽商、晋商等商人集团，不仅在社会上拥有一定的势力，且与官员们有着千丝万缕的关系。国家为了长治久安，允许商人享受殷实物质生活的同时，又要限制"民争趋利"、唯利是图的价值观念在整个社会蔓延。由此，社会上形成了士农工商的社会序列。这样，

① (汉)高诱注，(清)毕沅校，2014，《吕氏春秋》，上海：上海古籍出版社，第611页。

中国古代社会形成了重视个人利益的商人价值系统和重视国家整体利益的士人价值系统并行的社会价值体系。两套价值系统既相互渗透，又相互制衡，使社会能够取得稳定和发展的平衡。也正是有了士人价值系统，增强了读书做官的士人的社会地位和尊严感，使得他们在商人的金钱诱惑面前才有一定的抵抗力，致力于为国家的长治久安献计献策，而不贪图钱财，官商勾结，损公肥私。

私人商业力量的积聚和做大，会在国家权力中心之外，形成多个中心，甚至与国家政权分庭抗礼，形成强大的利益集团，绑架、操纵甚至威胁国家权力的稳定与巩固。吕不韦就是利用手中掌握的巨额财富干预政治，操纵政权的代表。为了防止私人资本操纵国家经济命脉，威胁国家政权和社会安定，中国古代很早就有直接垄断和控制关系国计民生的重要行业和领域、打击商人不法行为的各种做法。比如，管仲实行“官山海”①，汉武帝时期实行盐铁专卖、平准、均输②等政策，为了打击奸商偷税漏税的行为，还实行了“算缗”“告缗”③政策。这些对于市场经济、私人商业资本调控和管理的传统仍值得被重视。

五、推崇贤相，限制官权：中国古代治官之道

治国重在治吏。政府治理的关键是规范官权，即规范以宰相为代表的政府官员的权力。君主与国家政权的关系，同以宰相为代表的官僚集团与国家政权的关系是有区别的。

君主是整个王朝政权体系的核心与代表，君主的权力看似不受制约，但君主对于江山社稷、国家安危的责任最大、压力最大，是整个王朝政权的最终责任人。如果君主自甘堕落，一旦王朝倾覆，以宰相为代表的官僚集团可以选择为不同的皇帝“打工”，但是，皇帝毁掉的不仅是王朝政权，还有家族命运。因此，中国自古有“奸相”，却无“奸皇”之说，而是把不称职的皇帝称为昏庸无道，昏庸无能。

以宰相为代表的官僚集团与国家政权的关系比较特殊与微妙，官僚集团是国家政权的组成部分，是国家政权运行的主要执行者、维护者和附庸物。如

---

① 官山海亦称“管山海”，出自《管子·盐铁论》：“食湖池，管山海。”管仲相齐时主张由国家控制盐、铁及山林泽等自然资源的经济思想和政策，主要指盐、铁两项国家专营。

② 平准法是在大司农之下设立平准官，用官物在市场上随物价涨落贵卖贱买以营利。均输法是指在中央主管国家财政的大司农之下设立均输官，由均输官到各郡国收购物资，调运到需求多、价格高的地区售卖。

③ 汉武帝时期，连年征战，国库空虚，聚集大量财富的富商大贾却不肯响应国家要求自动捐资以解国家之急。公元前119年，汉武帝颁布算缗令，开始对商人、高利贷者和手工业者征财产税。隐瞒不报或呈报不实者，除没收所得外，并罚戍边一年。尽管如此，许多商人仍然隐匿财物，偷税漏税，不肯协助政府克服财政困难。公元前114年，汉武帝又下令“告缗”，奖励人民告发，最终才解决了政府财政危机。

果官员腐化堕落,以权谋私,化公为私,甚至觊觎最高权力,就会变成国家政权肌体内的寄生虫和“毒瘤”,变成国家政权内部的破坏力量,甚至反对力量、颠覆力量。

以皇帝为代表的君权和以宰相为代表的官权相生相克,互为牵制,既相辅相成,也相互排斥,是对立统一的矛盾体。君权与相权的冲突,实际上是以君权为代表的政权与以相权为代表的官僚组织之间的冲突,相权代表的官僚组织并不等同于君权代表的王朝政权体系。官僚组织背后是一个庞大的士阶层,官僚体系本身是一个组织严密、机构庞大的整体,在其内部又因种种原因形成了众多的非正式群体和帮派。他们拥有知识,掌握着行政权力和众多的社会资源,比其他社会集团更有群体意识和整体性,他们又具有自己的相对独立性,在运行中发展出某种不受君主意志所左右、自行其是的“自主性”倾向,使官僚组织在一定程度上成为异于君主意志、王朝政权的相对独立的力量。这是君权与相权冲突的最主要的内在根源。

在君权与相权的对立统一关系中,君权居于领导地位,相权则必须居于从属地位。反之,如果宰相权倾朝野,尾大不掉,则会危及君主地位及整个王朝政权。一旦以皇帝为核心的君权无法与以宰相为核心的官僚集团相抗衡,王朝政权就难以驾驭和控制日益膨胀的官权,皇帝的玉玺也就成了官僚集团的“盖章器”。此时,寄生在政权内部的官僚集团就成了吸血性质的庞大组织,公权力变成了谋取私利的工具,最后整个国家在被官僚集团抽空后轰然倒塌。为此,韩非子提出“法、术、势”并用的思想,历代文人术士也提出了不少“治国之术”,历代君王也有不少关于“驭臣之术”的总结。在实践上,为了更好地驾驭和控制官僚集团,历朝历代建立起了监察和监督官员的机构,试图从制度上制约和约束官员的不当行为。

遏制官权膨胀,除了依靠制度、道德等,最根本的是积聚以皇帝为代表的忠于王朝政权的力量,实行善政,赢得民心。作为矛盾统一体,臣强君弱,是乱政的祸根;君强臣弱,也并不意味着要取消士大夫阶层的辅佐。君主既要约束以宰相为代表的官员以权谋私,欲望膨胀,又需要社会贤达的辅佐和协助。中国古代推崇“精英善治”“学而优则仕”,非常重视官员的选拔,举孝廉,讲忠义,科举取士,不断吐故纳新,不断吸纳德才兼备、品学兼优,使能够为民造福、治国理政的精英加入王朝政权。

政权的稳固不仅靠对官员的管理,也必须意识到它最终是由人民群众的根本利益所决定的,没有百姓的幸福和社会的安定为基础,政权就难以长久。民惟邦本,本固邦宁。中国古代很早就认识到“民贵君轻”“水可载舟,亦可覆舟”等思想。中国古代,百姓申冤往往把希望寄托于钦差大人或者能够忠诚于王朝政权的清官大老爷,寄托于进京向皇帝申诉冤情,这种做法的基础是百姓把自己的利益诉求建立在对皇权的信任之上,表明老百姓明白,以皇帝为代表的王朝政权不同于贪官污吏，与人民群众的根本利益是相融相通、紧密相连的。从这个意义上说，以皇帝为代表的政权属于国家公器，是公权力。当君主背离人民利益，不是利用公权力为天下人谋福利，而是利用公权力谋私利，“敲剥天下之骨髓，离散天下之子女，以奉一人之淫乐”①，皇帝的个人利益就从根本上背离了王朝政权的整体利益，统治阶层的腐化堕落和政权危机也就会随之而来。

中国历史上鲜有老百姓喜欢和爱好“造反”的史例，大多是忍无可忍的“官逼民反”。在政权、官权与民权三者的关系中，官权走低，民权得到保障，人民就能够安居乐业，就会政治清明，社会祥和，则政权就能够稳固；反之，官权走高，贪官污吏横行，民权得不到保障，民不聊生，则会危及政权。历代贤明的君王在一定程度上都自觉秉承“以天下兴亡为己任”的理念，爱惜民力，注重民权，加强对官员的官德教育，制约和限制官权，要求官员忠于朝廷，勤政爱民，做到为官一任造福一方。这种重视人民利益、加强官员队伍建设的经验值得我们吸收、学习。

六、中国古代治国智慧之当代借鉴

正如自然界的运行一样，国家和社会治理也必须遵循一定的规律和规则。在不加约束的情况下，人的需要和欲望会不断增长和无限膨胀，在贪婪的追求中，互相争夺、残杀，导致各种乱象和矛盾层出不穷。如何正确处理政府与市场、民权与官权、男性与女性的关系，建立一个什么样的社会体系，既能够有效地激发和利用人的欲望增加社会发展的活力和动力，又能够有效地制约和限制人性自私贪婪的一面极度膨胀，引导人性向善，推动人类社会和谐、持续、健康发展，这些都是提升国家治理能力和社会治理水平的重要课题。

启示一：引导人们追求合于义的利，合于道的术，合于道德规范的色，合于人民利益的权

从人性的角度来看，人是动物性与人性、自然属性与社会属性的对立统一体，色欲、物欲、权力欲是人的动物本能所固有的。对女性、市场和相权的规制，实质是通过制度、法律、文化习俗和道德教化的力量，对人的欲望进行调适和制约，既要满足人的基本需求，激励人们努力劳动，创造更多财富，又要限制人的动物性，增加人性，提升高尚性，引导人们驾驭欲望，欲望适度，欲望向善，追求合于义的利，合于道的术，合于人民利益的权。

《周易·文言传》曰：乾，元亨利贞。元者善之长也，亨者嘉之会也，利者义之和也，贞者事之干也。君子体仁足以长人，嘉会足以合礼，利物足以合义，贞固足

① (明)黄宗羲，《明夷待访录》，贵阳：贵阳人民出版社，2000年，第5页。

以干事。如图 1 所示，调适和制约欲望的关键是引导人们正确处理利己和利他的关系，正确处理义和利的关系，达到身心和谐、义利平衡、物质和精神相协调。人追逐私利，产生欲望；追逐公利，产生价值。一个人的价值是在服务社会和他人的过程中实现的，一个人的利益也只能在服务社会与他人的过程中实现，才合于义。让私欲符合大多数人的利益和需要，才能实现义和利的统一。

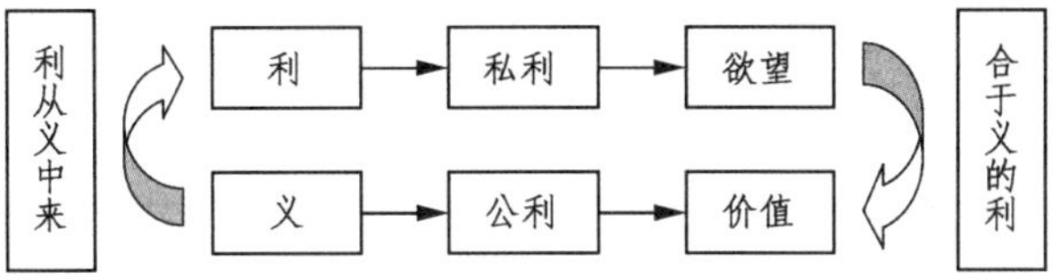

图 1　义利关系示意图

中国先贤很早就注重调节私有制条件下市场经济的负面影响，宣扬天理精神，维护公平正义，重术更重“道”，强调以道齐家，以道治国。不仅有天道人道，而且有经商之道，为官之道。“故道大，天大，地大，人亦大。域中有四大，而人居其一焉。”[①]“道”的内涵非常丰富，道家称之为宇宙万物的本原、本体，其意义应是指万事万物的内在联系与规律。儒家国家治理思想中的“道”，主张治理国家行王道，施仁政，强调以德治国，以礼治民，教化为主，刑罚为辅，王道、霸道并用。宋代理学家则强调“符合道义”“符合天理”原则。以义制利，以道义和王法限制人的私欲膨胀，强调人的私欲必须要合乎道义。

启示二：注重制度建设，注重人伦纲常、道义伦理的文化建设

为了限制人的色欲、物欲、权力欲的极度膨胀，中国古代建立了一系列的制度、规范、礼仪等，形成了一整套的礼乐制度、宗法制度、政治制度、社会伦理和政治伦理规范。男性和女性，政府和市场，君权和相权，犹如硬币的两个面，既相辅相成，不可分割，又有正有负，有主有次。

为限制以宰相为代表的官权膨胀，从秦朝的三公九卿制，到唐代的三省六部制，明代的内阁制，以及清代设立军机处等，历代都进行了不懈探索。古代众多的思想家都提出了许多加强中央集权，限制官权，扩大民权的思想。孔子维护礼乐制度，董仲舒提出“大一统”思想，韩非子提出“法、术、势”等主张，中国历代思想家形成了君臣有义，君仁臣敬，君主臣辅等思想，并以此为基础，积淀形成了以儒家思想为主体，融儒释道于一身，集法家、墨家、兵家等百家之长，富有大智慧的东方文化体系，比较好地处理了道与术、义与利、情与法、个人与集体、精英与群众等涉及国家治理和社会治理的一系列重大问题。

人伦纲常是维护社会和谐稳定的重要支柱，中国传统文化非常重视伦理道德教育，在情场、商场、官场的角逐中，注重加强对人们欲望的制约，让每个

---

① 《老子·第二十五章》，北京：中华书局，2014 年，第 113 页。

人能够知道自己在社会群体中的位置和本分。恪守本分，各安其道，社会才有秩序，才能和谐稳定，才是符合“礼”的社会。如果人人为了满足自己的私欲而丢掉了“礼”，家庭和社会则会陷入混乱无德状态。“礼义廉耻，国之四维。四维不张，国乃灭亡。”①以礼义廉耻为基础的道德伦理和以礼乐制度为基础的政治伦理，成为维系中国政治和社会稳定的基石。一旦社会上礼义廉耻丧尽，庙堂上礼崩乐坏，则国家和社会就会陷入动荡和灾难。中国特色社会主义须植根于中华文化沃土，扎根于深厚的历史传统和具体的现实国情，实现优秀的中国传统文化与马克思主义、社会主义的对接与融合。

启示三：加强和改善党的领导，限制官权，扩大民权，密切党群血肉联系

为限制以宰相为代表的官权膨胀，限制官员的横征暴敛，贪污腐化，中国历代都进行了不懈的探索和努力，直到毛泽东提出著名的“千秋窑洞对”，对跳出历史周期律问题进行了理论上和实践上的大规模探索。

“党政军民学，东西南北中，党是领导一切的。”②某种情况下，中国政治体系一旦出现官权膨胀，官权与资本相互结合，就会导致民权虚弱，党权虚置，甚至党权变异等问题。一些贪官污吏作风专断，生活腐化，结党营私，权钱勾结，以权谋私，化公为私，他们的胡作非为，最终极大损害了党在人民群众中的形象，损害了党的执政基础。苏联共产党垮台的教训告诉我们，失去党性和信仰的贪腐利益集团是搞垮共产党政权的重要内部因素。“新形势下加强和规范党内政治生活，重点是各级领导机关和领导干部。”③

办好中国的事情，关键在党，关键在党要管党、从严治党。习近平同志进一步强调“历史周期律”问题，并从实现国家治理体系和治理能力现代化的高度，开展“群众路线教育”“两学一做”“不忘初心，牢记使命”等活动，贯彻党的群众路线，“打虎拍蝇猎狐”，大力度惩治腐败，党的建设新的伟大工程取得了举世瞩目的成就。这一系列重大战略举措的最大蕴意是，制约官权，扩大民权，纯洁党的队伍，密切党群血肉联系。

当前亟须巩固、加强和改善党的领导，特别是维护党中央权威，用铁的纪律从严治党，加强党对行政系统的领导，加强人大对政府系统的监督和考评，完善党的领导和人民代表大会制度，切实贯彻党的群众路线，强化人民对政府工作的参与和监督。

启示四：以社会主义制度的优越性削弱和限制市场的固有缺陷和负面影响，增强市场经济的社会主义属性

中国古代在注重发挥市场机制增加社会财富的同时，注重通过“道德教

---

① 《管子·牧民》，北京：中华书局，2019年，第36页。

② 《决胜全面建成小康社会，夺取新时代中国特色社会主义伟大胜利——在中国共产党第十九次全国代表大会上的报告》，《人民日报》第2版，2017年10月28日。

③ 《中国共产党第十八届中央委员会第六次全体会议公报》，新华网，http://news.xinhuanet.com/politics/2016-10/27/c_1119801528.htm，2016年10月27日。

化”“重农抑商”等举措抑制和削弱市场的负面社会影响，使得中国商人注入了“善的基因”，削弱了他们唯利是图的“血腥味”。正如西方经济学同时强调国家干预与放任自由、市场竞争与道德法制一样，在农和商、道和术之间，我们必须寻求平衡点，把握好激励或限制的“度”，不能走极端。不能因为过去曾经过度压制商人或者取消市场经济的失误和曲折，今天就走向另一个极端。既不能放任市场，把市场“神化”，只讲市场经济，背离社会主义的根本原则，也不能不顾客观实际，追求单一公有制、单一计划经济、纯而又纯的社会主义。

在私有制为基础的激烈市场竞争中，对市场经济不加限制和规范，会导致两极分化不断加剧，人越来越成为物的奴隶。一部分人“只有得到他人的允许才能劳动，因而只有得到他人的允许才能生存”①。于是，一部人类社会的发展史成了一部阶级斗争史。列宁指出：所谓阶级，就是这样一些集团，由于他们在一定社会经济结构中所处的地位不同，其中一个集团能够占有另一个集团的劳动②。在历史长河的洗礼中，人们最终选择了没有剥削和压迫，走向共同富裕的社会主义。正如毛泽东所言：唯有马克思主义的科学社会主义，才是拯救劳苦大众的救星。社会主义比起孔夫子的“经书”来，不知道要好过多少倍③。有了公有制基础上人民当家作主的科学社会主义理论，实现从天下为家到天下为公的转变，这是人类社会一个跨越式的、质的进步，是人类历史发展螺旋式上升的必然规律。

马克思主义、社会主义思想与中国优秀传统文化中追求公平正义、以民为本等思想有着内在的契合性，有着异曲同工之妙。中国特色社会主义市场经济的优越性，最主要的是能够以社会主义的制度优势更好地削弱和弥补市场经济的缺陷和负面影响，好市场与好政府相辅相成，缺一不可，这是中国社会主义市场经济的特色和创新之所在。寄希望于用所谓彻底市场化的办法解决市场机制固有的缺陷，无异于缘木求鱼、南辕北辙。克服这些弊端的根本途径，在于发挥社会主义制度的优势，增强市场经济的社会主义属性（程恩富，2019）。

启示五：改善民生，富民教民，坚持民生为本的国家治理理念

儒家学派认为，要治理好一个国家，施仁政必须关注“民生”，养民、富民，不与民争利，要“置民之产”。满足人民群众的基本物质生活条件，是政治清明、社会和谐的底线要求。“是故明君制民之产，必使仰足以事父母，俯足以畜妻子，乐岁终身饱，凶年免于死亡。然后驱而之善，则民之从之也轻”④，“民之为道也，有恒产者有恒心，无恒产者无恒心。苟无恒心，放辟邪侈，无不为

① 《马克思恩格斯选集》第3卷，北京：人民出版社，1995年，第298页。
② 《列宁选集》第4卷，北京：人民出版社，2012年，第12—15页。
③ 《毛泽东文集》第六卷，北京：人民出版社，1999年，第309—310页。
④ 《孟子·梁惠王上》，北京：北京联合出版公司，2015年，第7页。

己”[①]。

在解决好人民物质生活的同时，注重加强对人民的道德教化，“有教无类”，不断提高人民群众的思想文化水平。“不富无以养民情，不教无以理民性。故家五亩宅，百亩田，务其业而勿夺其时，所以富之也。立大学，设庠序，修六礼，明十教，所以道之也。”[②]儒家富民教民思想，实际上就是加强物质文明建设的同时，加强精神文明建设。

儒家学派还指出，贫富悬殊是社会乱源之所在，主张缩小贫富差距，追求共同富裕。孔子曰：“不患贫而患不均，不患寡而患不安。”主张要调节各阶层的收入，缩小两极分化，以求社会的安定。董仲舒解释说：“大富则骄，大贫则忧；忧则为盗，骄则为暴，此众人之情也。圣者则于众人之情，见乱之所生，故其制人道而差上下也，使富者足以示贵而不至于骄，贫者足以养生而不至于忧。以此为度而调均之，是以财不匮而上下相安，故易治也。”[③]宋代朱熹则解释说：“谓各得其分”，主张“生财有道”，做到“富而好礼”，要求为富者秉持敬畏之心、怀仁义之德、灭贪欲之念，强学达性、积善成德，自觉遵循道德规范（于慧颖，2011）。老子则把调节贫富分化称为“天道”，指出，“天之道，损有余而补不足；人之道，则不然，损不足以奉有余。孰能有余以奉天下，唯有道者”[④]。

《礼记·礼运篇》提出“故人不独亲其亲，不独子其子。使老有所终，壮有所用，幼有所长，鳏寡孤独废疾者，皆有所养”[⑤]的大同社会理想。中国古代先贤提出了种种改善民生，缩小两极分化的措施和思想，有着丰富的削弱和限制私有制条件下市场负面影响的做法和经验，对今天改善民生，完善社会主义市场经济体制都具有重要的借鉴和启发意义。然而，这种“大同社会”理想只有以马克思主义为指导，在中国共产党领导下，以人民为中心，在生产资料公有制基础上，坚定地走社会主义和共产主义发展道路，才会真正实现。

七、结　语

在漫长的历史进程中，中华民族积累了丰富的治国理政经验。在家庭治理、社会治理和国家治理体系中，如何规范好情场、商场、官场，调适好色欲、物欲、权力欲，处理好女性的地位，规制好市场和相权，我们应当以马克思主义及其中国化理论为指导，坚定“四个自信”，扎根于深厚的历史文化土壤，本着择其善者而从之、其不善者而去之的科学态度，为推进国家治理体系和治理能力

① 《孟子·滕文公上》，北京：北京联合出版公司，2015年，第15页。
② 《荀子·大略》，北京：北京联合出版公司，2015年，第75页。
③ 《春秋繁露·度制》，北京：中华书局，2012年，第95页。
④ 《老子·第七十七章》，北京：中华书局，2014年，第273页。
⑤ 《孟子·梁惠王上》，北京：北京联合出版公司，2015年，第8页。

现代化提供有益借鉴，既不能简单复古照搬，更不能一股脑地盲目否定灿烂文明而全盘西化，搞历史虚无主义和民族虚无主义。

参考文献

[1]程恩富，2019，《社会主义市场经济论——纪念中国改革开放40周年》，北京：中国财政经济出版社，第232页。

[2]杨军，2016，中国传统的国家治理思想及其现代意义研究，《领导科学》，第20期，第40—43页。

[3]高洪兴，1995，《缠足史》，上海：上海文艺出版社，第16—20页。

[4]陈炳辉，2016，国家治理复杂性视野下的协商民主，《中国社会科学》，第3期，第136—153页。

[5]程恩富、刘伟，2012，社会主义共同富裕的理论解读与实践剖析，《马克思主义研究》，第6期，第41—47页。

[6]辛向阳，2015，《德意志意识形态》的国家理论及其当代启示，《马克思主义研究》，第3期，第122—129页。

[7]江宇，2016，国家治理的中国道路：毛泽东的探索，《马克思主义研究》，第7期，第40—46页。

[8]于慧颖，2011，先秦诸子民生思想研究，《史学集刊》，第3期，第54—59页。

Ancient Chinese Wisdom of Governing Country: Woman, Market, Prime Minister's Power

—Angle of View Based on National Governance

Feng Daojie　Wang Wei

Abstract　Regulating realm of love, market, official circles; adjusting lust, material desire, will to power, managing woman, market, prime minister's power, are important for boom and slump of family, Social harmony and stability, and country's prosperity. China finely deal with the three critical factors about social governance, market governance, and national governance in the five thousand years history of Chinese civilization, which guided the humanity to goodness, pursued the benefits according with morality and justice, the methods according with the Tao, the power according with people's interests, to promote the harmonious, sustainable and healthy development of society. All of these are use for reference of advancing the modernization of national governance system and governance ability at present.

Key words　Woman　Market　Prime minister's power　National governance

基于文献计量的国内外政府质量奖研究热点及趋势分析

桑秀丽 解瑞玺 刘继云

内容提要 本文采用文献计量学和知识可视化方法,以 1998—2018 年 Web of Science 和 CNKI 数据库中政府质量奖领域的核心文献为数据来源,以 CiteSpace Ⅲ软件、文献计量在线分析平台和中国知网计量可视化分析平台为工具,从时间序列和被引频次、国家和地区分布、学科和期刊分布、高产作者和研究机构分布、研究热点和研究趋势等方面进行分析,探索国内外政府质量奖研究现状及研究热点的区别与联系,发掘质量奖研究趋势及发展走向。结果显示:国内外在政府质量奖领域的研究热点和研究前沿有所不同。在研究热点上,国内侧重对质量奖、卓越绩效模式和评价等的研究,国外则对质量、绩效、模式、管理等更为关注;在研究前沿上,国内主要集中在全面质量管理上,而国外主要集中在环境、诊断、经验、旅游、介入、结果等方面。

关键词 文献计量 政府质量奖 研究热点 趋势分析
中图分类号 F203

一、引 言

政府质量奖是各级政府为增强企业和组织的质量意识、提高质量管理能力和市场竞争力,用于表彰质量管理卓有成效的企业和组织而设立的奖项。政府质量奖最早起源于美国马尔科姆·波多里奇国家质量奖,它是由美国国家标准技术研究院制定的,设置质量奖的目的是“对组织在质量和绩效上的努力做出认可,并提高组织对质量和卓越作为竞争优势的意识”(Mackerron 等,2003)。自美国设立了波多里奇国家质量奖后,世界各地纷纷效仿,开始设立本国的政府质量奖。目前,世界上已有 80 多个国家和地区制定了本国的质量奖,如欧洲质量奖、澳大利亚质量奖、印度质量奖、巴西质量奖等(朱守信,

收稿日期:2020—06—18

作者简介:桑秀丽,昆明理工大学管理与经济学院教授,昆明理工大学创新发展研究院副院长;解瑞玺,昆明理工大学管理与经济学院硕士研究生;刘继云,东莞理工学院经济与管理学院院长、教授。

基金项目:本文系广东省普通高校人文社科重点研究基地——珠三角产业生态研究中心(2016WZJD005)、广东省社会科学研究基地——东莞理工学院质量与品牌发展研究中心(B200101)的阶段性研究成果。

2018)。我国为了提高企业和组织的管理水平,强化和提高产业竞争力,引进了卓越绩效模式和全面质量管理,于 2001 年经国务院批准设立全国质量奖,之后全国 31 个省(区、市)、超过 100 个市(地、州)设立地方政府质量奖(张志强,2018)。由此可见,各国通过设立政府质量奖来驱动各类组织加强对质量的关注,已成为质量管理在当今各国发展的普遍趋势。

对政府质量奖的研究在某种程度上反映并推动了政府质量奖的发展,而研究前沿作为政府决策的重要指标一直备受重视(Huang 等,2015)。研究前沿通常来源于新的科学发现或科学进展,一般认为研究前沿是科学研究中最先进、最新、最有发展潜力的研究主题或研究领域,它代表了科学发展的难点、热点以及发展趋势,可通过文献计量学的某些特征来呈现,如新主题词的大量出现、某主题的发文量出现异常、新期刊的出现等(陈仕吉,2009)。因此通过文献计量的方法探索政府质量奖的发展现状、研究热点以及发展趋势,对推动政府质量奖研究与发展具有重要意义。

二、研究设计

(一)数据来源

英文文献以 Web of Science 核心合集(以下简称“WoS”)为数据来源,检索式为“TS=quality award＊”,检索时间跨度为 1998 年至 2018 年,限定语言为英文,共检索到 2 060 条记录,经整理、筛选出研究性论文 2 050 篇。将这 2 050 篇文献导出至文件,选择记录内容为“全记录与引用的参考文献”,文件格式为“纯文本”,用 CiteSpace III 软件进行分析;将文献导出至文件,选择记录内容为“全记录与引用的参考文献”,文件格式为“制表符分隔(Win,UTF-8)”,使用文献计量在线分析平台和 Excel 软件进行分析。

中文文献以中国知网(以下简称“CNKI”)为数据来源,限定文献类型为核心期刊、CSSCI、CSCD、SCI 来源期刊和 EI 来源期刊,检索主题词为“质量奖”,检索时间为 1998 年至 2018 年,精确匹配检索共得到 254 条记录,去除会议通知、重复文献、征稿启事等无关记录后,得到研究性论文 81 篇。将这 81 篇文献导出至文件,文件格式为“纯文本”,以便进行后续分析。

(二)研究方法

本研究采用词频分析、知识图谱分析和突引分析等方法对国内外政府质量奖领域的研究论文进行系统梳理,并利用 CiteSpace Ⅲ软件、文献计量在线分析平台和中国知网计量可视化分析平台,绘制科学知识图谱,分析论文数量、被引频次、国家和地区分布、学科和期刊分布、高产作者和研究机构分布等,利用关键词词频分析方法探测目前国内外政府质量奖的研究热点;利用“CiteSpace Ⅲ”软件分析关键词得出的“Citation Burst”进行前沿分析。

其中,词频分析法是通过统计关键词、主题词、篇名词等核心词汇在某一类学术文献中所出现的频次,判别该学术领域的研究热点、知识结构和发展趋势(张勤,2011)。知识图谱是由具有多元、分时、动态等特性的引文分析可视化技术所绘制的,它能够将一个知识领域的演进历程集中展现在引文网络图谱上,并把图谱上作为知识基础的引文节点文献和共引聚类所表征的研究前沿标识出来(陈悦等,2015)。突引分析法通过建立某个主题词、作者、参考文献等为节点的时间序列变化情况,分析和挖掘某个具体研究主题的时间序列演化模式,对于识别当前某个研究主题的热点变化具有一定的参考意义,这也是近年来较为新兴的内容分析方法之一(Chen Chaomei,2016)。

三、研究概况

(一)时间序列和被引频次统计分析

通过对政府质量奖领域论文的发表时间和数量等方面进行统计分析,从纵向来看,可以挖掘其发展速度和发展水平;从横向来看,可以挖掘其发展过程和未来的发展趋势。如图1所示,CNKI检索出质量奖领域学术论文共81篇;1998—2007年,国内政府质量奖领域发文量呈增长趋势,而2007—2018年略有下降;WoS检索出质量奖领域学术论文共2 050篇;近二十年来,国外质量奖领域发文量整体呈上升趋势,2017—2018年略有下降。这说明,从时间序列上来看,政府质量奖领域科研论文数量整体呈上升趋势;国外政府质量奖论文的数量明显高于国内,国内与国外相比仍存在较大差距。

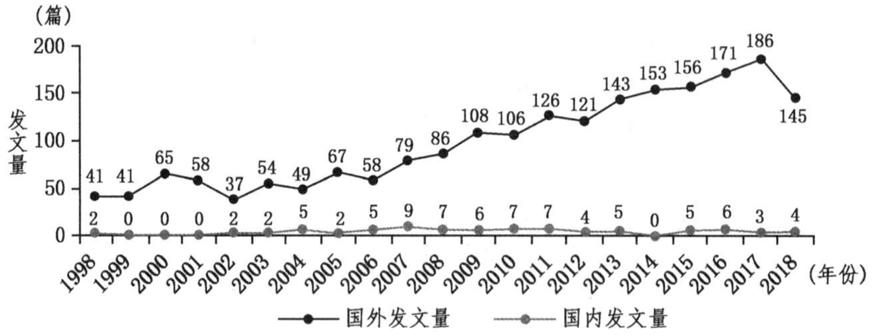

图1 1998—2018年国内外政府质量奖相关研究发文量

科技论文的被引频次在某种程度上可用来衡量论文质量,利用中国知网计量可视化分析平台对CNKI政府质量奖领域81篇核心文献进行统计分析,结果可知,总被引数为882次,篇均被引数为10.89次,总参考数为661次,篇均参考数为8.16次,其中,被引次数最多的文献是苏秦等于2010年发表在

《科学学与科学技术管理》上的《中国企业质量管理成熟度研究》。利用Excel软件数据透视表对WoS政府质量奖领域的2 050篇核心文献进行统计分析，由分析结果可知，总被引数为28 852次，篇均被引数为14.07次。这说明，国内政府质量奖领域论文虽数量不多，但质量和参考价值较高；国外政府质量奖领域论文在数量和质量上占有很大优势。

(二)研究国家和地区分类统计分析

从国外政府质量奖领域期刊论文所在国家和地区的知识图谱(图2)和政府质量奖领域核心文献发文量前10位的国家和地区(表1)可以看出，美国是发文量最多的国家，达到839篇，占样本比重为39.37%，是政府质量奖领域研究的先锋；中国(除台湾地区)的发文量是186篇，占全部发文量的8.73%，居世界排名第2位。其中，中国(除台湾地区)发文量为186篇，是WoS(105篇)和CNKI(81篇)之和；国内外政府质量奖领域论文有2 131篇来自其他55个国家和地区，排名前10位的国家或地区论文共计1 607篇，占文献总量的78.39%；美国的发文量是中国的4.5倍左右；图中各节点间连线较密集且连线较粗，这说明政府质量奖领域相关研究或地区相对比较集中，且国际合作相对较多，其中，各节点的大小代表该国家或地区发文量的情况，节点间连线代表国家间合作研究的情况，连线越粗代表交流合作越密切，合作文章越多。由此可见，美国对政府质量奖领域的研究关注度较高且成果颇丰；中国虽在该领域占有相对领先地位，但中国与美国之间仍有较大差距，中国在该领域有较大发展空间；发文量排名第3位的是英国，其次是西班牙、加拿大、澳大利亚和德国；国际交流合作较为密切。

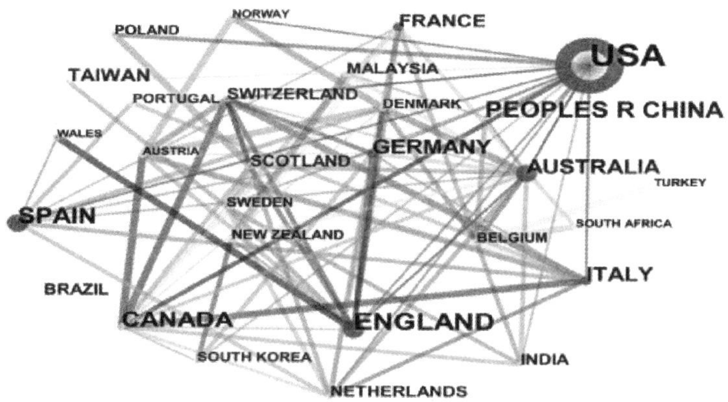

图2　国外政府质量奖领域文献所在国家/地区知识图谱

表1　　政府质量奖领域核心文献发文量前十位的国家/地区

排名	国家或地区	发文量	占比(%)
1	USA(美国)	839	39.37
2	CHINA(中国,除台湾地区)	186	8.73
3	ENGLAND(英国)	166	7.79
4	SPAIN(西班牙)	92	4.32
5	CANADA(加拿大)	91	4.27
6	AUSTRALIA(澳大利亚)	90	4.22
7	GERMANY(德国)	83	3.89
8	ITALY(意大利)	62	2.91
9	FRANCE(法国)	41	1.92
10	TAIWAN(中国台湾地区)	38	1.78

(三)学科和期刊分布统计分析

政府质量奖领域是多学科全面发展的,研究范围涉及155个学科,国内外热点学科既有相似,又各有侧重。从WoS统计数据可以看出,政府质量奖领域学科前10位文献数均大于100篇,且学科占比均大于2%;学科方向主要集中于工程学、商业与经济学、管理学、计算机科学、教育学、保健服务科学、运筹学与管理科学、工程与工业、教育科学、电气与电子工程等研究领域,其中,工程学、商业与经济学、管理学的研究文献量均在200篇以上。从CNKI统计数据可以看出,政府质量奖领域学科前3位文献数均不低于15篇,且学科占比均大于10%;学科方向主要集中在经济与管理科学、社会科学、基础科学、信息科技等研究领域,其中,经济与管理科学和社会科学文献数均在30篇以上,占样本总量的76.8%。这说明政府质量奖领域的研究与其他研究主题存在相互交叉融合的发展趋势,国外政府质量奖领域的热点学科是工程学、商业与经济学、管理学,而国内则是经济与管理科学、社会科学;国内外政府质量奖研究热点学科既有相似,又各有侧重,经济与管理科学是国内外的相同之处,此外,国外侧重工程学,而国内侧重社会科学。

统计政府质量奖领域文献的期刊分布,分析载文量前10位的刊物可发现,政府质量奖领域研究文献的来源期刊分布较为分散。CNKI数据统计如图3所示,81篇CNKI核心文献分散于69种刊物中,期刊平均载文量为1.17篇;载文量排名前4位的期刊分别是《科技管理研究》《科学学与科学技术管理》《企业管理》《图书馆论坛》。WoS数据统计如表2所示,2 050篇WoS核心文献分散于1 336种刊物中,期刊平均载文量为1.53篇,前10位出版物累计载文量182篇，占论文总量的8.88%；前10位文献数量均为10篇以上，尤其是排名前两位的*Total Quality Management & Business Excellence*、*Academic Medicine*的文献数量不少于30篇，是国外政府质量奖研究领域发文的主要刊源，其次，*Quality Progress*、*Clinical Orthopaedics and Related Research*发文较多；篇均被引数前3位的期刊为*Laryngoscope*、*Journal of Operations Management*、*International Journal of Production Research*。这说明政府质量奖领域研究文献来源出版物分布较分散，目前并没有形成稳定的期刊群，各国政府质量奖领域的研究呈现多样化和交叉性发展态势。

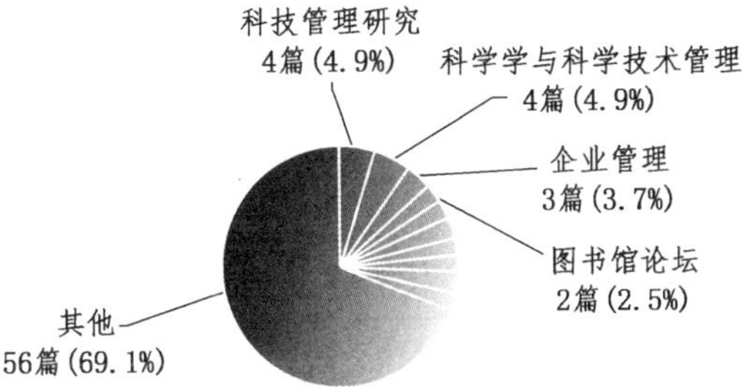

图3　CNKI载文量排名靠前期刊

表2　WOS载文量前10位期刊

序号	期刊名	载文量	总被引数	篇均被引数
1	*Total Quality Management & Business Excellence*	38	38	1.00
2	*Academic Medicine*	30	9	0.30
3	*Quality Progress*	20	13	0.65
4	*Clinical Orthopaedics and Related Research*	20	2	0.10
5	*Plos One*	16	1	0.06
6	*Scientometrics*	15	4	0.27
7	*Cts-clinical and Translational Science*	12	1	0.08
8	*Journal of Operations Management*	11	105	9.55
9	*Journal of Coastal Research*	10	10	1.00
10	*American Journal of Health-System Pharmacy*	10	3	0.30

(四)高产作者和研究机构分布统计分析

国内外政府质量奖领域2 131篇论文共有6 720位作者，其中81篇CNKI论文有133位作者，2 050篇WoS论文有6 587位作者。通过分析期刊论文发表作者(图4)，可看出发文量最多的是Butler CA和Robinson RS，均为6篇；发文量在3篇以上的作者共64位，其中，CNKI和WoS分别为4位和60位，发表论文共216篇，占样本的比重为10.14%；WoS中发文量排名靠前的分别是Butler CA、Robinson RS、Nicolau JL、Schwamm LH、Ooi KB、Evans JR、Williams AT，发文量均不低于5篇；CNKI中发文量排名前4位分别是徐松杰、陈振明、贺金凤、王宗军。这说明政府质量奖领域目前尚未形成集中的作者群体，且没有引导性的高产作者。

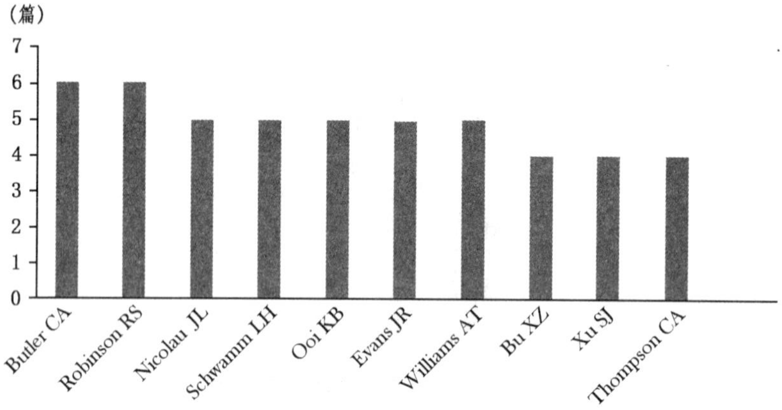

图4 CNKI和WoS中政府质量奖领域高产作者(前10位)

从政府质量奖领域发文量靠前的研究机构(表3)可知，政府质量奖领域研究机构前10位有90%来自美国，说明美国对政府质量奖关注度较高，且在该领域保持较高的研究水平，不断推动政府质量奖领域研究的发展与进步；各研究机构发表文献数量排名、总被引频次排名和均被引频次排名三者之间不存在正相关关系，这表明各研究机构在该领域的文献质量和数量各有所长；在WoS和CNKI发文量靠前的研究机构中目前尚未发现中国的研究机构，这表明，同国外研究机构相比，国内研究机构在文献发表数量、总被引频次和均被引频次上都处于较低水平，所以，中国在该领域的研究力度和研究水平与国外先进机构相比还有较大差距。从图5可看出，国外各研究机构合作交流程度较高。

表3 政府质量奖领域发文量靠前的研究机构

序号	研究机构	文献数量	排序	总被引频次	排序	均被引频次	排序
1	哈佛大学	52	1	13	3	0.25	5
2	密歇根大学	45	2	28	1	0.62	2
3	华盛顿大学	41	3	2	9	0.05	9

续表

序号	研究机构	文献数量	排序	总被引频次	排序	均被引频次	排序
4	杜克大学	29	4	5	7	0.17	7
5	斯坦福大学	29	5	1	10	0.03	13
6	加州旧金山大学	29	6	1	11	0.03	14
7	西北大学	28	7	7	6	0.25	6
8	约翰霍普金斯大学	27	8	9	5	0.33	4
9	多伦多大学	24	9	1	12	0.04	12
10	加利福尼亚大学洛杉矶分校	23	10	20	2	0.87	1
11	佛罗里达大学	21	11	1	13	0.05	10
12	范德比尔特大学	21	12	12	4	0.57	3
13	麦吉尔大学	20	13	1	14	0.05	11
14	纽约大学	20	14	3	8	0.15	8

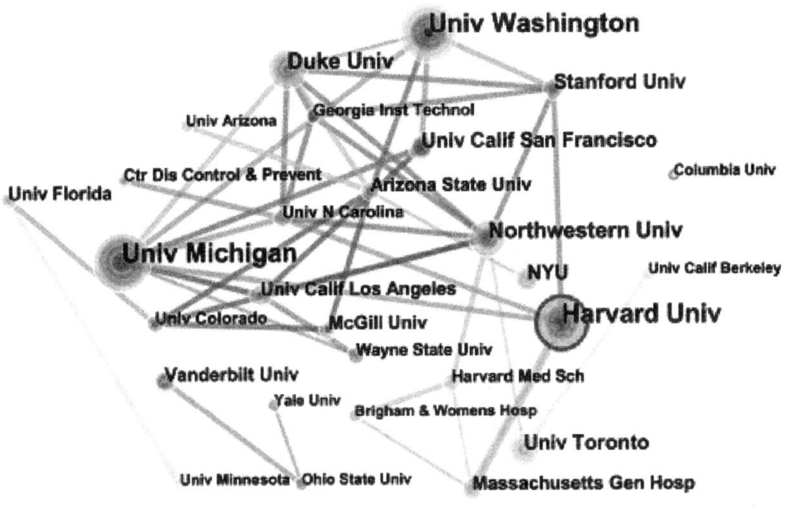

图 5　WoS 研究机构合作网络图

(五)研究热点及趋势分析

利用中国知网的计量可视化分析平台对 CNKI 数据库中政府质量奖领域期刊论文的中文关键词进行统计分析，共获得频次不少于 5 次的关键词为 18 个；从统计结果可以看出，出现频次最高的关键词是“国家质量奖”，其次是“质量奖”“卓越绩效模式”“卓越绩效评价”“波多里奇”“全面质量管理”“质量管理”“日本戴明奖”“获奖企业”“教育质量”“持续改进”“评价准则”等关键词，这些关键词所反映的都是当前国内政府质量奖领域的研究热点。利用CiteSpace Ⅲ软件对Web of Science核心合集政府质量奖领域期刊论文的中文关键词进行统计分析，共获得关键词444个，其中频次不少于15次的关键词为43个，频次大于30次的关键词为21个；从CiteSpace Ⅲ软件绘制的该领域的关键词共现图谱可以看出(图6)，频次最高的是“quality(质量)”，频次为213次；从WoS政府质量奖领域关键词(频次大于30)和中心度统计分析可以看出(表4)，出现频次较高的是质量、绩效、影响、模式、管理、奖励、全面质量管理、生活质量、关注等，中心度较高的是影响、奖励、管理、结果、质量、绩效、模式、公司、创新、项目等，这些关键词在一定程度上反映了国外政府质量奖领域的研究热点。这说明国内外政府质量奖研究热点不一，国内侧重对质量奖、卓越绩效模式和评价等的研究，国外则对质量、绩效、模式、管理等更为关注。

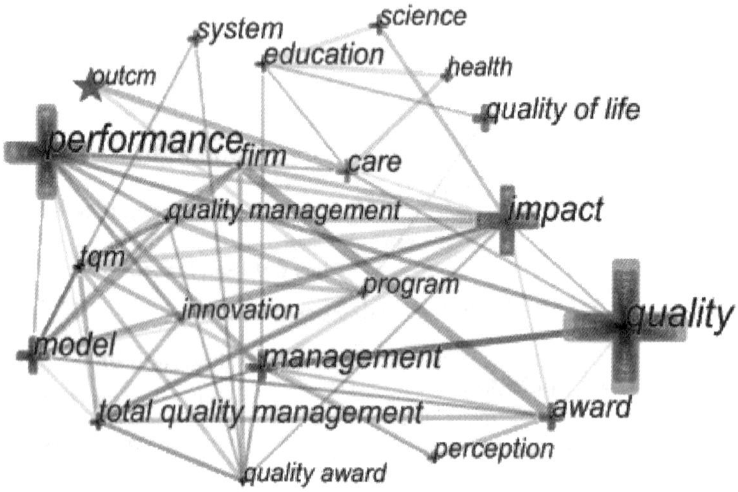

图6　WoS政府质量奖领域核心文献关键词共现网络图

表4　WoS政府质量奖领域关键词和中心度统计分析

序号	关键词	频次	中心度
1	Quality(质量)	213	0.07
2	Performance(绩效)	151	0.06
3	Impact(影响)	111	0.12
4	Model(模式)	86	0.06
5	Management(管理)	79	0.09

续表

序号	关键词	频次	中心度
6	Award(奖励)	62	0.1
7	Total quality management(全面质量管理)	55	0.03
8	Quality of life(生活质量)	53	0.04
9	Care(关注)	50	0.03
10	TQM(全面质量管理)	44	0.03
11	Firm(公司)	43	0.06
12	System(系统)	43	0.04
13	Education(教育)	43	0.02
14	Science(科学)	42	0.03
15	Quality management(质量管理)	40	0.02
16	Program(项目)	38	0.05
17	Perception(洞察力)	37	0.02
18	Innovation(创新)	34	0.06
19	Outcome(结果)	33	0.08
20	Health(健康)	32	0.04
21	Quality award(质量奖)	31	0.03

主题词的突引分析是挖掘文献内容的重要工具之一，根据“CiteSpace Ⅲ”软件分别统计得到国内和国外政府质量奖研究的主题突引情况(表5和表6)。从表5可看出，国内政府质量奖研究的主题突引词只有两个，即质量管理和全面质量管理，近三年突引强度较大的主题词仅有全面质量管理。从表6可看出，突引周期较长的主题词有质量、质量奖、管理、波多里奇、质量管理、标准等；突引强度较大的主题词有质量、质量奖、全面质量管理等；突引开始时间较早的主题词有质量、全面质量管理、波多里奇质量奖、质量奖、自我评估、管理等；近三年突引强度较大的主题词有选择、诊断、旅游业、介入、环境、经验、结果等。这说明，国内外政府质量奖的研究前沿有所不同，国内研究前沿较为单一，集中在全面质量管理质量，而国外研究前沿更为宽泛，主要集中选择、诊断、旅游业、介入、环境、经验、结果等方面。

表5 **国内政府质量奖研究的主题突引情况表**

主题词	强度	开始时间（年）	结束时间（年）	1998—2018
质量管理	3.541 8	2007	2013	
全面质量管理	3.141 1	2011	2016	

表6 **国外政府质量奖研究的主题突引情况表**

Keywords	Strength	Begin	End	1998—2018
Quality	11.721 2	1998	2006	
Quality award	8.762 4	2000	2007	
TQM	6.839 9	2001	2005	
Total quality management	5.472	1998	2001	
Baldrige award	4.663 9	1998	2001	
Self-assessment	4.635 5	2000	2001	
Criteria	4.333 1	2004	2012	
Management	4.306 6	2000	2008	
Standard	4.243 3	2005	2009	
Model	4.215 6	2006	2009	
Environment	4.068	2016	2018	
Baldrige	4.066 2	2001	2012	
Selection	3.972 1	2015	2016	
Quality improvement	3.946 3	2012	2015	
Surgery	3.940 2	2015	2018	
Experience	3.899 9	2016	2018	
Tourism	3.655 3	2015	2016	
Intervention	3.655	2015	2018	
Quality management	3.646 1	2001	2011	
Care	3.559 2	2006	2008	
Technology	3.410 9	2005	2010	

续表

Keywords	Strength	Begin	End	1998—2018
Business excellence	3.383 1	2008	2011	
Quality of care	3.34	2012	2014	
Competition	3.221 5	2004	2009	
Health	3.207 7	2012	2013	
Outcome	3.201 3	2016	2018	
Knowledge	3.110 8	2009	2013	

四、结　论

本文采用文献计量学和知识可视化方法，以政府质量奖为研究主题，以Web of Science和CNKI数据库为数据源，采集了1998年至2018年国内外以政府质量奖为研究主题的核心文献，并对其从时间序列和被引频次、国家和地区分布、高产作者和研究机构分布、研究热点和研究趋势等角度进行了统计分析，结论如下：

1. 在时间序列和被引频次上，政府质量奖领域科研论文数量整体上呈上升趋势，国内外对政府质量奖的研究成果都在不断增加；国内政府质量奖领域论文虽数量不多，但质量和参考价值较高；国外政府质量奖论文的数量明显高于国内，参考价值也较国内更高；国内在政府质量奖领域仍有较大发展空间。

2. 在研究国家和地区分布上，美国对政府质量奖领域的研究关注度较高且成果颇丰，中国虽在该领域也占有比较领先的地位，然而美国的发文量是中国的4.5倍左右，所以，中国与美国之间仍有较大差距，且在该领域内仍有较大的发展空间；发文量排名第三位的是英国，其次是西班牙、加拿大、澳大利亚和德国；国际交流合作较为密切。

3. 在学科和期刊分布统计分析上，政府质量奖领域与其他研究主题存在相互交叉融合的发展趋势，国外政府质量奖领域的热点学科是工程学、商业与经济学、管理学，而国内则是经济与管理科学、社会科学；国内外政府质量奖研究热点学科既有相似，又各有侧重，经济与管理科学是相同之处，此外，国外侧重工程学，而国内侧重社会科学。政府质量奖领域研究文献来源出版物分布较分散，目前并没有形成稳定的期刊群，各国政府质量奖领域的研究呈现多样化和交叉性发展态势。

4. 在高产作者和研究机构分布的统计分析上，政府质量奖领域目前尚未形成集中的作者群体，且没有引导性的高产作者。政府质量奖领域目前尚未形成显著的研究机构群；同国外研究机构相比，国内研究机构的文献发表数量、总被引频次和均被引频次都处于较低水平，中国在该领域的研究力度和研究水平与国外先进机构相比还有较大差距；国外各研究机构合作交流程度较高。

5. 在研究热点和研究趋势统计分析上，国内外政府质量奖研究热点不一，国内侧重对质量奖、卓越绩效模式和评价等的研究，国外则对质量、绩效、模式、管理等更为关注。国内外政府质量奖的研究前沿有所不同，国内研究前沿集中在全面质量管理上，而国外研究前沿主要集中在环境、诊断、经验、旅游、介入、结果等方面。

参考文献

[1]Chen Chaomei, 2016, CiteSpace II: Detecting and visualizing emerging trends and transient patterns in scientific literature, *Journal of the American Society for Information Science and Technology*, 57(3), pp. 359—377.

[2]Huang, Mu-Hsuan, Chang, Chia-pin, 2015, A comparative study on detecting research fronts in the organic light-emitting diode(OLED) field using bibliographic coupling and co-citation, *Scientometrics*, 102(3), pp. 2041—2057.

[3]Mackerron, G., Masson, R., Mcglynn, M., 2003, Self-assessment: use at operational level to promote continuous improvement. *Production Planning & Control*, 14(1), pp. 82—89.

[4]陈仕吉，2009，科学研究前沿探测方法综述，《现代图书情报技术》，第9期，第28—33页。

[5]陈悦、陈超美、刘则渊、胡志刚、王贤文，2015，CiteSpace知识图谱的方法论功能，《科学学研究》，第2期，第242—253页。

[6]迟培娟、宋秀芳，2018，个人学术影响力评价方法比较分析——学术迹与F1000评分、影响因子、被引次数等指标的比较分析，《情报科学》，第12期，第9—12页。

[7]贺金凤、王林、徐松杰，2018，基于云模型的企业质量绩效评价，《统计与决策》，第22期，第172—175页。

[8]王兴旺、余婷婷、张云婷，2019，同行认可视角下的科学研究前沿探测方法研究，《情报杂志》，第8期，第63—67+81页。

[9]朱守信，2018，教育类政府质量奖的理念内涵、方法原则与实践价值——基于中美教育质量奖的深度解读，《外国中小学教育》，第10期，第1—8页。

[10]张志强、上官单彬、王玮，2018，政府质量奖与企业经营绩效——基于2001—2016年全国质量奖获奖企业的Choice数据，《财会通讯》，第26期，第25—29+129页。

[11]张勤，2011，词频分析法在学科发展动态研究中的应用综述，《图书情报知识》，第2期，第95—98+128页。

Research Hotspots and Trends of Domestic and Foreign Government Quality Awards Based on Bibliometrics

Sang Xiuli　Xie Ruixi　Liu Jiyun

Abstract　This study adopts bibliometrics and knowledge visualization methods, uses the core literature of the government quality awards in the Web of science and CNKI databases in 1998—2018 as the data source, and uses CiteSpace Ⅲ software, bibliometric online analysis platform and China Knowledge Network visualization analysis platform as tools. It analyzes the data in time series and citation frequency, country and region distribution, subject and journal distribution, high-yield authors and research institutions, research hotspots and research trends in order to explore the research status and hotspots of domestic and international government quality awards, and the differences and connection between them, explore the quality award research trend, so as to provide reference for the domestic government quality award related research, and promote the development of government quality award. The results show that the research hotspots and research frontiers in the field of government quality awards are different at home and abroad. In research hotspots, domestic focus on quality awards, high performance models and evaluation, etc., while foreign countries pay more attention to quality, performance, model, management, etc.; on the research frontier, domestic focus on total quality management, and foreign countries mainly focus on the environment, diagnosis, experience, tourism, intervention, and results.

Key words　Bibliometric　Government quality award　Research hotspot　Trend analysis

图书在版编目(CIP)数据

海派经济学.2020年.第18卷.第3期:总第71期/程恩富,顾海良主编.—上海:上海财经大学出版社,2020.9

ISBN 978-7-5642-3681-6/F·3681

Ⅰ.①海… Ⅱ.①程… ②顾… Ⅲ.①经济学—丛刊 Ⅳ.①F0—55

中国版本图书馆CIP数据核字(2020)第229153号

□ 特约编辑 朱晓凤
□ 责任编辑 袁 敏
□ 封面设计 张克瑶

海派经济学

程恩富 顾海良 主编

上海财经大学出版社出版发行
(上海市中山北一路369号 邮编200083)
网 址:http://www.sufep.com
电子邮箱:webmaster@sufep.com
全国新华书店经销
上海华教印务有限公司印刷装订
2020年9月第1版 2020年9月第1次印刷

787mm×1092mm 1/16 14.5印张 276千字
定价:24.00元